财会文库

上市公司股价崩盘风险研究

A Study on Stock Price Crash Risk of Listed Firms

许年行 著

中国人民大学出版社
·北京·

前　言

　　资本市场的有效运行关系到一国经济金融发展全局。国际货币基金组织（IMF）发布的《全球金融稳定报告》（2017年）以及中国人民银行发布的《中国金融稳定报告》（2019年）都指出，2008年金融危机后宽松的金融环境导致主要国家企业债务积累、经济整体脆弱性上升。同时，股价的暴涨暴跌是资本市场的一种重要现象，特别是暴跌所带来的股价崩盘风险，给资本市场的健康发展和投资者的财富带来了极大的冲击和破坏，影响资本市场的稳定。因此，开展上市公司股价崩盘风险研究对于防范化解金融风险和推动我国金融业健康发展具有重要的理论与现实意义。

　　在学术上，"股价崩盘风险"（stock price crash

risk）是近年来财务学研究的一个热点问题。早期研究认为，上市公司股价崩盘风险的主要生成机理是：公司内部管理层一般不愿意披露而是隐藏负面信息，且负面信息随着经营的持续而逐渐累积，当累积到一定程度达到极限时，将集中释放到外部市场，对公司股价造成极大的负面冲击并最终导致股价崩盘。这些研究大多侧重于从信息透明度等公司内部特征来分析股价崩盘风险的影响因素，较少考虑公司外部其他可能影响股价崩盘风险的因素。并且，以往文献主要基于西方理论和西方情景展开分析与讨论，这些理论能否用于解释中国现象备受争议，因此，亟须开展基于中国情景的上市公司股价崩盘风险的相关研究。

为此，本书将在借鉴国内外文献的基础上，结合我国制度背景，围绕"公司内部特征""市场中介""资本市场机构投资者""资本市场对外开放"四大主题展开理论分析与实证检验，即构建"公司内部—市场中介—资本市场"这一由内到外的分析思路和研究框架（具体见图1）。具体来说，本书首先对股价崩盘风险文献进行系统回顾和评述，并对我国上市公司股价崩盘风险的现状和特征进行全面的统计分析。在此基础上，从三个方面探究股价崩盘风险的影响因素：（1）考察公司内部特征对股价崩盘风险的影响，特别是从高管超额在职消费和企业过度投资两个新视角。（2）考察资本市场中介对股价崩盘风险的影响，特别是从分析师乐观偏差和审计师强制轮换制度两个维度研究这些重要的中介力量如何影响股价崩盘风险。（3）在外部资本市场方面，本书侧重于分析机构投资者羊群行为和资本市场对外开放，考察机构投资者羊群行为是否提高了公司股价未来崩盘的风险，以及资本市场对外开放能否降低股价崩盘风险。最后，对全书的主要研究结论进行总结，并对未来研究进行展望。本书不仅有助于读者全面认识我国上市公司股价崩盘风险的现状、特征和变化趋势，还利用新兴市场国家代表的研究情景拓展了以往基于西方情景的研究视野，在理论上丰富和补充了股价崩盘风险的影响因素和生成机理。这些研究对于监管部门防范化解个股崩盘风险所引致的系统性金融风险具有重要的理论价值和现实意义。

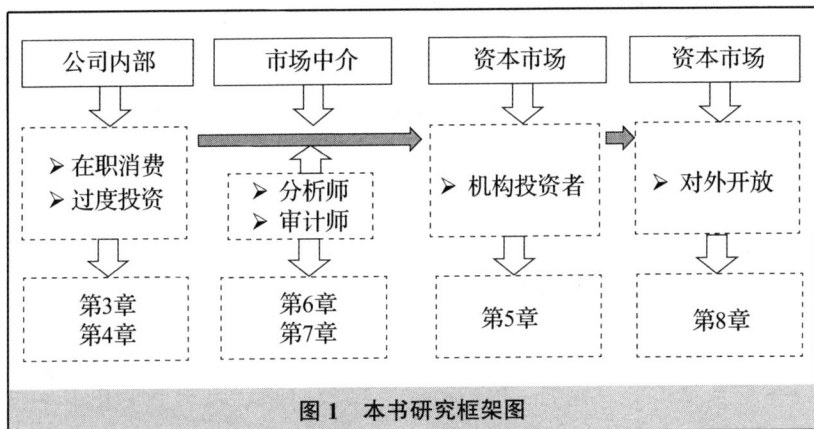

公司内部	市场中介	资本市场	资本市场
➤ 在职消费 ➤ 过度投资	➤ 分析师 ➤ 审计师	➤ 机构投资者	➤ 对外开放
第3章 第4章	第6章 第7章	第5章	第8章

图 1　本书研究框架图

本书共分为 9 章，各章层层递进，环环相扣，现将主要内容归纳如下：

第 1 章为文献综述。该章归纳了股价崩盘风险的定义与度量、股价崩盘风险的形成机制、股价崩盘风险的影响因素和股价崩盘风险的经济后果。

第 2 章介绍我国上市公司股价崩盘风险的现状与特征。该章内容不仅包括我国上市公司股价崩盘风险总体概览、上市公司股价崩盘风险影响因素的描述性统计分析，还包括对上市公司股价崩盘风险影响因素的基本回归分析。

第 3 章实证检验国有企业高管超额在职消费是否影响股价崩盘风险，并考察盈余管理、会计稳健性、公司治理、外部监督对两者关系的影响。

第 4 章实证检验企业过度投资是否影响股价崩盘风险，并从代理理论和 CEO 过度自信两个维度分析其背后的作用机理。

第 5 章实证检验机构投资者羊群行为对股价崩盘风险的影响，辨别机构投资者更多的是扮演"崩盘加速器"还是"市场稳定器"。本章还进一步区分了羊群行为的不同方向，以及合格境外机构投资者对机构投资者羊群行为与股价崩盘风险关系的影响。

第6章实证检验分析师乐观偏差是否影响上市公司股价崩盘风险，并考察分析师面临的利益冲突以及面临的市场环境（牛熊市）是否会加剧乐观偏差对股价崩盘风险的影响。

第7章实证检验审计师强制轮换制度对审计客户股价崩盘风险（负面信息隐藏行为）的影响，以及这种关系在负责执行的审计师和负责复核的审计师之间是否存在差异。

第8章实证检验资本市场对外开放如何影响上市公司股价崩盘风险。该章以沪港通的实施为情景，考察中国资本市场对外开放能否降低标的公司股价崩盘风险。

第9章是全书总结，包括研究结论与启示、主要贡献和未来研究展望。

本书的研究结论主要包括如下四个方面：

第一，本书发现中国上市公司股价崩盘风险存在明显的特征和趋势。一方面，公司规模、上市时间、产权性质、信息环境质量等公司特征，以及高管年龄、是否具有海外背景等高管个人特征，均是影响中国上市公司股价崩盘风险的重要因素。另一方面，上市公司的股价崩盘风险指标值在不同年度有较大波动，在不同行业的横截面异质性较大。

第二，在公司内部特征对股价崩盘风险的影响方面，研究发现：（1）高管超额在职消费与股价崩盘风险之间存在正相关关系，并且盈余管理会加强这种关系，而会计稳健性和外部监督则会削弱这种关系。此外，对于高管临近退休的公司，超额在职消费对股价崩盘风险的影响更为显著。（2）企业过度投资显著加剧了未来股价崩盘风险，并且股东与经理人之间的代理冲突而非CEO过度自信是导致两者正相关的主要原因。

第三，在市场中介对股价崩盘风险的影响方面，研究发现：（1）分析师乐观偏差与上市公司未来股价崩盘风险之间显著正相关。同时，机构投资者持股比例越高、机构投资者数量越多、公司存在再融资行为、来自前五大佣金收入券商的分析师比例越高，两者之间的正相关关系越显著，说明利益冲突会加强两者的关系。（2）离任审计师在强制轮换当年，公司股价崩盘风险下降；而在新任审计师上任当年，公司股价崩盘风险上升。当离任审计师的专业能力更强、与客户和新任审计师之间的关联更少时，强制轮换期间上市公司的负面信息隐藏行为更少。

第四，在资本市场对股价崩盘风险的影响方面，研究发现：（1）机构投资者羊群行为提高了公司未来股价崩盘的风险。（2）合格境外机构投资者的存在并不能减弱机构投资者羊群行为与股价崩盘风险之间的正向关系。（3）沪港通政策的实施显著降低了沪股通标的公司的股价崩盘风险，其影响路径是沪港通政策提升了沪股通标的公司的信息透明度，降低了噪声交易者参与程度。

本书具有一定的探索性，主要改进和创新体现在如下三个方面：

第一，在研究框架上，本书构建"公司内部—市场中介—资本市场"这一由内到外的研究框架，为股价崩盘风险的相关研究提供了新的分析思路。

第二，在研究内容上，本书提供了在职消费和过度投资这两个研究股价崩盘风险的视角，弥补了以往文献只聚焦公司内部特征的不足。更为重要的是，本书率先从公司外部市场中介和机构投资者视角提出中国情景下股价崩盘的新成因，拓展了以往文献的研究视野。同时，本书揭示了在资本市场对外开放进程中的重大制度变化，即沪港通交易制度对股价崩盘风险的影响，从宏观因素和制度变迁层面拓展了股价崩盘风险的研究。

第三，在研究方法上，本书不仅收集了高管超额在职消费、分析师利益冲突、审计师个人特征等独特数据，还利用沪港通、审计师强制轮换等情景来减少实证设计中的内生性问题，为该领域的其他研究提供可借鉴的分析方法。

本书具有一定的前瞻性，研究启示和前景展望体现在如下方面：

第一，从研究启示来看，上市公司应关注加强公司内部治理对降低股价崩盘风险的重要意义；机构投资者需要培养长期投资的价值理念；监管机构应当审慎对待资本市场中的中介部门，引导和规范市场中介行为，发挥信息中介和监管作用。

第二，从研究展望来看，未来可以衔接并完善现有股价崩盘风险形成机理的理论模型，进一步探索和丰富股价崩盘风险的度量指标，丰富股价崩盘风险经济后果的相关研究。

最后，感谢我的论文合著者们对本书的诸多贡献！感谢我的团队成员（李念、祖春雨、王崇骏、宋丹雯、张桉笛、刘佳琪、苏逸辰、李哲、盖震）以精益求精的精神参与本书的撰写！感谢国家自然科学基金项目（批准号：72150004）对本书的资助！感谢中国人民大学出版社编辑在本书出版过程中的热心支持和宝贵建议！

"引燃智慧、启迪思维"是本研究的宗旨，我们诚挚希望读者能有些许感悟，进一步开拓相应领域的研究。书中难免有疏漏和错误之处，恳请读者批评指正。

谨以此书献给我敬爱的父亲和母亲，感谢他们给我的爱和精心栽培！

许年行

目　录

第1章 上市公司股价崩盘风险研究综述

1.1 引 言

股价暴跌所带来的崩盘风险不仅给投资者造成了财富损失，还影响了资本市场的平稳运行。正因如此，近年来股价崩盘风险问题受到了监管层、实务界及学术界的高度关注。研究如何识别并降低股价崩盘风险，对保障投资者权益以及促进金融市场发展有重要的理论与现实意义。

当前，国内外学术界针对股价崩盘风险问题已经展开了一系列卓有成效的探讨，并由此产生了一大批优秀文献。在此基础上，本章试图从股价崩盘风险的定义、度量、形成机制、影响因素以及经济后果五个角度出发，系统梳理该领域的主要研究内容和研究进展，并进一步对此展开评述，最后对股价崩盘风险领域的潜在研究方向进行展望。

1. 2　股价崩盘风险的定义与度量

现有文献对于股价崩盘风险的定义大致有以下两种：

（1）股价极端负偏分布（Chen et al.，2001）。

（2）公司特质风险导致的股价极端负偏分布（Jin and Myers，2006；Kim et al.，2011a，2011b）。

两者的主要区别在于是否剔除市场因子对个股的影响。当前文献在研究中一般用后者作为股价崩盘风险的定义。如何准确度量股价崩盘风险，则是这一研究领域的难点与关键所在。因此，本章将对常用的股价崩盘风险度量指标进行梳理。

1. 2. 1　负偏态系数

Chen et al.（2001）曾用负的日股票收益率三阶矩与标准差之比来度量股价崩盘风险，即负偏态系数（negative coefficient of skewness）$Ncskew$。具体公式为：

$$Ncskew_{i, t} = -\frac{n(n-1)^{\frac{3}{2}} \sum R_{i, t}^{3}}{(n-1)(n-2)\left(\sum R_{i, t}^{2}\right)^{\frac{3}{2}}} \tag{1-1}$$

式中，n 为股票 i 在当年的交易日数；$R_{i,t}$ 为股票 i 在当年第 t 日的对数收益率，通过年内的日度数据刻画股票在当年的股价崩盘风险大小。随后的一些研究又在该度量方法上进行了一系列优化，不但将数据频率从日改为周，而且改用公司特质收益率 $W_{i,t}$ 来代替股票收益率 $R_{i,t}$。如今改良后的 $Ncskew$ 已成为主流文献衡量股价崩盘风险的重要代理变量（Kim et al.，2011a，2011b；许年行等，2012）。公司特质收益率的计算借鉴了 Dimson（1979）在研究中提出的方法，即在计算剩余收益率的方程中加入超前、滞后两期的市场收益率，然后将回归所得到的残差项进行对数化处理，从而得到公司特

质收益率 $W_{i,t}$。具体计算公式为：

$$R_{i,t} = \alpha + \beta_1 R_{m,t-2} + \beta_2 R_{m,t-1} + \beta_3 R_{m,t} + \beta_4 R_{m,t+1}$$
$$+ \beta_5 R_{m,t+2} + \varepsilon_{i,t} \tag{1-2}$$

$$W_{i,t} = \ln(1 + \varepsilon_{i,t}) \tag{1-3}$$

式（1-2）中，$R_{m,t}$ 为第 t 期股票市场的对数收益率；$R_{i,t}$ 为股票 i 在第 t 期的对数收益率。式（1-3）中，$W_{i,t}$ 为股票 i 在第 t 期的公司特质收益率。

综上，$Ncskew$ 越大，股票收益率的负偏程度越大，股价崩盘风险也越大。$Ncskew$ 已在当前的股价崩盘风险研究中广泛应用，但由于收益率三阶矩受极端值影响较大，通常在研究中会引入其他度量指标来保证结论稳健。

1.2.2　收益率上下波动比率

为克服三阶矩受极端值影响较大对结果造成的偏误，现有研究往往还会采用收益率上下波动比率（down-to-up volatility）$Duvol$ 来衡量股价崩盘风险（Chen et al.，2001；Kim et al.，2011a，2011b；许年行等，2012）。

其基本思路为将当年公司特质收益率 $W_{i,t}$ 高于均值的样本周定义为上涨周，将剩余周定义为下跌周，然后分别计算下跌周、上涨周的特质收益率标准差，并将此作为两组样本的特质收益率波动率，以两者之比取对数构造 $Duvol$ 指标。具体计算公式为：

$$Duvol_{i,t} = \ln \frac{(n_u - 1) \sum_{down} W_{i,t}^2}{(n_d - 1) \sum_{up} W_{i,t}^2} \tag{1-4}$$

式中，n_u、n_d 分别代表公司 i 年度内上涨周、下跌周的数量。综上，$Duvol$ 越大，代表下跌周的波动率相比上涨周更大，即股票收益率负偏程度越大，股价崩盘风险也就越大。该指标以二阶矩为基础，受极端值的影响较小，但也因此遗漏了部分收益率特征信息，在研

究中常与 $Ncskew$ 配合使用。

1.2.3　暴跌事件

上述两类指标根据股票收益率分布特征来对股价崩盘风险进行衡量，除此之外，部分研究还通过识别暴跌事件，以其发生概率、频率来衡量股价崩盘风险（Jin and Myers，2006；Hutton et al.，2009；陈蓉和吴宇翔，2019）。

该指标的常见构建思路是以特质收益率 $W_{i,t}$ 的年度均值减 3.09 个标准差作为临界点，将落在临界点左侧的样本周定义为股价暴跌周（正态分布下，落在此临界值外的累积概率为 0.1%）。然后，以样本年度是否发生暴跌事件的哑变量 $Crash$ 和发生暴跌事件的频率 $Crash\_Freq$ 作为股价崩盘风险大小的代理变量。

综上，该指标的构造较为简便，且能够以类似的思路构造暴涨事件 $Jump$。但该指标难以衡量股价暴跌事件的严重程度，且在识别暴跌事件的临界点选取上存在一定的主观性。

1.2.4　期权的隐含波动率

上述指标为后验性质的指标，只能在事后对股价崩盘风险进行测算，且往往建立在已实现收益率的基础上，不能刻画各个时期的未来收益率分布情况。部分学者尝试对指标进行改进，通过提取市场上交易期权的隐含波动率，构建了即时的股价崩盘风险度量指标（Bates，2000；Pan，2002；Jin and Myers，2006；Kim and Zhang，2014）。

该方法以期权隐含波动率微笑程度 $IV\text{-}SKEW$，即股票虚值看跌期权（out-of-the-money put）的隐含波动率与平值看涨期权的隐含波动率之差作为股价崩盘风险的代理变量。其中，一般选取 $delta$ 值（衡量标的资产价格变动时期权价格的变化幅度）在 $-0.375\sim-0.125$ 的期权为看跌期权，$delta$ 值在 $0.375\sim0.625$ 的期权为看涨期权，两类期权的隐含波动率根据各交易期权的开仓合约价值进行加权平均。

期权隐含波动率指的是将期权实际交易价格代回期权定价公式，从而反推出的隐含波动率。隐含波动率越大则可认为期权价格越高，其反映了投资者对未来风险的预期。因此，*IV-SKEW* 越大，市场预期的未来股价分布负偏程度越大，股价崩盘风险也越大。

然而，该度量方法在我国的应用存在较大限制，主要原因是我国尚无场内个股期权，个股期权交易主要在场外进行，数据难以获取且交易也不活跃。同时，由于在我国做空行为受限，Black-Scholes 期权定价模型无套利的基本假设并不成立，因此不能直接应用。

1.3　股价崩盘风险的形成机制

我们从 20 世纪的大量实证研究中回顾主要股价崩盘事件（French and Roll，1986；Cutler et al.，1989；Kelly，1994），发现其具有以下三个特征：

（1）股价崩盘事件常常并未伴随即时的重大负面信息释放。

（2）股价暴跌的概率大于暴涨的概率，即股票收益率的分布具有非对称性。

（3）股价崩盘具有传染性。

基于上述发现，大量文献试图从不同角度对股价崩盘的形成机制进行探讨。需要注意的是，随着资本市场的不断发展，上述部分特征已不适用于所有股价崩盘事件。

1.3.1　基于有效市场理论的解释

有效市场理论认为，投资者理性且能够对所有市场信息做出充分反应（Fama，1970）。在投资者理性这一基本框架下，部分学者建立了一系列关于股价崩盘现象成因的解释模型，主要有杠杆效应模型、股价泡沫模型、波动率反馈模型以及信息滞后模型（Christie，1982；

Blanchard and Watson，1982；Pindyck，1984；Romer，1993)。

1. 杠杆效应模型

不同于股价上涨，股价下跌会带来企业财务杠杆水平的上升，这会恶化企业经营状况使股价进一步下跌，进而诱发股价崩盘事件（Black，1976；Christie，1982)。

杠杆效应模型能够解释为何股票收益率存在非对称性，但无法解释另外两个崩盘事件特征。同时，短期的股价下跌一般不会对企业经营状况产生重大影响，因此该模型难以解释为何在较高数据频率下股票收益率的分布仍然存在非对称性（Schwert，1989；Bekaert and Wu,1997)。

2. 股价泡沫模型

该模型认为，即便在投资者理性与不存在套利限制的情况下，投机性泡沫仍然可能存在（Blanchard and Watson，1982)。这些"理性"泡沫在各时期都有一定的概率破裂，从而催生了股价崩盘事件。

3. 波动率反馈模型

该模型认为，股票收益率的波动率提高会导致人们对持有股票要求更高的风险溢酬与预期收益率，从而带来股价下跌的压力。同时，股价的暴涨暴跌意味着股票收益率的波动率大幅提高。因此，在股价暴涨时，同步上升的风险溢酬与预期收益率会抑制其上涨趋势；在股价暴跌时，同步上升的风险溢酬与预期收益率会加剧其下跌趋势，并诱发股价崩盘事件（Pindyck，1984；French et al.，1987；Campbell and Hentschel，1992)。

同样，波动率反馈模型能够解释为何股票收益率的分布存在非对称性，但并不能解释股价崩盘事件的其他两个特征。

4. 信息滞后模型

该模型认为，投资者对基本面信息的消化和整合存在一定滞后。也就是说，投资者在交易过程中会不断吸收市场其他参与者的信息，修正自己的股价预期与持仓。因此，一些负面信息会在交易过程中被市场逐步感知然后完全显现，从而引发股价崩盘事件（Romer，1993）。

该模型能够解释为何在没有出现重大负面信息的情况下也可能出现股价崩盘事件，但难以解释为何股票收益率的分布具有非对称性。

1.3.2　基于行为金融理论的解释

作为对有效市场理论的补充，行为金融理论从投资者所面临的真实约束出发，能够更好地解释一些市场异象的成因。同样，在行为金融的理论框架下对股价崩盘现象的成因进行解释，能够克服有效市场理论框架下诸多模型顾此失彼的解释困境（Chen et al.，2001）。当前，行为金融理论已形成了投资者行为偏差、投资者套利限制和投资者异质性信念三类解释，现归纳如下：

1. 投资者行为偏差

由于投资者对于信息的认知与解读存在差异，因此其对于未来股价也拥有异质性信念，这使得市场中同时存在乐观投资者与悲观投资者。这两类投资者的私有信息都需要通过交易释放到市场，套利者则需要对两类投资者释放的信息进行挖掘，然后影响股票定价（Blanchard and Watson，1982；Romer，1993）。

2. 投资者套利限制

一些经验证据表明，投资者的做空行为将受到严格的限制。许多金融机构往往不允许基金经理进行做空交易。同时，在一些做空机制尚不健全的市场中，做空交易具有高昂的执行成本与较大的执行难度，这些都导致悲观投资者的负面信息难以及时融入股价（Bris et al.，2007；Chang et al.，2007）。

3. 投资者异质性信念

Hong and Stein（2003）建立了投资者异质性信念模型。在该模型框架下，由于做空限制的存在，悲观交易者无法通过交易将负面信息融入股价，导致股价由过度自信的乐观投资者单边主导推高（Miller，1977）。此时，套利者由于无法吸收负面信息，只能被动成为乐观投资者的交易对手，这有可能会使股价偏离公司基本面而被高估。随着负面信息的逐步到达，乐观投资者逐渐离场，悲观投资者成了"支持性买家"，最终引发股价下跌。当两类投资者异质性信念较大时，悲观投资者在股价下跌过程中会持续观望直至股价低于其心理预期，而套利者也会认为仍有更大的坏消息尚未到达并不断下调股票估值，从而诱发股价崩盘事件。

1.3.3　基于公司财务理论的解释

前述理论大多是从市场层面对股价崩盘现象进行解释，但实证中发现股价崩盘风险在不同公司之间存在较大差异，那些公司治理水平较差的企业股价崩盘风险更大，而这是前述理论所难以解释的（Chen et al.，2001）。因此，Jin and Myers（2006）基于代理理论，构建了管理层坏消息隐藏模型，从公司财务这一角度对股价崩盘的形成机制进行解释，并为后续的股价崩盘风险研究奠定了重要理论基础。

Jin and Myers（2006）提出的管理层坏消息隐藏模型主要基于现代企业经营权与所有权的分离。这种"两权分离"使得企业的外部投资者与内部人之间存在信息不对称，从而导致代理问题（Jensen and Meckling，1976）。相关研究发现，企业内部人将出于构建商业帝国、薪酬维持以及晋升等目的，产生隐藏坏消息的动机；与此同时，好消息将会被及时释放，这导致不同类型消息披露的及时性存在非对称性（Kothari et al.，2008；Hutton et al.，2009；Benmelech et al.，2010；Kim et al.，2011a，2011b；Piotroski et al.，2015）。

坏消息的隐藏和披露都蕴含着相应的成本：一方面，由于坏消息未被释放，企业内部人需要弥补实际的现金流与外部投资者预期现金流的差额，这构成了坏消息的隐藏成本；另一方面，披露坏消息不仅需要支付审计及鉴证的费用，还可能影响高管的薪酬与更替，这构成了坏消息的披露成本。

因此，高管需要权衡隐藏和披露坏消息的成本。当隐藏成本低于披露成本时，高管会对发生的坏消息进行隐藏并造成坏消息堆积；而当隐藏成本高于披露成本时，高管会放弃继续隐藏坏消息并造成堆积坏消息的集中释放，从而引发股价崩盘。这一理论得到了学术界广泛认可，并被应用于此后诸多的股价崩盘风险研究中。

1.4　股价崩盘风险的影响因素

新近的学术研究认为，管理层对坏消息的刻意隐藏将导致坏消息被集中释放，从而引发股价崩盘事件，市场中不透明的信息环境则为股价崩盘的催化提供了沃土。那么，管理层隐藏负面信息的决策以及负面信息的生成、释放和传播会受到哪些因素的影响，进而影响股价崩盘风险？本节从金融市场理论、公司财务理论、行为金融理论以及非正式制度四个方面入手，对股价崩盘风险的影响因素进行梳理和归纳。

1.4.1　金融市场理论

1. 资本市场机制

Hong and Stein（2003）提出的异质性信念假说认为，资本市场中卖空限制的存在使空头无法通过交易行为将私有信息充分融入股价。因此，当市场形势不佳时，累积的负面信息将被集中释放，造成股价大幅下跌。Callen and Fang（2015b）发现卖空者能够发现经理人隐藏的坏消息，故而卖空交易量与未来一年的股价崩盘风险呈正相关关系。Deng et al.（2020）将美国证券交易委员会（United States Securities and Exchange Commission，SEC）的 SHO 监管（Regulation SHO，其中 SHO 为监管条例代号）变化作为外生冲击，发现卖空限制的解除可以使股价崩盘风险显著降低，这主要是由于卖空交易者的存在能够让管理层减少坏消息隐藏行为并提高企业的投资效率。

褚剑和方军雄（2016）以中国的融资融券制度改革为研究场景，发现融资融券制度中的融资机制为投资者追涨炒高提供了条件，导致股价崩盘风险加剧。崔学刚等（2019）则发现融资交易的杠杆效应会增加股价崩盘风险，卖空交易的存在能显著降低股价崩盘风险。

2. 资本市场参与者

分析师和机构投资者作为具有专业技能的资本市场参与者，对股价崩盘风险产生重要的影响。

潘越等（2011）发现分析师能够通过参与信息的产生、传播与接收等环节，起到降低信息不对称、抑制股价崩盘风险的作用。Chowdhury et al.（2021）将分析师跟踪分为异常和预期两类，其中，异常分析师跟踪的增加能够显著降低股价崩盘风险。

然而，分析师也常常会出于提高交易佣金分仓和促进自身职业发展等目的，发布具有乐观倾向的盈余预测和股票评级，这将使负面信息长期累积而无法被投资者知悉，最终导致负面信息集中释放并引发股价崩盘。现有文献发现，分析师之间的利益冲突会加剧预测乐观偏差与股价崩盘风险之间的正相关关系（许年行等，2012；褚剑等，2019）。进一步地，Xu et al.（2013）发现分析师跟踪人数的增加会显著提高股价崩盘风险，且该效应在分析师更加乐观、具有投行业务关系和佣金关系时更为明显。

Callen and Fang（2013）发现在机构投资者中仅有部分公共养老基金能够对管理层形成有效的监督，起到降低股价崩盘风险的作用。An and Zhang（2013）将机构投资者分为稳定型与交易型两类，其中稳定型机构投资者的持股能够显著降低股价崩盘风险。

但是，在中国情境下，机构投资者持股却显著增加了公司股价未来崩盘的风险（曹丰等，2015）。孔东民和王江元（2016）关注持股机构投资者的内部差异以及相互关系，用机构投资者股权分布的均衡程度衡量信息竞争程度，发现机构投资者的信息竞争行为会加剧股价崩盘风险。在机构投资者的具体行为方面，Gao et al. (2017)发现机构投资者的实地调研会增强管理层隐藏坏消息的动机，提升股价崩盘风险。

3. 股票特征

Chen et al. (2001) 发现交易量更大的股票有更高的投资者分歧度，因此，短期交易量增加的股票面临更大的股价崩盘风险。同时，出于对负面信息披露后投资者抛售股票的担心，当公司股票具有更高的流动性时，管理层将具有更大的隐藏坏消息的动机，这也会提升股价崩盘风险（Chang et al.，2017）。

1.4.2　公司财务理论

1. 法律监管

从法律保护的角度出发，工化成等（2014）发现加强投资者保护可以有效降低股价崩盘风险。Hu et al. (2013) 以 48 个国家为样本，发现内幕交易法的实施显著降低了股价崩盘风险。Balachandran et al.(2020) 以各国交错启动的并购法为外生冲击，发现外部控制权市场的收购威胁能够显著降低股价崩盘风险。林乐和郑登津（2016）探索了退市监管的作用，发现在退市新规实施后 A 股上市公司的股价崩盘风险显著降低。Ghadhab（2019）运用跨国公司数据发现赴美交叉上市能够显著降低股价崩盘风险，且该效应对那些所在国监管水平较低的样本更为显著。上述证据均表明完善的投资者保护制度能够有效降低股价崩盘风险。

此外，经理人可能会使用复杂的避税手段掩盖其利益侵占行为，更激进的避税行为往往也预示着更高的股价崩盘风险，因此严格的税收征管政策将抑制经理人的机会主义行为，从而显著降低股价崩盘风险（江轩宇和许年行，2015）。

2. 信息透明度

根据 Jin and Myers（2006），信息不透明会提高股价崩盘风险，许多学者将信息不透明作为影响股价崩盘风险的机制之一展开了研究。

Hutton et al.（2009）和 Kim and Zhang（2014）的研究表明，财务报告越不透明，股价崩盘风险越高。此外，会计稳健性的提升（Kim and Zhang，2015）、国际财务报告准则（International Financial Report Standard，IFRS）的实施（DeFond et al.，2015）均能提高公司的信息透明度，从而达到降低股价崩盘风险的作用。复杂的税收筹划（Kim et al.，2011a）、利用互联网对正面信息进行夸大（赵璨等，2020）等行为则会加剧公司内外部的信息不对称，给管理层提供隐藏负面信息的机会，增加股价崩盘风险。

与此同时，会计信息是外部投资者了解公司经营情况的重要渠道，信息质量越差，投资者越难知悉公司的真实情况，管理层越有机会隐藏坏消息。具体而言，财务报告更好的可读性（Ertrugrul et al.，2017）与可比性（Kim et al.，2019a）、良好的内部控制信息披露（叶康涛等，2015）、内部控制弱点（internal control weakness，ICW）的主动披露（Kim et al.，2019b）以及年报中管理层讨论与分析（management discussion and analysis，MD&A）信息含量的提升（孟庆斌等，2017）都代表着公司拥有更高质量的会计信息，同时也将拥有更低的股价崩盘风险。

但是，财务报表中应计部分的增加（Zhu，2016）、盈余管理平滑程度的提升（Chen et al.，2017）、内幕交易高利润背景下盈余透明度的提升（Hung and Qiao，2017）以及经营现金流的不透明（Cheng et al.，2020）则意味着投资者不易从会计信息中获取有效信息，会导致股价崩盘风险增加。

3. 内部控制与审计

作为权力制衡的重要手段，内部控制能够制约管理层的信息隐藏行为，降低股价崩盘风险（黄政和吴国萍，2017）。审计委员会在保持上市公司内部控制质量和股价稳定上发挥着独特作用，其中独董比例越高，股价崩盘风险越低（Andreou et al.，2016）。此外，在审计委员会中设置同城财务类独董也能降低公司未来股价崩盘风险（赵放等，2017）。

外部审计是企业内部控制的有效评价机制，较高的外部审计质量能够提升公司透明度，降低公司信息隐藏风险，进而起到降低股价崩盘风险的作用（张宏亮等，2018）。母子公司统一审计能使审计师掌握更多信息，提高审计质量，降低股价崩盘风险（张瑞君等，2017）。Robin and Zhang（2015）也发现审计师的行业专长与股价崩盘风险之间有显著的负相关关系，高质量的审计师可以通过降低尾部风险直接使投资者受益。

在审计费用方面，万东灿（2015）发现较高的审计费用能够提高事务所的审计投入，进而提高审计质量，最终起到降低股价崩盘风险的作用。

在审计师-客户关系方面，Callen and Fang（2017）发现审计师任期与未来一年的股价崩盘风险之间存在负相关关系，由于审计师-客户关系的存在，审计师会在任期内增强客户专门知识，以降低股价崩盘风险。耀友福等（2017）发现审计师变更增加了股价崩盘风险的概率，且审计师变更越频繁，两者之间的关系越强。

4. 公司治理

股权结构是公司治理的逻辑起点（Becht et al.，2003），决定了整个内部监控机制的构成和运作，通过影响股东大会、董事会、监事会及经理层对公司施加作用。

在大股东方面，大股东（王化成等，2015）以及控股股东之外的其他大股东（姜付秀等，2018）持股能起到有效的监督和制衡作用，减少管理层隐藏坏消息的行为，降低未来股价崩盘风险。但是，大股东的超额控制权（Boubaker et al.，2014）同样会增加股价崩盘风险。

在股权变动方面，公司高管减持过程的同伴效应（易志高等，2019）和大股东的抛售行为（吴战篪和李晓龙，2015）对股价崩盘风险存在显著的正向影响。上市公司倾向于在大股东减持前公布积极业绩预告，这在一定程度上增大了股价崩盘发生的可能性（舒家先和易苗苗，2019）。

在私募股权（private equity，PE）方面，PE 通过建立必要的监督机制降低代理成本，有 PE 参与的公司股价崩盘风险明显较低，且 PE 持股比例越大，股价崩盘风险越低（王晶晶和刘沛，2020）。

针对控股股东股权质押这一融资手段，由于市场信息环境不透明引发的投资者猜测和恐慌，存在这类现象的公司股价崩盘风险显著较大，并且股权质押比例越高，公司股价崩盘的风险越大（夏常源和贾凡胜，2019）。谢德仁等（2016）发现公司在控股股东股权质押期间会通过盈余管理及其他信息披露操纵来降低股价崩盘风险，然而股票解押后公司的股价崩盘风险会明显上升。

作为公司内部监督管理层行为的重要治理机制，董事会治理对股价崩盘风险也能产生一定的影响。董事会规模的增大（Andreou et al.，2016）、独董制度的引入（梁权熙和曾海舰，2016）、独董比例的提升（Andreou et al.，2016）、海外背景董事会成员的引入（Cao et al.，2019）以及董事会的改革（Hu et al.，2020）都能有效监督管理层的行为，降低股价崩盘风险。梁上坤等（2020）通过对董事会内部多重特征的整体衡量，发现董事会断裂带的存在弱化了董事会对管理层的监督效力，加剧了股价崩盘风险。

此外，Yang et al.（2020）研究了纵向连锁效应的影响，发现垂直连锁倾向于促进大股东保护不良信息，导致更高的股价崩盘风险。Xu et al.（2020）利用首席执行官（CEO）上任后对高管和董事的任命数据考察了内部联盟的影响，发现任命型内部联盟对股价崩盘风险有显著的正向影响。Yuan et al.（2016）发现，为董事和高管购买董责险可以有效降低股价崩盘风险。Chen et al.（2019）首次关注了工会的作用，发现工会能通过迫使企业选择风险较小的投资和终止表现不佳的项目，降低股价崩盘风险。

5. 高管薪酬与福利

薪酬契约能对管理层的行为产生重要的影响，是激励高管的一个重要手段。股权激励的存在使高管的私人收益与公司股价紧密相关，为了避免股价下降引起的自身收益下降，管理层有动机隐藏公司的负面信息，导致股价崩盘风险增加（Benmelech et al.，2010；Kim et al.，2011b）。

在超额福利方面，Xu et al.（2014）发现在中国国有企业中，过高的在职消费会增加未来股价崩盘风险，当高管越临近退休时，上述关系越显著。在延迟薪酬方面，CEO 的养老金和延迟薪酬相当于持有内部债务，能够降低公司的股价崩盘风险（He，2015）。在薪酬差距方面，Kubick and Lockhart（2020）的研究表明，所在行业薪酬差距越大，CEO 越倾向于隐藏坏消息而谋取职业进步，因此这类公司具有更大的股价崩盘风险，说明经理人劳动力市场提供的积极激励效应具有负外部性。

6. 管理者特征

根据高阶理论，在面临相同的环境时，具有不同特征的管理层会做出不同的选择（Hambrick and Mason，1984），因此，管理者的特征可能影响其隐藏坏消息的决策，进而影响股价崩盘风险。更强的道德感和更少的机会主义行为使得女性 CEO 能显著降低股价崩盘风险（李小荣和刘行，2012）。Li and Zeng（2019）利用美国上市公司数据发现女性 CFO 与未来股价崩盘风险之间存在负相关性。

出于对职业发展的担忧和对薪酬增长的期望，处于职业生涯早期的 CEO 有更强的动机操纵坏消息的释放时机，CEO 在任职初期（前三年）和离任前一年会更多地隐藏坏消息（许言等，2017），拥有年轻 CEO 的公司会面临更大的股价崩盘风险（Andreou et al.，2017）。

此外，来自强调不确定性规避文化背景的 CFO 与公司股价崩盘风险呈负相关关系（Fu and Zhang，2019）。权力更大的 CEO 更可能通过财务重述、调节盈利预测和操纵报告语调等手段隐藏坏消息，也更容易采纳风险性决策，进而导致公司的股价崩盘风险增加（Mamun et al.，2020）。

7. 企业特征和行为

在企业资本结构方面，美国公司的短期债务发挥着重要的监管功能，降低了股价崩盘风险（Dang et al.，2018）。但在中国，公司短期债务并没有发挥积极的治理作用，反而增大了股价崩盘风险（李栋栋，2016）。Wu and Lai（2020）的研究结果表明，无形资产较为密集的企业更可能发生股价崩盘风险。同时，上市公司为了隐藏负面信息而持有金融资产也会增加股价崩盘的可能性（彭俞超等，2018）。

在企业供应链方面，Lee et al.（2020）发现公司的客户集中度与股价崩盘风险呈正相关关系，但政府客户的集中度能降低股价崩盘风险。褚剑和方军雄（2016）使用中国数据发现了不同的结论，即较高的客户集中度有利于公司与客户之间的供应链整合，降低股价崩盘风险。

在企业社会责任方面，权小锋等（2015）发现社会责任行为充当了管理层的自利工具，加大了股价崩盘风险。曹海敏和孟元（2019）进一步发现将慈善捐赠作为隐藏负面信息的工具是加剧股价崩盘风险的潜在途径。但 Kim et al.（2014）指出，社会责任有助于减少股价崩盘风险，宋献中等（2019）则明确了社会责任同时通过信息效应和声誉保险效应降低股价崩盘风险的作用机制。Ben-Nasr and Ghouma（2018）的研究表明，更好的员工福利可能与更高的股价崩盘风险相关，这是因为员工福利计划形成了一种强有力的战略，可以帮助管理者对投资者隐藏坏消息。

在企业创新方面，Ben-Nasr et al.（2017）从专利授权、专利被引用数量以及研发投入等方面研究了创新活动对股价崩盘风险的影响，发现与创新相关的活动减少了未来股价崩盘的可能性。Jia（2018）区分了不同种类的创新对公司股价崩盘风险的影响，发现原创型专利能够起到降低股价崩盘风险的作用，但引用型专利则会带来较高的股价崩盘风险。史亚雅和杨德明（2020）发现商业模式创新对未来股价崩盘风险存在显著的正向影响，这种影响主要来自盈利模式创新和现金流结构创新。

此外，Hu et al.（2020）发现过度的关系支出和更高的信息不透明度与管理机会主义有关，会导致更大的股价崩盘风险。唐雪松等（2019）发现公司"高送转"能够有效抑制股价崩盘风险，且主板公司"高送转"抑制股价崩盘风险的作用更为显著。企业的过度投资也会加剧未来股价崩盘风险（江轩宇和许年行，2015）。

1.4.3　行为金融理论

与传统理性人假设不同，行为金融学派进一步将心理学与金融学结合，挖掘管理层的心理认知偏差以及市场参与者的非理性行为对股价崩盘风险的影响。

1. 过度自信

Kim et al.（2016）发现 CEO 过度自信会提高股价崩盘风险，当 CEO 在管理团队中占主导地位或投资者意见分歧较大时，过度自信对股价崩盘风险的影响更为明显。对于会计政策较为稳健的公司来说，CEO 过度自信的作用较小。曾爱民等（2019）利用中国数据也得到了类似的结论。

2. 羊群行为

许年行等（2013）发现机构投资者的羊群行为提高了公司未来的股价崩盘风险。吴晓辉等（2019）从社会网络算法出发，发现网络中机构投资者的抱团行为会加剧公司的股价崩盘风险。Xu et al.（2017）聚焦分析师群体，发现分析师的羊群行为也会提高股价崩盘风险。针对共同基金的研究也发现，共同基金的羊群行为会降低公司信息披露质量，与股价崩盘之间也存在很强的预测关系（Deng et al.，2018）。

1.4.4　非正式制度

1. 政治关联

政治关联作为一种重要的非正式制度，对公司的股价崩盘风险具有重要的影响。目前关于政治关联与股价崩盘风险的研究多以中国为背景，Piotroski et al.（2015）发现当样本期间处于中国共产党全国代表大会召开和省级官员提拔的时间窗口时，企业有动机压制负面信息，事件之后，负面信息集中释放出来，股价崩盘风险显著提升。Yu and Mai（2020）研究发现党委书记的离职增加了辖区内公司的股价崩盘风险，而市长的离职则没有显著影响；官员更替对国有企业和非国有企业都有影响，但对非国有企业的影响更明显。

Luo et al.（2016）发现具有政治关联的公司的股价崩盘风险较低。具体到政治关联的建立方式上，Lee and Wang（2017）发现地方政府官员被任命为董事会成员会加剧上市国有企业的股价崩盘风险，具有中央政府背景的企业董事能够降低上市民营企业的股价崩盘风险。Li and Chan（2016）发现由党员担任董事的公司，股价崩盘风险较低。Zhang et al.（2017）利用官员独董"禁令"实施带来的外生冲击，揭示出具有政治背景的独董离职造成的政治关联中断会影响企业资源获取能力，进而增加股价崩盘风险。

2. 社会资本

社会资本定义为一种嵌入社会结构中的、可以在有目的的行动中摄取或动员的资源（Lin，2002），社会资本以社会关系中的信任、规范和网络为载体，对社会中的每个组织和个体产生潜移默化的影响。

Callen and Fang（2015a）指出在宗教氛围浓厚的地区，管理层的坏消息隐藏动机受到宗教信仰的制约，因此，当地公司股价崩盘风险较低。宗教信仰作为一种社会道德标准，可以起到降低公司股价崩盘风险的作用。

在中国，Jebran et al.（2019）和徐细雄等（2020）发现儒家文化能够降低股价崩盘风险，这主要是通过抑制管理者自利动机、改善公司信息质量以及降低管理者过度自信三条路径得以实现。

Li et al.（2017）以中国上市公司为样本，对社会信任与股价崩盘风险之间的关联进行了检验，发现总部位于高社会信任地区的公司发生股价崩盘的风险更小，刘宝华等（2016）也有与之类似的发现。与社会信任相对，Cao et al.（2019）发现总部位于腐败程度较高地区的公司，未来股价崩盘风险往往较高，这种关系在地方国有企业中更为明显。Chen et al.（2018）利用中国市级官员腐败起诉案件的数据考察了反腐对股价崩盘风险的影响，发现在反腐行动后的几年里，位于腐败地区的公司发生股价崩盘风险的可能性显著降低。

3. 其他

在地理和交通方面，Kubick and Lockhart（2016）发现距离 SEC 较远的公司有更高的股价崩盘风险，SEC 的监管有效降低了股价崩盘风险。在我国，高铁的开通促进了信息的跨地区流动，改善了上市公司的治理环境，因此，高铁开通能够降低所在地上市公司的股价崩盘风险（赵静等，2018）。

在媒体报道方面，Aman（2013）利用日本数据发现媒体对一家企业的密集报道会在市场上引发极大的反应，股价崩盘的频率随着媒体报道及其季节性的集中而增加。在中国情境下，罗进辉和杜兴强（2014）发现媒体对上市公司的频繁报道显著降低了公司未来股价崩盘风险，媒体发挥了积极的信息中介和公共监督作用。如果对媒体报道进行分类，则正面媒体报道降低了股价崩盘的概率，而负面媒体报道与股价崩盘概率呈 U 型关系（Zhu et al.，2017）。进一步地，An et al.（2020）挖掘了媒体高覆盖率降低公司隐藏坏消息行为的信息机制和监督机制。

1.5　股价崩盘风险的经济后果

截至目前，股价崩盘风险的诸多影响因素已经被广泛涉猎和深入研究，但是，股价崩盘风险的经济后果仍未引起足够的重视，这方面的研究较少，也未形成完善的体系。本节尝试从市场后果、对公司治理和财务决策的影响、对其他利益相关者的影响三个角度，对关于股价崩盘风险后果的文献进行梳理。

1.5.1 市场后果

在资本市场后果方面，王爱群等（2019）发现当公司股价崩盘风险较高时，会吸引更多的分析师跟踪报道，说明分析师在选择跟踪目标时会考虑股价崩盘风险这一因素。

在劳动力市场后果方面，股价崩盘风险与 CEO 变更显著正相关、与高管薪酬显著负相关，这意味着上市公司高管会因股价崩盘风险受到惩罚（秦璇等，2019；于传荣等，2019）。

在审计市场后果方面，客户的审计费用上涨与未来股价崩盘现象密切相关（Hackenbrack et al.，2014）。在中国，公司股价崩盘风险越高，审计师收取的审计费用越高，出具无保留审计意见的可能性更低，更有可能发生审计师变更，这表明审计师在做出审计决策时考虑了股价崩盘风险信息（褚剑和方军雄，2017；Chu et al.，2019）。

1.5.2 对公司治理和财务决策的影响

在公司治理和财务决策方面，An et al.（2015）调查了股价崩盘风险对企业财务杠杆调整速度的影响，结果表明，股价崩盘风险较高的企业调整财务杠杆的速度很慢，无法达到目标。邹萍（2013）利用中国数据得到了不同的结论，即股价崩盘风险越高且上升越快，资本结构的调整速度越快。

此外，股价崩盘风险越高，投资者越会要求额外的信息风险溢价，权益资本成本就更高，且这种关系在民营上市公司中更显著（喻灵，2017）。进一步地，股价崩盘风险会加剧企业的融资约束，抑制企业投资（王宜峰等，2018）。江轩宇等（2020）则发现股价崩盘风险会增大企业融资成本，降低其风险承担能力，对企业创新具有显著的抑制作用。

1.5.3　对其他利益相关者的影响

在其他利益相关者方面，彭旋和王雄元（2018）关注了供应链上下游，发现客户股价崩盘风险会通过密切的供应链关系传染给供应商，且这一传染效应主要出现在供应商自身抗风险能力不足时。李小荣等（2018）则聚焦同行业公司，发现行业内管理者隐藏本公司的坏消息会虚假传递该行业的投资机会，因此，同行业公司的股价崩盘风险会增加公司投资规模，甚至导致过度投资。

1.6　本章小结

作为资本市场的一个"顽疾"，股价崩盘风险一旦爆发，投资者会遭受财富损失，资本市场的健康运行和长远发展也会受到不利影响。因此，股价崩盘风险受到了监管层、企业管理层和投资者的广泛关注，也成为当今财务学领域的一个重要研究方向。探索股价崩盘风险的成因及其影响因素不仅能丰富对股价崩盘的认知和理解，还能为防范风险提供理论依据，促进资本市场稳定运行和上市公司健康发展。

本章回顾了股价崩盘风险的国内外相关文献，从定义与度量、形成机制、影响因素和经济后果五个角度出发，从金融市场理论、公司财务理论、行为金融理论以及非正式制度四个方面入手，梳理了关于股价崩盘风险的国内外研究成果。这些研究对于帮助读者识别、理解和预防股价崩盘风险具有重要的理论价值，在研究思路和研究方法上也具有重要的借鉴意义和参考价值。

第2章 中国上市公司股价崩盘风险的现状与特征

2.1 中国上市公司股价崩盘风险总体概览

本章借鉴 Chen et al.（2001）、Kim et al.（2011a，2011b）以及江轩宇和许年行（2015）手工计算了三类股价崩盘风险一般指标。具体测度方式如下：

首先，采用每一年公司 i 的周收益率数据对式（2-1）进行回归。

$$R_{i,t} = \alpha + \beta_1 R_{m,t-2} + \beta_2 R_{m,t-1} + \beta_3 R_{m,t} + \beta_4 R_{m,t+1} + \beta_5 R_{m,t+2} + \varepsilon_{i,t} \quad (2-1)$$

式中，$R_{i,t}$ 表示公司 i 在第 t 周考虑现金红利再投资的收益率；$R_{m,t}$ 表示 A 股所有上市公司在第 t 周经流通市值加权的平均收益率；$\varepsilon_{i,t}$ 为式（2-1）的残差。公司 i 在第 t 周的特质收益率可以表示为

$W_{i,t} = \ln(1 + \varepsilon_{i,t})$。

其次，基于公司 i 在第 t 周的特质收益率 $W_{i,t}$，可以构造股价崩盘风险的三类指标。

（1）负收益偏态系数（$Ncskew$）。

$$Ncskew_{i,t} = -\frac{n(n-1)^{\frac{3}{2}} \sum W_{i,t}^3}{(n-1)(n-2)\left(\sum W_{i,t}^2\right)^{\frac{3}{2}}} \qquad (2-2)$$

式中，n 表示公司 i 每年的交易周数。$Ncskew$ 的数值越大，代表偏态系数为负的程度越严重，股价崩盘风险越大。

（2）收益率上下波动比率（$Duvol$）。

$$Duvol_{i,t} = \ln \frac{(n_u - 1)\sum_{down} W_{i,t}^2}{(n_d - 1)\sum_{up} W_{i,t}^2} \qquad (2-3)$$

式中，$n_u(n_d)$ 为公司 i 的周特质收益率 $W_{i,t}$ 大于（小于）年平均收益率 W_i 的周数。$Duvol$ 的数值越大，代表收益率分布更倾向于左偏，股价崩盘风险越大。

（3）股价暴跌（$Crash$）。

只要某一年个股的周特质收益率 $W_{i,t}$ 至少满足式（2-4）一次，$Crash$ 的取值为 1，否则为 0。

$$W_{i,t} \leqslant Average(W_{i,t}) - 3.09\sigma_i^3 \qquad (2-4)$$

式中，$Average(W_{i,t})$ 为公司 i 的周特质收益率年度均值；σ_i 为公司 i 当年周特质收益率标准差。

本章内容按照年度、行业和地区差异对股价崩盘风险指标分类进行描述性统计分析，以便读者深入了解 A 股上市公司股价崩盘风险指标的统计特征。

2.1.1　股价崩盘风险指标分年度统计

本部分用到的财务数据主要来自国泰安（China Stock Market

and Accounting Research，CSMAR）数据库，样本期间为 1991—2021 年。表 2-1 主要列示了股价崩盘风险指标分年度统计结果。从表 2-1 中可以看出，上市公司的股价崩盘风险指标在不同年度有较大波动，具体走势可见图 2-1。除此之外，总体样本的统计特征在表 2-1 中也有体现：$Ncskew$、$Duvol$ 和 $Crash$ 的均值分别为 -0.251、-0.158 和 0.125，中位数分别为 -0.219、-0.162 和 0.000，标准差分别为 0.732、0.491 和 0.331，说明这三类股价崩盘风险指标在 A 股上市公司中存在较大差异。

表 2-1　股价崩盘风险指标分年度统计

年度	变量	样本量	标准差	P5	P25	均值	中位数	P75	P95
1991	$Ncskew$	11	1.676	-1.520	-0.037	1.230	1.202	1.926	4.866
	$Duvol$	11	0.847	-0.432	0.091	0.810	0.728	1.384	2.586
	$Crash$	11	0.522	0.000	0.000	0.455	0.000	1.000	1.000
1992	$Ncskew$	28	1.454	-2.739	-0.494	-0.028	-0.045	0.324	1.881
	$Duvol$	28	0.784	-0.987	-0.359	0.021	-0.020	0.345	0.716
	$Crash$	28	0.390	0.000	0.000	0.179	0.000	0.000	1.000
1993	$Ncskew$	93	1.298	-2.212	-1.236	-0.441	-0.406	0.053	0.672
	$Duvol$	93	0.772	-1.087	-0.672	-0.152	-0.184	0.240	0.988
	$Crash$	93	0.282	0.000	0.000	0.086	0.000	0.000	1.000
1994	$Ncskew$	268	1.178	-1.908	-0.936	-0.152	-0.355	0.506	2.055
	$Duvol$	268	0.724	-1.030	-0.556	-0.024	-0.156	0.405	1.374
	$Crash$	268	0.442	0.000	0.000	0.265	0.000	1.000	1.000
1995	$Ncskew$	296	1.031	-2.411	-1.014	-0.500	-0.369	0.219	0.938
	$Duvol$	296	0.605	-1.237	-0.696	-0.243	-0.200	0.204	0.732
	$Crash$	296	0.384	0.000	0.000	0.179	0.000	0.000	1.000
1996	$Ncskew$	355	0.661	-1.716	-0.889	-0.520	-0.460	-0.101	0.407
	$Duvol$	355	0.465	-1.039	-0.625	-0.293	-0.297	-0.010	0.493
	$Crash$	355	0.225	0.000	0.000	0.0540	0.000	0.000	1.000

续表

年度	变量	样本量	标准差	P5	P25	均值	中位数	P75	P95
1997	*Ncskew*	623	0.617	−1.464	−0.800	−0.410	−0.405	0.004	0.575
	Duvol	623	0.462	−1.036	−0.599	−0.296	−0.310	0.025	0.502
	Crash	623	0.245	0.000	0.000	0.064	0.000	0.000	1.000
1998	*Ncskew*	774	0.601	−1.528	−0.832	−0.467	−0.464	−0.066	0.480
	Duvol	774	0.432	−1.088	−0.645	−0.339	−0.351	−0.040	0.378
	Crash	774	0.241	0.000	0.000	0.062	0.000	0.000	1.000
1999	*Ncskew*	863	0.609	−1.315	−0.605	−0.251	−0.227	0.137	0.712
	Duvol	863	0.443	−0.944	−0.460	−0.169	−0.166	0.147	0.576
	Crash	863	0.326	0.000	0.000	0.121	0.000	0.000	1.000
2000	*Ncskew*	957	0.607	−1.453	−0.730	−0.388	−0.346	0.007	0.552
	Duvol	957	0.410	−0.969	−0.567	−0.280	−0.274	−0.006	0.374
	Crash	957	0.274	0.000	0.000	0.082	0.000	0.000	1.000
2001	*Ncskew*	1 102	0.773	−1.385	−0.587	−0.125	−0.139	0.290	1.165
	Duvol	1 102	0.514	−0.944	−0.460	−0.106	−0.101	0.214	0.762
	Crash	1 102	0.379	0.000	0.000	0.173	0.000	0.000	1.000
2002	*Ncskew*	1 146	0.756	−1.279	−0.504	−0.040	−0.007	0.429	1.206
	Duvol	1 146	0.503	−0.872	−0.389	−0.035	−0.015	0.308	0.806
	Crash	1 146	0.424	0.000	0.000	0.235	0.000	0.000	1.000
2003	*Ncskew*	1 210	0.763	−1.072	−0.291	0.175	0.187	0.583	1.484
	Duvol	1 210	0.540	−0.730	−0.205	0.155	0.158	0.519	1.034
	Crash	1 210	0.414	0.000	0.000	0.219	0.000	0.000	1.000
2004	*Ncskew*	1 280	0.659	−0.950	−0.310	0.075	0.056	0.452	1.195
	Duvol	1 280	0.458	−0.622	−0.208	0.102	0.075	0.386	0.914
	Crash	1 280	0.389	0.000	0.000	0.185	0.000	0.000	1.000
2005	*Ncskew*	1 340	0.656	−1.134	−0.360	0.009	0.026	0.396	1.057
	Duvol	1 340	0.459	−0.771	−0.281	0.009	0.023	0.311	0.727
	Crash	1 340	0.380	0.000	0.000	0.175	0.000	0.000	1.000

续表

年度	变量	样本量	标准差	P5	P25	均值	中位数	P75	P95
2006	Ncskew	1 314	0.659	−1.251	−0.477	−0.105	−0.092	0.306	1.004
	Duvol	1 314	0.462	−0.827	−0.395	−0.077	−0.066	0.219	0.689
	Crash	1 314	0.378	0.000	0.000	0.172	0.000	0.000	1.000
2007	Ncskew	1 381	0.532	−0.872	−0.274	0.032	0.058	0.374	0.857
	Duvol	1 381	0.417	−0.648	−0.231	0.053	0.056	0.332	0.718
	Crash	1 381	0.300	0.000	0.000	0.100	0.000	0.000	1.000
2008	Ncskew	1 511	0.523	−0.750	−0.219	0.096	0.089	0.378	0.925
	Duvol	1 511	0.392	−0.548	−0.160	0.103	0.084	0.360	0.761
	Crash	1 511	0.316	0.000	0.000	0.113	0.000	0.000	1.000
2009	Ncskew	1 560	0.532	−1.461	−0.746	−0.454	−0.387	−0.101	0.302
	Duvol	1 560	0.391	−0.999	−0.603	−0.337	−0.327	−0.064	0.303
	Crash	1 560	0.152	0.000	0.000	0.024	0.000	0.000	0.000
2010	Ncskew	1 809	0.658	−1.160	−0.470	−0.049	−0.038	0.398	1.055
	Duvol	1 809	0.466	−0.830	−0.369	−0.034	−0.031	0.292	0.740
	Crash	1 809	0.383	0.000	0.000	0.179	0.000	0.000	1.000
2011	Ncskew	2 128	0.626	−1.283	−0.613	−0.242	−0.234	0.140	0.784
	Duvol	2 128	0.436	−0.897	−0.466	−0.165	−0.170	0.124	0.562
	Crash	2 128	0.305	0.000	0.000	0.103	0.000	0.000	1.000
2012	Ncskew	2 368	0.738	−1.626	−0.664	−0.282	−0.245	0.157	0.874
	Duvol	2 368	0.488	−1.011	−0.487	−0.173	−0.179	0.161	0.636
	Crash	2 368	0.339	0.000	0.000	0.132	0.000	0.000	1.000
2013	Ncskew	2 441	0.699	−1.749	−0.796	−0.422	−0.332	0.044	0.588
	Duvol	2 441	0.457	−1.049	−0.558	−0.259	−0.251	0.060	0.461
	Crash	2 441	0.279	0.000	0.000	0.085	0.000	0.000	1.000
2014	Ncskew	2 459	0.751	−1.730	−0.723	−0.343	−0.254	0.144	0.725
	Duvol	2 459	0.506	−1.064	−0.540	−0.208	−0.189	0.135	0.607
	Crash	2 459	0.283	0.000	0.000	0.088	0.000	0.000	1.000

续表

年度	变量	样本量	标准差	P5	P25	均值	中位数	P75	P95
2015	Ncskew	2 553	0.614	−1.262	−0.604	−0.257	−0.260	0.086	0.737
	Duvol	2 553	0.450	−0.908	−0.485	−0.193	−0.213	0.070	0.575
	Crash	2 553	0.275	0.000	0.000	0.082	0.000	0.000	1.000
2016	Ncskew	2 676	0.723	−1.828	−0.893	−0.494	−0.432	−0.027	0.567
	Duvol	2 676	0.480	−1.124	−0.667	−0.340	−0.332	−0.023	0.433
	Crash	2 676	0.257	0.000	0.000	0.071	0.000	0.000	1.000
2017	Ncskew	3 077	0.763	−1.547	−0.615	−0.201	−0.173	0.221	1.048
	Duvol	3 077	0.491	−0.906	−0.441	−0.100	−0.101	0.206	0.711
	Crash	3 077	0.344	0.000	0.000	0.137	0.000	0.000	1.000
2018	Ncskew	3 419	0.784	−1.474	−0.605	−0.165	−0.175	0.243	1.219
	Duvol	3 419	0.509	−0.919	−0.451	−0.112	−0.139	0.197	0.772
	Crash	3 419	0.370	0.000	0.000	0.164	0.000	0.000	1.000
2019	Ncskew	3 605	0.770	−1.823	−0.846	−0.433	−0.384	0.023	0.789
	Duvol	3 605	0.472	−1.051	−0.585	−0.277	−0.290	0.013	0.532
	Crash	3 605	0.346	0.000	0.000	0.139	0.000	0.000	1.000
2020	Ncskew	3 725	0.772	−1.799	−0.843	−0.412	−0.365	0.046	0.753
	Duvol	3 725	0.489	−1.106	−0.602	−0.280	−0.265	0.048	0.511
	Crash	3 725	0.329	0.000	0.000	0.123	0.000	0.000	1.000
2021	Ncskew	4 044	0.720	−1.559	−0.666	−0.279	−0.224	0.166	0.822
	Duvol	4 044	0.468	−0.943	−0.460	−0.146	−0.139	0.167	0.622
	Crash	4 044	0.325	0.000	0.000	0.120	0.000	0.000	1.000
总体	Ncskew	50 416	0.732	−1.526	−0.656	−0.251	−0.219	0.180	0.890
	Duvol	50 416	0.491	−0.972	−0.485	−0.158	−0.162	0.162	0.657
	Crash	50 416	0.331	0.000	0.000	0.125	0.000	0.000	1.000

图 2-1 列示了 1991—2021 年股价崩盘风险指标年度均值的时间变动趋势，Ncskew、Duvol 和 Crash 三类指标的折线图大致趋同，尤其是 Ncskew 和 Duvol 的折线图高度吻合。由于 Crash 为二值虚拟变量，数值变动没有 Ncskew 和 Duvol 明显，因此接下来主要

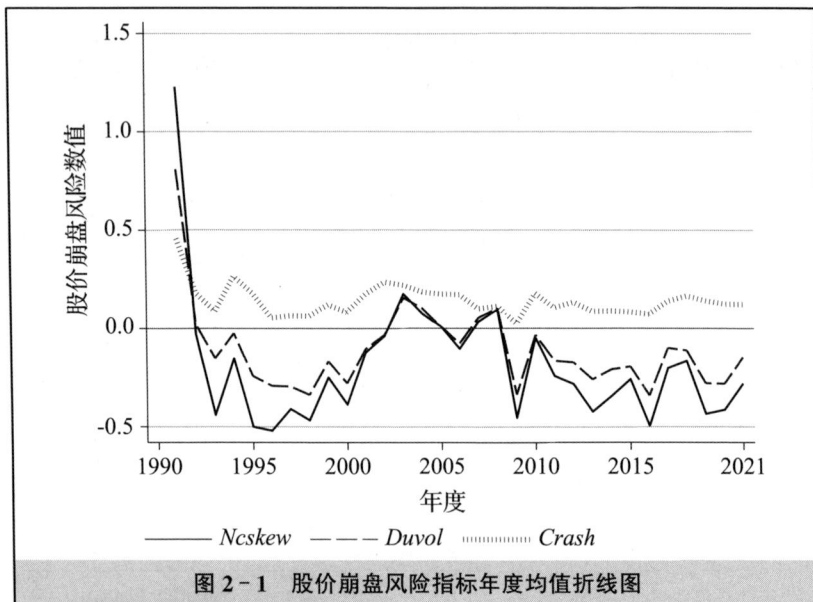

图 2-1　股价崩盘风险指标年度均值折线图

针对 *Ncskew* 和 *Duvol* 的折线图进行分析。具体而言：

（1）1991—1996 年，股价崩盘风险指标断崖式下跌，虽然在 1994 年出现一次回升，但最终在 1996 年触底。

（2）1996—2008 年，股价崩盘风险指标总体呈上升趋势，并且在 2003 年和 2008 年出现两次峰值。

（3）2008—2021 年，2008 年金融危机爆发后，股价崩盘风险指标再次迅速下跌，但在 2010 年再次回升；2010 年后，股价崩盘风险呈小幅波动态势。

图 2-2 列示了 1991—2021 年股价崩盘风险指标年度中位数的时间变动趋势。由图 2-2 可知，*Ncskew* 和 *Duvol* 两类指标的折线图与图 2-1 基本一致，两类指标的走势也大致趋同。但是 *Crash* 指标各年度中位数均为 0。

综合表 2-1、图 2-1 和图 2-2 的统计结果可知，上市公司股价崩盘风险是资本市场需要防范化解的一种重要风险，对于资本市场参与者，包括公司、投资者、资本市场信息中介等主体而言具有

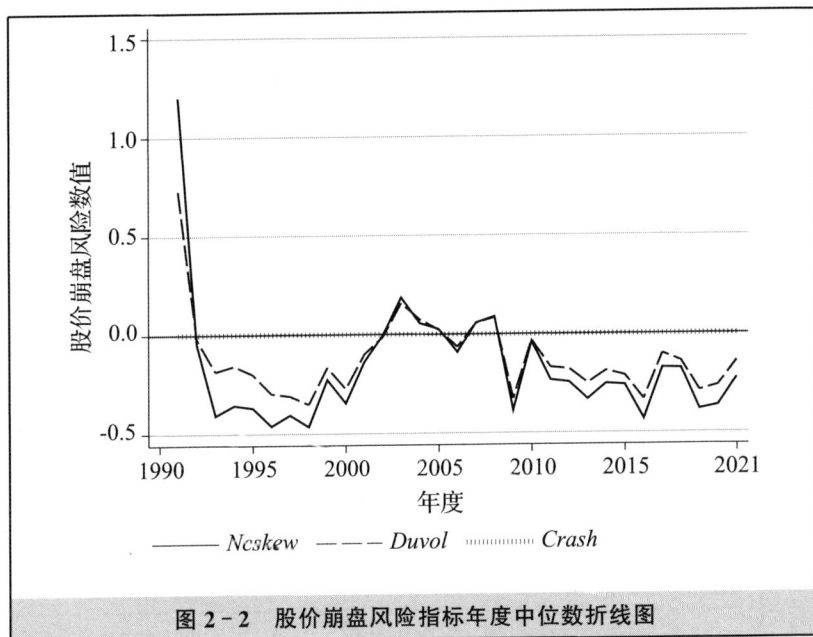

图 2－2　股价崩盘风险指标年度中位数折线图

重要的信息价值。因此，探究股价崩盘风险的影响因素具有重要的理论和实际意义，这也是 2.2 节"中国上市公司股价崩盘风险影响因素的描述性统计分析"的出发点和目标。

2.1.2　股价崩盘风险指标分行业统计

本部分将分析股价崩盘风险指标的行业分布特征，以期发现相关指标在行业分布上的差异性。

表 2－2 列示了股价崩盘风险指标分行业统计结果，图 2－3 列示了股价崩盘风险指标在 19 个行业类别①中的分布特征。

---

①　行业划分标准依据 2012 年证监会修订的《上市公司行业分类指引》。A，农、林、牧、渔业；B，采矿业；C，制造业；D，电力、热力、燃气及水生产和供应业；E，建筑业；F，批发和零售业；G，交通运输、仓储和邮政业；H，住宿和餐饮业；I，信息传输、软件和信息技术服务业；J，金融业；K，房地产业；L，租赁和商务服务业；M，科学研究和技术服务业；N，水利、环境和公共设施管理业；O，居民服务、修理和其他服务业；P，教育；Q，卫生和社会工作；R，文化、体育和娱乐业；S，综合。

表 2-2　股价崩盘风险指标分行业统计

行业门类代码	变量	样本量	标准差	P5	P25	中位数	P50	P75	P95
A	*Ncskew*	829	0.694	−1.255	−0.558	−0.169	−0.167	0.258	0.899
	Duvol	829	0.476	−0.861	−0.427	−0.100	−0.131	0.228	0.676
	Crash	829	0.323	0.000	0.000	0.118	0.000	0.000	1.000
B	*Ncskew*	1 053	0.687	−1.532	−0.712	−0.332	−0.285	0.060	0.688
	Duvol	1 053	0.469	−1.010	−0.529	−0.229	−0.253	0.065	0.582
	Crash	1 053	0.285	0.000	0.000	0.089	0.000	0.000	1.000
C	*Ncskew*	30 971	0.725	−1.499	−0.631	−0.239	−0.205	0.187	0.889
	Duvol	30 971	0.488	−0.962	−0.472	−0.149	−0.153	0.168	0.657
	Crash	30 971	0.330	0.000	0.000	0.124	0.000	0.000	1.000
D	*Ncskew*	1 764	0.752	−1.689	−0.710	−0.284	−0.245	0.170	0.891
	Duvol	1 764	0.500	−1.048	−0.536	−0.196	−0.196	0.116	0.621
	Crash	1 764	0.352	0.000	0.000	0.145	0.000	0.000	1.000
E	*Ncskew*	1 193	0.752	−1.569	−0.747	−0.297	−0.274	0.140	0.904
	Duvol	1 193	0.501	−0.990	−0.530	−0.182	−0.174	0.148	0.655
	Crash	1 193	0.328	0.000	0.000	0.122	0.000	0.000	1.000
F	*Ncskew*	3 032	0.738	−1.539	−0.647	−0.231	−0.200	0.214	0.935
	Duvol	3 032	0.489	−0.921	−0.475	−0.144	−0.150	0.175	0.685
	Crash	3 032	0.345	0.000	0.000	0.138	0.000	0.000	1.000
G	*Ncskew*	1 667	0.799	−1.791	−0.803	−0.345	−0.291	0.173	0.884
	Duvol	1 667	0.525	−1.097	−0.577	−0.220	−0.222	0.150	0.620
	Crash	1 667	0.346	0.000	0.000	0.139	0.000	0.000	1.000
H	*Ncskew*	212	0.747	−1.633	−0.625	−0.194	−0.106	0.302	0.867
	Duvol	212	0.477	−0.871	−0.380	−0.099	−0.079	0.226	0.728
	Crash	212	0.293	0.000	0.000	0.094	0.000	0.000	1.000
I	*Ncskew*	2 764	0.715	−1.548	−0.678	−0.257	−0.222	0.172	0.832
	Duvol	2 764	0.481	−0.904	−0.480	−0.147	−0.149	0.169	0.659
	Crash	2 764	0.312	0.000	0.000	0.110	0.000	0.000	1.000

续表

行业门类代码	变量	样本量	标准差	P5	P25	中位数	P50	P75	P95
J	Ncskew	1 002	0.716	−1.578	−0.804	−0.393	−0.359	0.031	0.741
	Duvol	1 002	0.478	−1.048	−0.593	−0.263	−0.267	0.030	0.514
	Crash	1 002	0.312	0.000	0.000	0.109	0.000	0.000	1.000
K	Ncskew	2 390	0.737	−1.615	−0.746	−0.322	−0.289	0.133	0.795
	Duvol	2 390	0.488	−1.044	−0.538	−0.216	−0.216	0.115	0.578
	Crash	2 390	0.322	0.000	0.000	0.117	0.000	0.000	1.000
L	Ncskew	596	0.744	−1.460	−0.569	−0.187	−0.152	0.225	1.074
	Duvol	596	0.495	−0.989	−0.421	−0.109	−0.100	0.220	0.684
	Crash	596	0.352	0.000	0.000	0.144	0.000	0.000	1.000
M	Ncskew	342	0.731	−1.368	−0.678	−0.227	−0.239	0.218	1.092
	Duvol	342	0.476	−0.866	−0.462	−0.116	−0.132	0.201	0.699
	Crash	342	0.342	0.000	0.000	0.135	0.000	0.000	1.000
N	Ncskew	549	0.751	−1.601	−0.664	−0.268	−0.225	0.185	0.901
	Duvol	549	0.498	−0.999	−0.499	−0.161	−0.160	0.150	0.682
	Crash	549	0.348	0.000	0.000	0.140	0.000	0.000	1.000
O	Ncskew	86	0.598	−1.209	−0.586	−0.177	−0.101	0.248	0.790
	Duvol	86	0.420	−0.665	−0.424	−0.067	−0.072	0.175	0.679
	Crash	86	0.349	0.000	0.000	0.140	0.000	0.000	1.000
P	Ncskew	38	0.872	−1.672	−0.637	−0.130	−0.129	0.164	1.562
	Duvol	38	0.509	−0.808	−0.390	−0.062	−0.055	0.128	1.019
	Crash	38	0.393	0.000	0.000	0.184	0.000	0.000	1.000
Q	Ncskew	81	0.585	−1.026	−0.455	−0.119	−0.111	0.244	0.671
	Duvol	81	0.462	−0.766	−0.429	−0.074	−0.086	0.211	0.680
	Crash	81	0.300	0.000	0.000	0.099	0.000	0.000	1.000
R	Ncskew	493	0.772	−1.594	−0.617	−0.223	−0.191	0.149	0.999
	Duvol	493	0.490	−0.986	−0.443	−0.140	−0.157	0.154	0.712
	Crash	493	0.339	0.000	0.000	0.132	0.000	0.000	1.000

续表

行业门类代码	变量	样本量	标准差	P5	P25	中位数	P50	P75	P95
S	Ncskew	1 301	0.769	−1.497	−0.670	−0.205	−0.206	0.235	0.999
	Duvol	1 301	0.519	−0.962	−0.479	−0.134	−0.149	0.206	0.714
	Crash	1 301	0.355	0.000	0.000	0.148	0.000	0.000	1.000

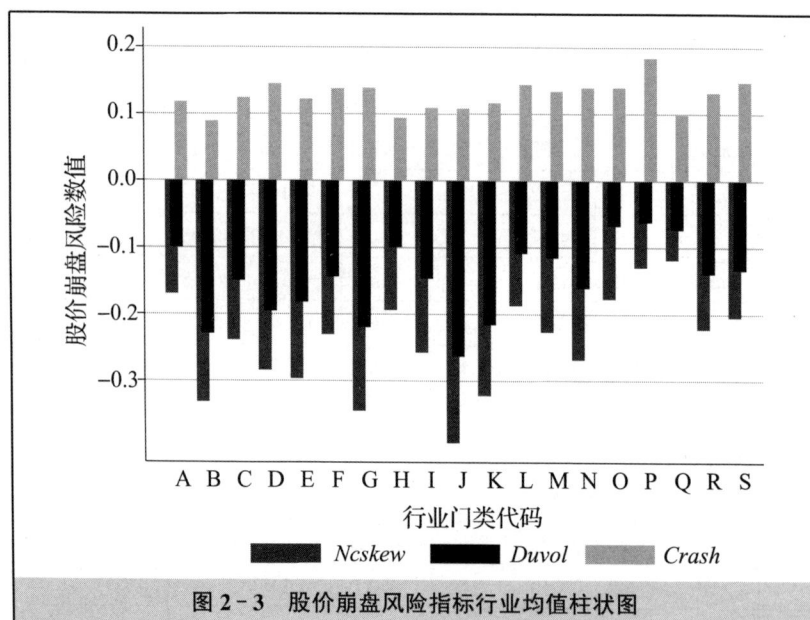

图 2-3　股价崩盘风险指标行业均值柱状图

由表 2-2 和图 2-3 可知：

（1）根据上市公司样本量排序可知，观测样本主要集中在制造业（C），占比高达 61.496%；其后依次是批发和零售业（F，6.020%）、信息传输、软件和信息技术服务业（I，5.488%）及房地产业（K，4.746%）等；而样本观测值最少的行业分别为教育（P，0.075%）、卫生和社会工作（Q，0.161%）以及居民服务、修理和其他服务业（O，0.171%）。

（2）Ncskew 指标数值最高的 5 个行业是卫生和社会工作

（Q，－0.119），教育（P，－0.130），农、林、牧、渔业（A，－0.169），居民服务、修理和其他服务业（O，－0.177）以及租赁和商务服务业（L，－0.187）；最低的 5 个行业是建筑业（E，－0.297），房地产业（K，－0.322），采矿业（B，－0.332），交通运输、仓储和邮政业（G，－0.345）以及金融业（J，－0.393）。

（3）$Duvol$ 指标数值最高的 5 个行业是教育（P，－0.062），居民服务、修理和其他服务业（O，－0.067），卫生和社会工作（Q，－0.074），住宿和餐饮业（H，－0.099）以及农、林、牧、渔业（A，－0.100）；最低的 5 个行业是电力、热力、燃气及水生产和供应业（D，－0.196），房地产业（K，－0.216），交通运输、仓储和邮政业（G，－0.220），采矿业（B，－0.229）以及金融业（J，－0.263）。

（4）$Crash$ 指标数值最高的 5 个行业是教育（P，0.184），综合（S，0.148），电力、热力、燃气及水生产和供应业（D，0.145），租赁和商务服务业（L，0.144）以及居民服务、修理和其他服务业（O，0.140）；最低的 5 个行业是信息传输、软件和信息技术服务业（I，0.110），金融业（J，0.109），卫生和社会工作（Q，0.099），住宿和餐饮业（H，0.094）以及采矿业（B，0.089）。

（5）$Ncskew$ 和 $Duvol$ 两类股价崩盘风险指标的数值在各行业的分布特征较为相似，$Crash$ 则与二者存在较大差异。综合三类指标可知：教育业（P）的股价崩盘风险一直较高；而采矿业（B）和金融业（J）的股价崩盘风险一直处于较低水平。

此外，$Ncskew$、$Duvol$ 和 $Crash$ 三类指标均值在不同行业的横截面异质性较大。

2.1.3　股价崩盘风险指标分地区统计

本部分将分析股价崩盘风险指标的地区分布特征，以期发现相关指标在地区分布上的差异性。

表 2-3 列示了股价崩盘风险指标分地区统计结果，图 2-4 列示

了股价崩盘风险指标在 4 个不同地区①的分布特征。

表 2 - 3　股价崩盘风险指标分地区统计

地区	变量	样本量	标准差	P5	P25	均值	中位数	P75	P95
东北	*Ncskew*	2 713	0.757	−1.546	−0.634	−0.213	−0.171	0.239	0.979
	Duvol	2 713	0.504	−0.978	−0.472	−0.134	−0.130	0.198	0.690
	Crash	2 713	0.358	0.000	0.000	0.151	0.000	0.000	1.000
东部	*Ncskew*	30 226	0.724	−1.519	−0.653	−0.253	−0.216	0.175	0.878
	Duvol	30 226	0.485	−0.967	−0.482	−0.158	−0.161	0.161	0.643
	Crash	30 226	0.329	0.000	0.000	0.124	0.000	0.000	1.000
中部	*Ncskew*	6 801	0.725	−1.486	−0.627	−0.227	−0.195	0.202	0.899
	Duvol	6 801	0.492	−0.949	−0.472	−0.145	−0.149	0.179	0.670
	Crash	6 801	0.327	0.000	0.000	0.121	0.000	0.000	1.000
西部	*Ncskew*	7 300	0.735	−1.513	−0.635	−0.228	−0.208	0.203	0.929
	Duvol	7 300	0.492	−0.954	−0.475	−0.147	−0.147	0.174	0.687
	Crash	7 300	0.338	0.000	0.000	0.131	0.000	0.000	1.000

由表 2 - 3 和图 2 - 4 可知：

（1）根据上市公司样本量排序可知，观测样本主要集中在东部地区，占比达到 64.256%。其后依次是西部地区，占比 15.519%；中部地区，占比 14.458%；东北地区，占比仅为 5.767%。

（2）*Ncskew* 指标数值由高到低分别为东北地区、中部地区、西部地区和东部地区；*Duvol* 指标数值由高到低分别为东北地区、中部地区、西部地区和东部地区；*Crash* 指标数值由高到低分别为中部地区、东部地区、西部地区和东北地区。

———————

① 地区划分标准依据《中华人民共和国 2020 年国民经济和社会发展统计公报》。东部地区是指北京、天津、河北、上海、江苏、浙江、福建、山东、广东和海南 10 省（市）；中部地区是指山西、安徽、江西、河南、湖北和湖南 6 省；西部地区是指内蒙古、广西、重庆、四川、贵州、云南、西藏、陕西、甘肃、青海、宁夏和新疆 12 省（区、市）；东北地区是指辽宁、吉林和黑龙江 3 省。同时采用上市公司注册地址（非办公地址）判断其所属省份。

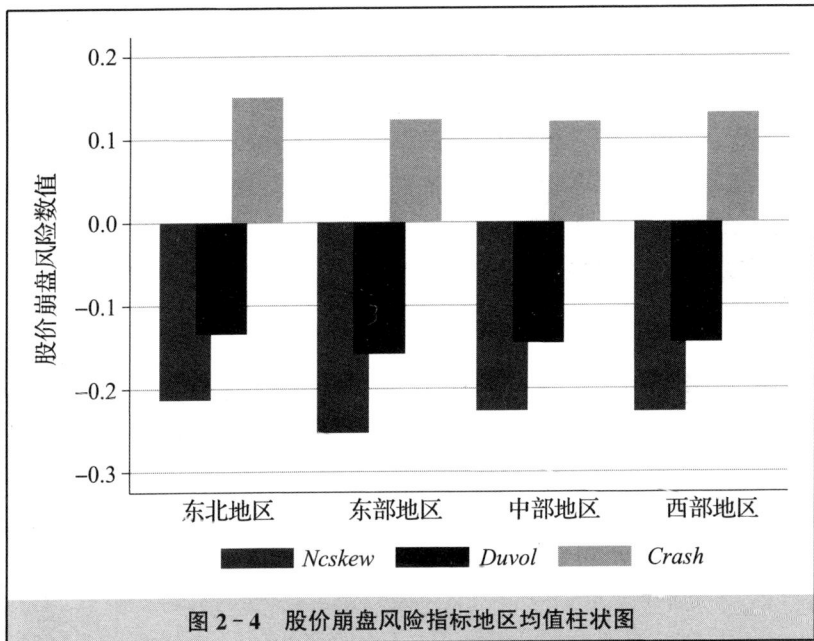

图 2-4　股价崩盘风险指标地区均值柱状图

（3）*Ncskew*、*Duvol* 和 *Crash* 三类指标在不同地区的标准差相近，三者的均值在地区层面的差异也不显著。

综上可知，本部分没有发现股价崩盘风险指标在地区层面的显著差异，即地区位置可能并非股价崩盘风险的主要影响因素。

2.2　中国上市公司股价崩盘风险影响因素的描述性统计分析

上述内容主要对 A 股上市公司股价崩盘风险指标做总体的描述性统计分析。本部分将进一步考察上市公司股价崩盘风险的主要影响因素，依次从个体层面、公司层面以及宏观层面展开分析与讨论，具体包括高管特征、公司特征以及区域特征等多种因素，分析框架如图 2-5 所示，详细的变量定义见附录 2-1。

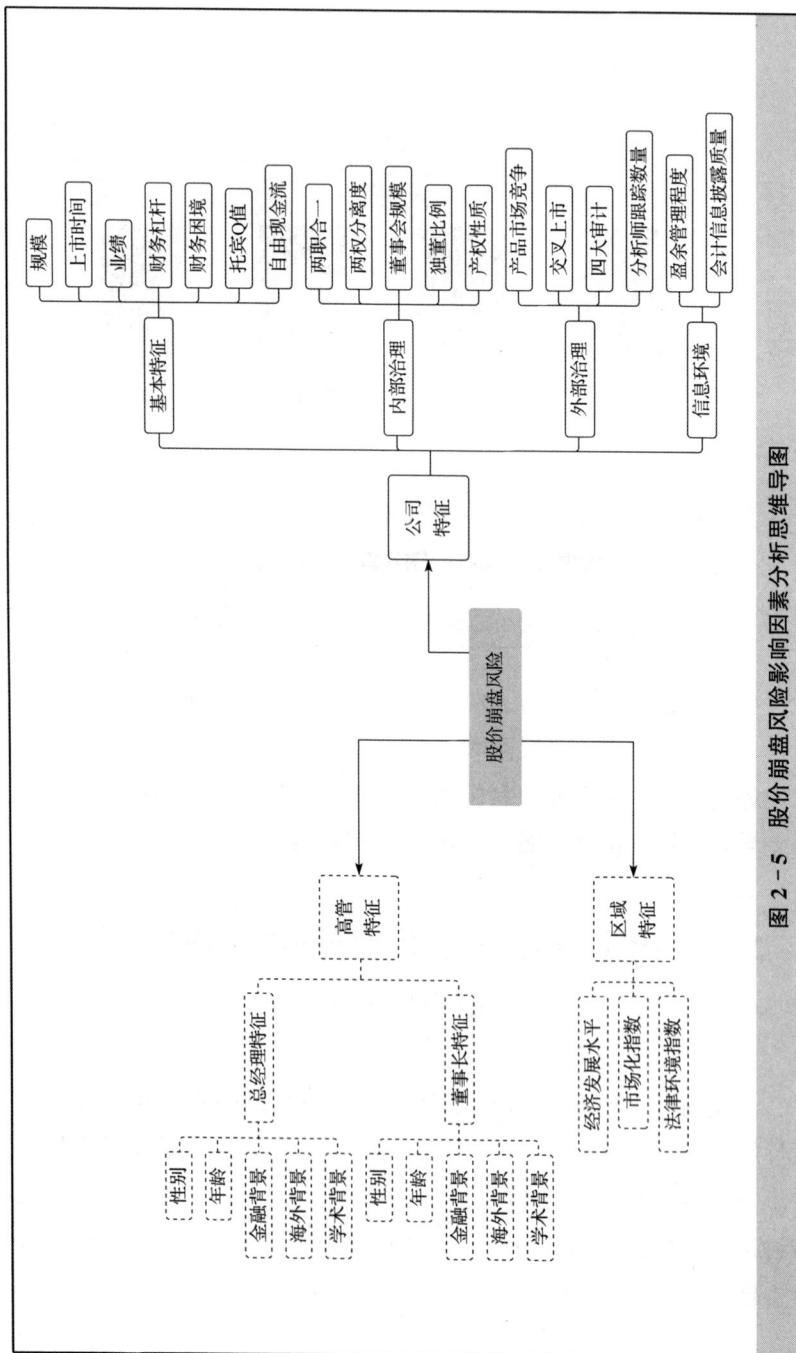

图 2-5 股价崩盘风险影响因素分析思维导图

2.2.1 高管特征差异检验

本部分首先考察可能影响公司股价崩盘风险的高管特征层面因素，并进一步将高管特征变量划分为总经理特征和董事长特征两类。高管特征变量的定位和结构见图2-5，定义见附录2-1。

1. 总经理特征

图2-6和图2-7列示了不同总经理特征下的股价崩盘风险指标均值柱状图，直观展示了当总经理特征不同时，股价崩盘风险指标的差异性。具体特征分析见表2-4至表2-8。

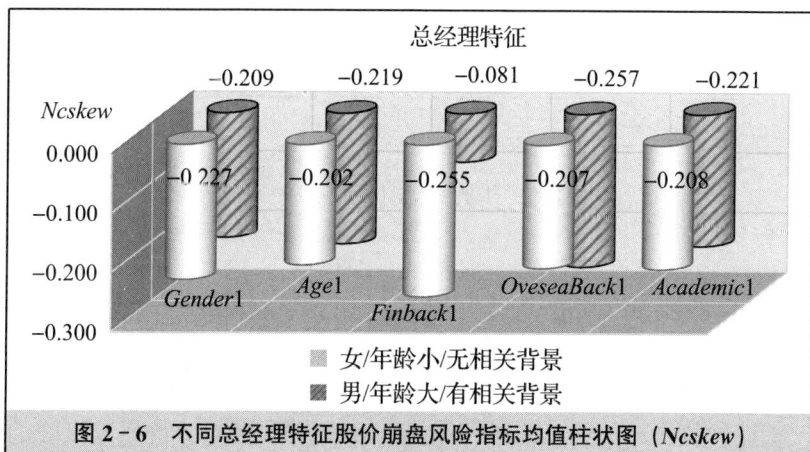

图2-6 不同总经理特征股价崩盘风险指标均值柱状图（Ncskew）

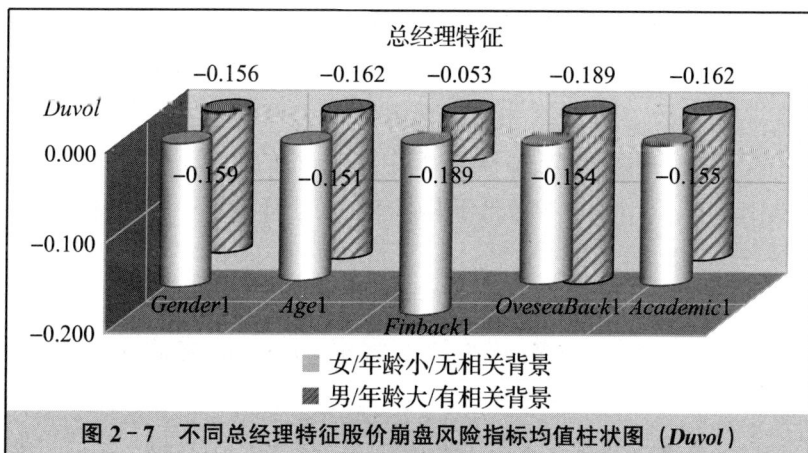

图2-7 不同总经理特征股价崩盘风险指标均值柱状图（Duvol）

（1）总经理性别。表 2-4 列示了总经理性别不同时样本公司的股价崩盘风险差异性检验结果。具体结果如下：

1）男性总经理样本组中 $Ncskew$ 的均值（中位数）为 -0.242（-0.209），与女性总经理样本组中 $Ncskew$ 的均值（中位数）-0.258（-0.227）不存在显著差异。

2）其他两类股价崩盘风险指标的结论与上述相同，即总经理性别不同的两组样本中 $Duvol$ 和 $Crash$ 的均值（中位数）不存在显著差异。单变量检验结果初步表明总经理性别（$Gender1$）特征可能并非股价崩盘风险的影响因素。

表 2-4 总经理特征——性别（$Gender1$）

变量	（1）女		（2）男		差异检验	
	均值	中位数	均值	中位数	t 检验	Wilcoxon z 检验
					（2）—（1）	（2）—（1）
$Ncskew$	-0.258	-0.227	-0.242	-0.209	1.100	1.222
$Duvol$	-0.156	-0.159	-0.153	-0.156	0.392	0.570
$Crash$	0.127	0.000	0.125	0.000	-0.316	-0.316

（2）总经理年龄。表 2-5 比较了总经理年龄对股价崩盘风险的影响。具体结果如下：

1）总经理年龄较大样本组中 $Ncskew$ 的均值（中位数）为 -0.251（-0.219），与年龄较小样本组中 $Ncskew$ 的均值（中位数）-0.237（-0.202）相比，显著较低。

2）总经理年龄较大样本组中 $Duvol$ 的均值（中位数）为 -0.158（-0.162），显著低于其在年龄较小样本组中的均值（中位数）-0.148（-0.151）。

3）总经理年龄较大样本组中 $Crash$ 的均值（中位数）为 0.126（0.000），与年龄较小样本组中 $Crash$ 的均值（中位数）0.125（0.000）无显著差异。

综上，单变量检验结果初步表明总经理年龄（$Age1$）是股价崩盘风险的一个影响因素。

表 2 - 5 总经理特征——年龄（*Age*1）

变量	(1) 小		(2) 大		差异检验	
	均值	中位数	均值	中位数	*t* 检验	Wilcoxon *z* 检验
					(2)—(1)	(2)—(1)
Ncskew	−0.237	−0.202	−0.251	−0.219	−2.182**	−2.602***
Duvol	−0.148	−0.151	−0.158	−0.162	−2.338**	−2.361**
Crash	0.125	0.000	0.126	0.000	0.107	0.107

注：*、**、*** 分别表示在 10%、5% 和 1% 的水平显著。下同。

（3）总经理金融背景。表 2 - 6 比较了总经理金融背景不同时股价崩盘风险的差异。具体结果如下：

1）总经理具有金融背景时，*Ncskew* 的均值（中位数）为 −0.099（−0.081），显著高于其没有金融背景时 *Ncskew* 的均值（中位数）−0.295（−0.255）。

2）总经理具有金融背景时，其他两类股价崩盘风险指标 *Duvol* 和 *Crash* 的结果与 *Ncskew* 一致。

综上，单变量检验结果初步表明总经理金融背景（*Finback*1）可能是股价崩盘风险的一个影响因素。

表 2 - 6 总经理特征——金融背景（*Finback*1）

变量	(1) 无金融背景		(2) 有金融背景		差异检验	
	均值	中位数	均值	中位数	*t* 检验	Wilcoxon *z* 检验
					(2)—(1)	(2)—(1)
Ncskew	−0.295	−0.255	−0.099	−0.081	25.916***	26.143***
Duvol	−0.187	−0.189	−0.056	−0.053	25.921***	24.992***
Crash	0.115	0.000	0.154	0.000	11.256***	11.240***

（4）总经理海外背景。表 2 - 7 列示了总经理有无海外背景的两类情景下，股价崩盘风险的单变量检验结果。结果表明：

1）总经理具有海外背景时，$Ncskew$ 的均值（中位数）为
-0.305（-0.257），显著低于其没有海外背景时 $Ncskew$ 的均
值（中位数）-0.239（-0.207）。

2）同样，总经理具有海外背景时，其他两类股价崩盘风险指标
$Duvol$ 和 $Crash$ 的结果与 $Ncskew$ 一致。

综上，单变量检验结果初步表明总经理具有海外背景
（$OveseaBack1$）时，公司的股价崩盘风险水平较低。

表 2-7　总经理特征——海外背景（$OveseaBack1$）

变量	（1）无海外背景		（2）有海外背景		差异检验	
	均值	中位数	均值	中位数	t 检验	Wilcoxon z 检验
					（2）－（1）	（2）－（1）
$Ncskew$	-0.239	-0.207	-0.305	-0.257	-4.795^{***}	-4.533^{***}
$Duvol$	-0.150	-0.154	-0.186	-0.189	-3.867^{***}	-3.894^{***}
$Crash$	0.127	0.000	0.103	0.000	-3.809^{***}	-3.809^{***}

（5）总经理学术背景。表 2-8 列示了总经理学术背景不同时股
价崩盘风险的差异。结果表明：无论总经理是否具有学术背景，三
类股价崩盘风险指标 $Ncskew$、$Duvol$ 和 $Crash$ 的均值（中位数）都
没有显著差异，同时也在一定程度上说明，总经理的学术背景对股
价崩盘风险不具有显著影响。

表 2-8　总经理特征——学术背景（$Academic1$）

变量	（1）无学术背景		（2）有学术背景		差异检验	
	均值	中位数	均值	中位数	t 检验	Wilcoxon z 检验
					（2）－（1）	（2）－（1）
$Ncskew$	-0.242	-0.208	-0.250	-0.221	-0.738	-1.485
$Duvol$	-0.153	-0.155	-0.151	-0.162	0.278	-0.030
$Crash$	0.126	0.000	0.119	0.000	-1.580	-1.580

总体而言，总经理特征的单变量检验结果初步表明，总经理年龄（$Age1$）、总经理金融背景（$Finback1$）和总经理海外背景（$OveseaBack1$）可能是股价崩盘风险的重要影响因素，而总经理性别（$Gender1$）和总经理学术背景（$Academic1$）对股价崩盘风险的影响不显著。

2. 董事长特征

图 2-8 和图 2-9 列示了不同董事长同特征下的股价崩盘风险指标均值柱状图，董事长具体特征的单变量分析见表 2-9 至表 2-13。

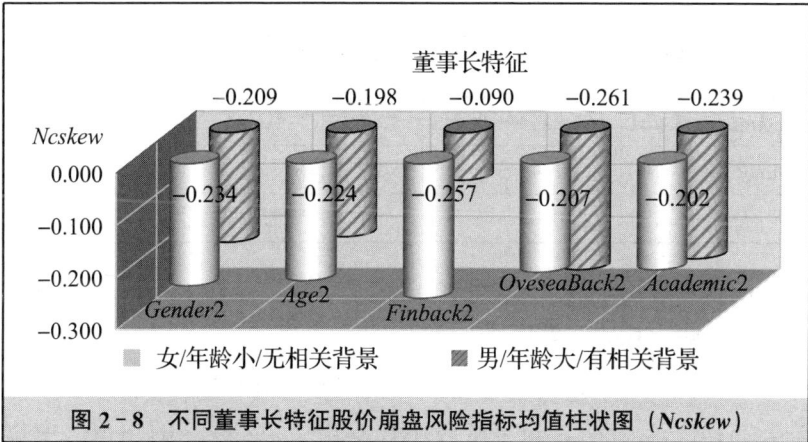

图 2-8　不同董事长特征股价崩盘风险指标均值柱状图（**Ncskew**）

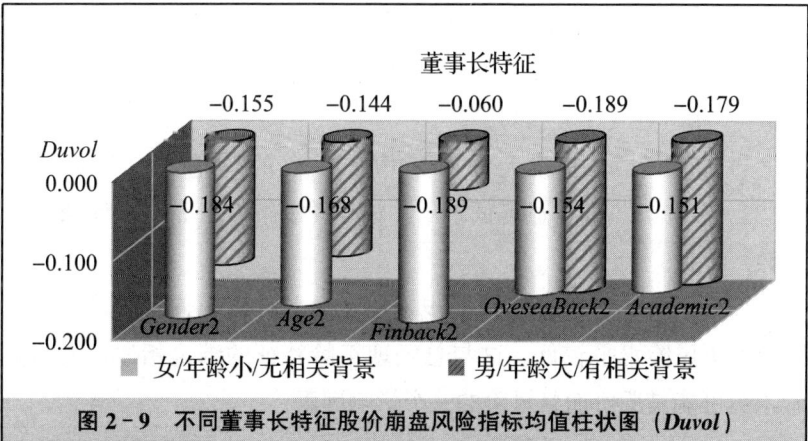

图 2-9　不同董事长特征股价崩盘风险指标均值柱状图（**Duvol**）

（1）董事长性别。表 2 - 9 比较了董事长性别不同时的股价崩盘风险差异。结果表明：在不同董事长性别（Gender 2）的样本中，三类股价崩盘风险指标 Ncskew、Duvol 和 Crash 的均值（中位数）没有显著差异。该结果与总经理性别特征的单变量检验结果保持一致，再次说明高管的性别特征并不是影响股价崩盘风险的主要因素。

表 2 - 9　董事长特征——性别（Gender 2）

变量	(1) 女		(2) 男		差异检验	
	均值	中位数	均值	中位数	t 检验	Wilcoxon z 检验
					(2)—(1)	(2)—(1)
Ncskew	−0.251	−0.234	−0.243	−0.209	0.541	0.889
Duvol	−0.160	−0.184	−0.153	−0.155	0.759	0.894
Crash	0.139	0.000	0.125	0.000	−1.976	−1.976

（2）董事长年龄。表 2 - 10 比较了董事长年龄大小对股价崩盘风险的影响。具体结果如下：

1）董事长年龄较大样本组中 Ncskew 的均值（中位数）为 −0.261（−0.224），与年龄较小样本组中 Ncskew 的均值（中位数）−0.228（−0.198）相比，显著较低。

2）董事长年龄较大样本组中 Duvol 的均值（中位数）为 −0.166（−0.168），显著低于年龄较小样本组中 Duvol 的均值（中位数）−0.142（−0.144）。

3）董事长年龄较大样本组中 Crash 的均值（中位数）为 0.123（0.000），同样显著低于年龄较小样本组中 Crash 的均值（中位数）0.129（0.000）。

综上，单变量检验结果初步表明董事长年龄（Age 2）较大时，股价崩盘风险水平较低。这与总经理年龄特征的结论相似，说明高管年龄可能是股价崩盘风险的一个影响因素。

表 2 - 10　董事长特征——年龄（Age2）

变量	（1）小		（2）大		差异检验	
	均值	中位数	均值	中位数	t 检验	Wilcoxon z 检验
					（2）—（1）	（2）—（1）
Ncskew	−0.228	−0.198	−0.261	−0.224	−4.905***	−5.055***
Duvol	−0.142	−0.144	−0.166	−0.168	−5.389***	−5.232***
Crash	0.129	0.000	0.123	0.000	−1.838*	−1.838*

（3）董事长金融背景。表 2 - 11 比较了董事长金融背景不同时股价崩盘风险的差异。结果表明：董事长具有金融背景时，三类股价崩盘风险指标 Ncskew、Duvol 和 Crash 的均值（中位数）都显著更高，股价崩盘风险更高。可见，董事长金融背景的单变量检验结果与总经理金融背景的结论一致，即公司高管的金融背景可能是股价崩盘风险的一个影响因素。

表 2 - 11　董事长特征——金融背景（Finback 2）

变量	（1）无金融背景		（2）有金融背景		差异检验	
	均值	中位数	均值	中位数	t 检验	Wilcoxon z 检验
					（2）—（1）	（2）—（1）
Ncskew	−0.296	−0.257	−0.104	−0.090	25.789***	25.963***
Duvol	−0.187	−0.189	−0.061	−0.060	25.302***	24.222***
Crash	0.115	0.000	0.156	0.000	11.953***	11.935***

（4）董事长海外背景。表 2 - 12 列示了董事长有无海外背景的两类情景下股价崩盘风险的单变量检验结果。结果表明：董事长具有海外背景时，三类股价崩盘风险指标 Ncskew、Duvol 和 Crash 的均值（中位数）都显著更低，股价崩盘风险更低。可见，董事长海外背景的单变量检验结果与总经理海外背景的结论一致，即公司高管的海外背景可能是股价崩盘风险的一个影响因素。

表 2 - 12　董事长特征——海外背景 (*OveseaBack* 2)

变量	(1) 无海外背景		(2) 有海外背景		差异检验	
	均值	中位数	均值	中位数	t 检验	Wilcoxon z 检验
					(2)－(1)	(2)－(1)
Ncskew	−0.240	−0.207	−0.293	−0.261	−3.946***	−4.076***
Duvol	−0.150	−0.154	−0.187	−0.189	−4.029***	−4.102***
Crash	0.127	0.000	0.108	0.000	−3.122***	−3.121***

（5）董事长学术背景。表 2 - 13 列示了董事长有无学术背景的两类情景下股价崩盘风险的差异。结果表明：董事长具有学术背景时，三类股价崩盘风险指标 *Ncskew*、*Duvol* 和 *Crash* 的均值（中位数）都显著更低，股价崩盘风险更低。

表 2 - 13　董事长特征——学术背景 (*Academic* 2)

变量	(1) 无学术背景		(2) 有学术背景		差异检验	
	均值	中位数	均值	中位数	t 检验	Wilcoxon z 检验
					(2)－(1)	(2)－(1)
Ncskew	−0.235	−0.202	−0.278	−0.239	−5.217***	−5.754***
Duvol	−0.147	−0.151	−0.175	−0.179	−5.027***	−4.994***
Crash	0.129	0.000	0.116	0.000	−3.450***	−3.450***

总体而言，单变量检验结果初步表明，在董事长特征变量中，除了董事长性别（*Gender* 2）特征之外，其他特征变量，如年龄（*Age* 2）、金融背景（*Finback* 2）、海外背景（*OveseaBack* 2）以及学术背景（*Academic* 2）都对股价崩盘风险产生显著影响，并且，除了学术背景因素之外，上述结论与总经理特征组间差异检验部分高度一致。

2.2.2　公司特征差异检验

在分析完高管特征层面因素后，下面进一步考察公司特征层面因素的影响。公司特征变量在股价崩盘风险影响因素分析中的定位和结构见图 2-5。

1. 基本特征

公司特征可以进一步划分为基本特征、内部治理、外部治理以及信息环境四个具体类别。分析结果见图 2-10 至图 2-17 以及表 2-14 至表 2-31。

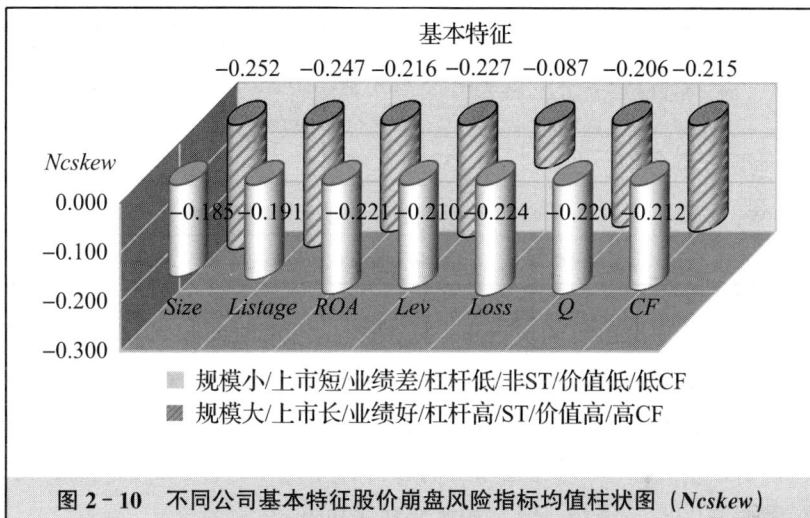

图 2-10　不同公司基本特征股价崩盘风险指标均值柱状图（*Ncskew*）

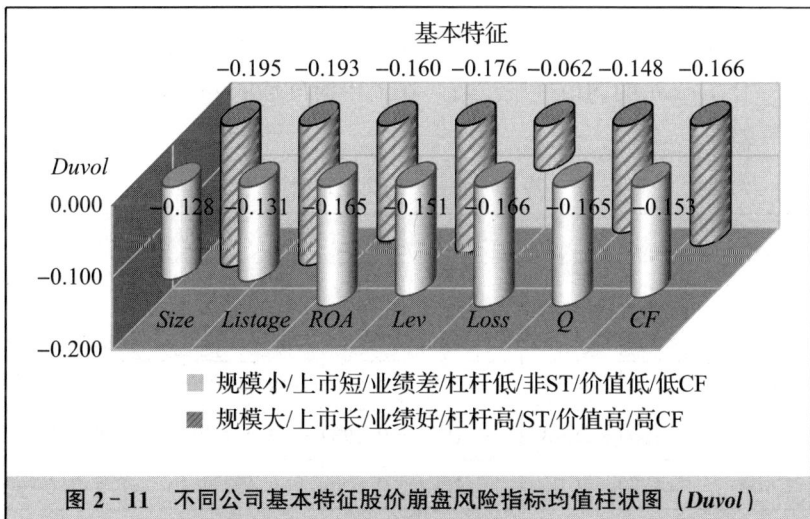

图 2-11　不同公司基本特征股价崩盘风险指标均值柱状图（*Duvol*）

（1）公司规模。表 2-14 列示了不同公司规模样本中股价崩盘风险的差异。结果表明：大规模公司的股价崩盘风险指标（$Ncskew$、$Duvol$ 和 $Crash$）均值（中位数）显著低于小规模公司的指标均值（中位数），说明小公司面临更高的股价崩盘风险。

表 2-14　基本特征——公司规模（$Size$）

变量	（1）小		（2）大		差异检验	
	均值	中位数	均值	中位数	t 检验	Wilcoxon z 检验
					（2）-（1）	（2）-（1）
$Ncskew$	-0.222	-0.185	-0.282	-0.252	-9.301***	-10.796***
$Duvol$	-0.123	-0.128	-0.193	-0.195	-16.209***	-16.107***
$Crash$	0.135	0.000	0.115	0.000	-6.624***	-6.621***

（2）公司上市时间。表 2-15 列示了上市时间相对较长和较短的样本组中股价崩盘风险的差异性。具体结果如下：

1）公司上市时间较长样本组中 $Ncskew$ 的均值（中位数）为 -0.278（-0.247），与上市时间较短样本组中 $Ncskew$ 的均值（中位数）-0.225（-0.191）相比，显著更低。

2）相较于上市时间较短样本组中 $Duvol$ 的均值（中位数），上市时间较长样本组中 $Duvol$ 的均值（中位数）显著更低。

3）$Crash$ 的均值（中位数）在上市时间较长和较短样本组中无显著差异。

表 2-15　基本特征——公司上市时间（$Listage$）

变量	（1）短		（2）长		差异检验	
	均值	中位数	均值	中位数	t 检验	Wilcoxon z 检验
					（2）-（1）	（2）-（1）
$Ncskew$	-0.225	-0.191	-0.278	-0.247	-8.118***	-8.641***
$Duvol$	-0.130	-0.131	-0.188	-0.193	-13.273***	-13.272***
$Crash$	0.126	0.000	0.124	0.000	0.442	0.442

综上，单变量检验结果初步表明公司上市时间（*Listage*）可能是股价崩盘风险的一个影响因素。

（3）公司业绩。表 2-16 比较了股价崩盘风险在公司业绩较好与较差样本组中的差异。结果表明：在公司业绩较好与较差两组样本中，*Ncskew* 和 *Duvol* 的均值（中位数）无显著差异；而相较于公司业绩较差样本组，*Crash* 的均值（中位数）在业绩较好样本组中则显著更低。总体而言，公司业绩（*ROA*）不显著影响公司股价崩盘风险。

表 2-16　基本特征——公司业绩（*ROA*）

变量	（1）差		（2）好		差异检验	
	均值	中位数	均值	中位数	*t* 检验 (2)—(1)	Wilcoxon *z* 检验 (2)—(1)
Ncskew	−0.250	−0.221	−0.253	−0.216	−0.549	−0.404
Duvol	−0.156	−0.165	−0.160	−0.160	−0.885	−0.121
Crash	0.139	0.000	0.110	0.000	−9.889***	−9.880***

（4）财务杠杆。表 2-17 比较了不同财务杠杆下公司股价崩盘风险的差异。结果表明：

1）高财务杠杆样本组中 *Ncskew* 的均值（中位数）为 −0.259（−0.227），显著小于低财务杠杆样本组中 *Ncskew* 的均值（中位数）−0.244（−0.210）。

2）高财务杠杆样本组中 *Duvol* 的均值（中位数）为 −0.170（−0.176），与低财务杠杆样本组中 *Duvol* 的均值（中位数）−0.146（−0.151）相比也显著较低。

3）*Crash* 的均值（中位数）在财务杠杆水平高、低两组中没有显著差异。

可见，上市公司的财务杠杆（*Lev*）可能会影响其股价崩盘风险。

表 2-17　基本特征——财务杠杆（*Lev*）

变量	(1) 低		(2) 高		差异检验	
	均值	中位数	均值	中位数	*t* 检验	Wilcoxon *z* 检验
					(2)—(1)	(2)—(1)
Ncskew	−0.244	−0.210	−0.259	−0.227	−2.277**	−2.876**
Duvol	−0.146	−0.151	−0.170	−0.176	−5.505***	−5.801***
Crash	0.125	0.000	0.125	0.000	0.007	0.006

（5）财务困境。表 2-18 比较了公司是否面临财务困境，即是否被 ST 时股价崩盘风险的差异。结果表明：ST 公司（*Loss*）的股价崩盘风险指标 *Ncskew*、*Duvol* 和 *Crash* 的均值（中位数）均显著高于非 ST 公司的指标值。这可能是由于面临财务困境的公司对坏消息更加敏感，隐藏坏消息的动机也更强，从而引发更高的股价崩盘风险。

表 2-18　基本特征——财务困境（*Loss*）

变量	(1) 非 ST		(2) ST		差异检验	
	均值	中位数	均值	中位数	*t* 检验	Wilcoxon *z* 检验
					(2)—(1)	(2)—(1)
Ncskew	−0.257	−0.224	−0.116	−0.087	8.288***	9.030***
Duvol	−0.162	−0.166	−0.059	−0.062	9.090***	8.778***
Crash	0.123	0.000	0.175	0.000	6.853***	6.850***

（6）托宾 Q 值。表 2-19 比较了公司托宾 Q 值不同时股价崩盘风险的差异。结果表明：

1）高托宾 Q 值样本组中 *Ncskew* 的均值（中位数）为 −0.246（−0.206），与低托宾 Q 值样本组中 *Ncskew* 的均值（中位数）−0.250（−0.220）没有显著差异。

2）高托宾 Q 值样本组中 *Duvol* 的均值（中位数）为 −0.148（−0.148），显著高于低托宾 Q 值样本组中 *Duvol* 的均值（中位数）−0.161（−0.165）。

3）高托宾 Q 值样本组中股价崩盘风险指标 *Crash* 的均值（中位数）为 0.119（0.000），显著低于低托宾 Q 值样本组中 *Crash* 的均值（中位数）0.127（0.000）。

上述结果说明，股价崩盘风险受公司价值影响的结论并不一致。

表 2-19　基本特征——托宾 Q 值（Q）

变量	(1) 低		(2) 高		差异检验	
	均值	中位数	均值	中位数	t 检验	Wilcoxon z 检验
					(2)-(1)	(2)-(1)
Ncskew	-0.250	-0.220	-0.246	-0.206	0.636	0.638
Duvol	-0.161	-0.165	-0.148	-0.148	2.682***	2.771***
Crash	0.127	0.000	0.119	0.000	-2.661***	-2.661***

（7）自由现金流。表 2-20 比较了自由现金流高、低两组样本中的股价崩盘风险是否存在差异。结果表明：

1）高自由现金流样本组中 *Ncskew* 的均值为 -0.253，显著低于低自由现金流样本组中 *Ncskew* 的均值 -0.241，但该指标的中位数在两组样本中没有显著差异。

2）高自由现金流样本组中 *Duvol* 和 *Crash* 的均值（中位数）都显著低于其在低自由现金流样本组中的对应值。

上述结果说明，A 股市场股价崩盘风险很可能受公司自由现金流水平（*CF*）的影响。自由现金流充足的公司，股价崩盘风险较低。

表 2-20　基本特征——自由现金流（*CF*）

变量	(1) 低		(2) 高		差异检验	
	均值	中位数	均值	中位数	t 检验	Wilcoxon z 检验
					(2)-(1)	(2)-(1)
Ncskew	-0.241	-0.212	-0.253	-0.215	-1.775*	-1.597
Duvol	-0.149	-0.153	-0.164	-0.166	-3.386***	-2.971***
Crash	0.131	0.000	0.119	0.000	-4.053***	-4.052***

综上可知，在公司基本特征变量中，公司规模（$Size$）、上市时间（$Listage$）、财务杠杆（Lev）、财务困境（$Loss$）和自由现金流（CF）是股价崩盘风险的重要影响因素，而公司业绩（ROA）和托宾 Q 值（Q）对股价崩盘风险的影响不显著。

2. 内部治理

本部分关注第二类公司特征变量，即内部治理，分析结果如图 2 - 12 和图 2 - 13 所示。

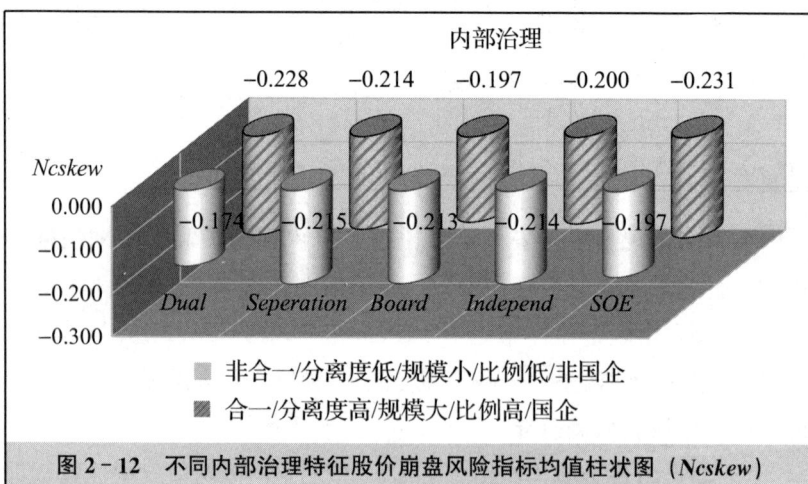

图 2 - 12 不同内部治理特征股价崩盘风险指标均值柱状图（$Ncskew$）

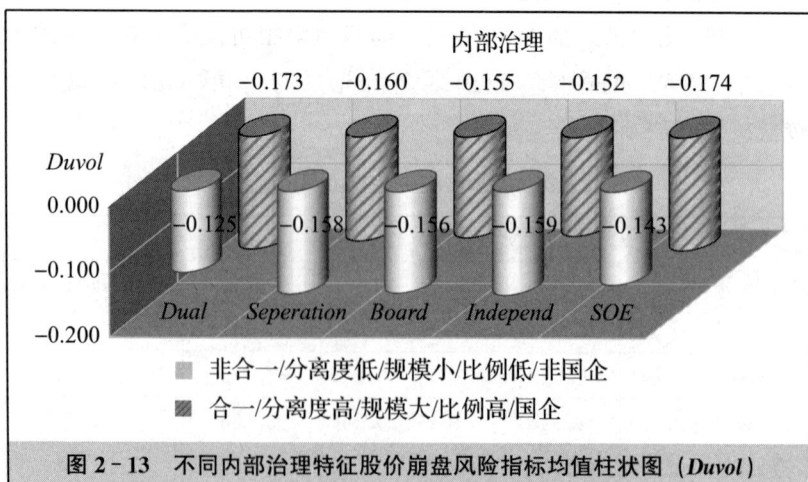

图 2 - 13 不同内部治理特征股价崩盘风险指标均值柱状图（$Duvol$）

（1）两职合一。表 2 - 21 比较了总经理与董事长是否两职合一两种情景下股价崩盘风险的差异。结果如下：

1）两职合一样本组中 *Ncskew* 的均值（中位数）为 -0.267（-0.228），显著低于非两职合一样本组中 *Ncskew* 的均值（中位数）-0.198（-0.174）。

2）两职合一样本组中 *Duvol* 和 *Crash* 指标的结论与 *Ncskew* 和 *Duvol* 两个指标一致。

这说明董事长和总经理两职合一（*Dual*）时，公司的股价崩盘风险较低。

表 2 - 21　内部治理——两职合一（*Dual*）

变量	(1) 否		(2) 是		差异检验	
	均值	中位数	均值	中位数	t 检验 (2)—(1)	Wilcoxon z 检验 (2)—(1)
Ncskew	−0.198	−0.174	−0.267	−0.228	−9.789***	−9.515***
Duvol	−0.119	−0.125	−0.171	−0.173	−11.124***	−10.611***
Crash	0.138	0.000	0.120	0.000	−5.785***	−5.783***

（2）两权分离度。表 2 - 22 列示了股价崩盘风险指标在两权分离度不同的样本中的组间差异检验结果。结果表明：三类股价崩盘风险指标 *Ncskew*、*Duvol* 和 *Crash* 的均值（中位数）在两权分离度高、低两组间的差异不显著，说明股价崩盘风险水平与两权分离度（*Seperation*）不存在显著相关关系。

表 2 - 22　内部治理——两权分离度（*Seperation*）

变量	(1) 低		(2) 高		差异检验	
	均值	中位数	均值	中位数	t 检验 (2)—(1)	Wilcoxon z 检验 (2)—(1)
Ncskew	−0.250	−0.215	−0.253	−0.214	−0.341	0.101
Duvol	−0.155	−0.158	−0.159	−0.160	−0.736	−0.565
Crash	0.122	0.000	0.123	0.000	0.044	0.044

（3）董事会规模。表 2 - 23 比较了董事会规模大、小两组样本中股价崩盘风险是否存在差异。结果表明：

1）董事会规模较大样本组中 *Ncskew* 的均值（中位数）为−0.224（−0.197），显著高于董事会规模较小样本组中 *Ncskew* 的均值（中位数）−0.248（−0.213）。

2）*Duvol* 和 *Crash* 的均值（中位数）在董事会规模大、小两组间没有显著差异。

这说明董事会规模（*Board*）并不显著影响公司股价崩盘风险。

表 2 - 23　内部治理——董事会规模（*Board*）

变量	（1）小		（2）大		差异检验	
	均值	中位数	均值	中位数	*t* 检验 (2)−(1)	Wilcoxon *z* 检验 (2)−(1)
Ncskew	−0.248	−0.213	−0.224	−0.197	2.772***	2.861***
Duvol	−0.154	−0.156	−0.150	−0.155	0.629	−0.430
Crash	0.126	0.000	0.127	0.000	0.326	0.326

（4）独董比例。表 2 - 24 列示了独董比例高、低两组样本中股价崩盘风险的差异。结果表明：

1）独董比例较高样本组中 *Ncskew* 的均值（中位数）为−0.232（−0.200），显著高于独董比例较低样本组中 *Ncskew* 的均值（中位数）−0.249（−0.214）。

2）独董比例较高样本组中 *Duvol* 的均值显著高于独董比例较低样本组中 *Duvol* 的均值，但两组间的中位数差异不显著。

3）*Crash* 的均值（中位数）在独董比例高、低两组间没有显著差异。

综上可知，除了两职合一（*Dual*）外，两权分离度（*Seperation*）、董事会规模（*Board*）和独董比例（*Independ*）等公司内部治理因素对股价崩盘风险的影响并不显著。

表 2 - 24　内部治理——独董比例（*Independ*）

变量	（1）低		（2）高		差异检验	
	均值	中位数	均值	中位数	*t* 检验	Wilcoxon *z* 检验
					（2）—（1）	（2）—（1）
Ncskew	−0.249	−0.214	−0.232	−0.200	2.447**	2.009**
Duvol	−0.156	−0.159	−0.147	−0.152	1.961**	1.623
Crash	0.126	0.000	0.127	0.000	0.415	0.415

（5）产权性质。表 2 - 25 比较了不同产权性质公司的股价崩盘风险差异。结果表明：

1）国有企业样本组中 *Ncskew* 的均值（中位数）为 −0.266（−0.231），显著低于非国有企业样本组中 *Ncskew* 的均值（中位数）−0.235（−0.197）。

2）国有企业样本组中 *Duvol* 的均值（中位数）为 −0.173（−0.174），显著低于非国有企业样本组中 *Duvol* 的均值（中位数）−0.141（−0.143）。

3）*Crash* 的均值（中位数）在不同产权性质样本组中没有显著差异。

上述结果表明，股价崩盘风险很可能受到公司自身产权性质（*SOE*）的影响，国有企业的股价崩盘风险更低。

表 2 - 25　内部治理——产权性质（*SOE*）

变量	（1）非国有		（2）国有		差异检验	
	均值	中位数	均值	中位数	*t* 检验	Wilcoxon *z* 检验
					（2）—（1）	（2）—（1）
Ncskew	−0.235	−0.197	−0.266	−0.231	−4.521***	−4.453***
Duvol	−0.141	−0.143	−0.173	−0.174	−6.698***	−6.533***
Crash	0.125	0.000	0.120	0.000	1.628	1.628

3. 外部治理

本部分关注第三类公司特征变量，即外部治理，分析结果如

图 2 - 14 和图 2 - 15 所示。

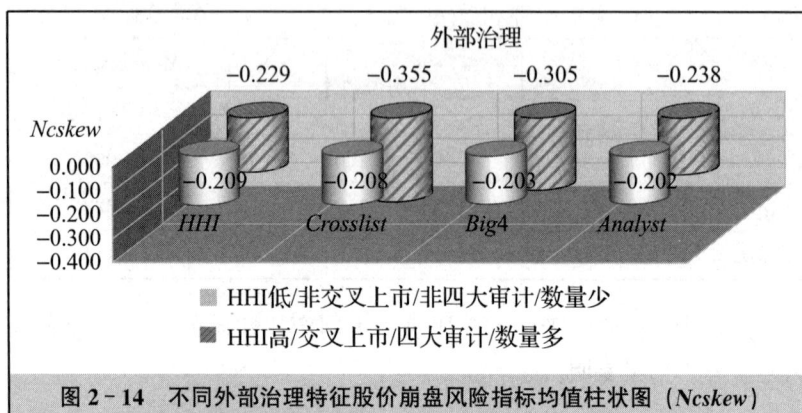

图 2 - 14　不同外部治理特征股价崩盘风险指标均值柱状图（*Ncskew*）

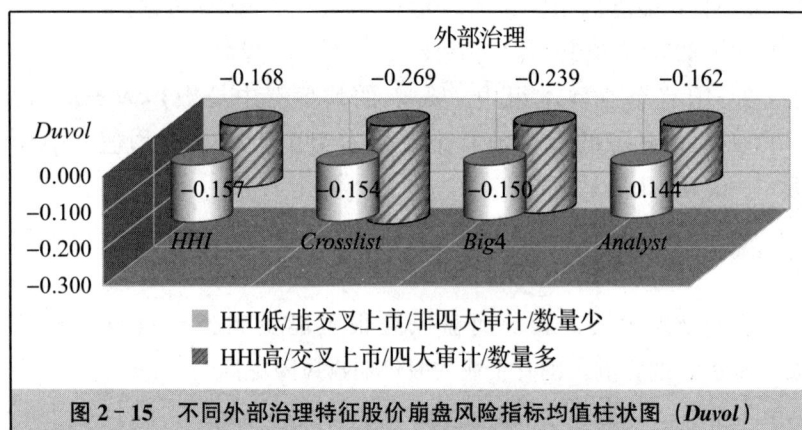

图 2 - 15　不同外部治理特征股价崩盘风险指标均值柱状图（*Duvol*）

（1）产品市场竞争。表 2 - 26 比较了不同产品市场竞争水平样本中股价崩盘风险的差异。结果表明：

1）*Ncskew* 和 *Duvol* 的均值在产品市场竞争水平不同的样本组中不存在显著差异，而中位数在 *HHI* 较高（产品市场竞争较不激烈）样本组中显著更低。

2）*Crash* 在 *HHI* 较高样本组中的均值（中位数）为 0.129（0.000），显著高于其在 *HHI* 较低样本组中的均值（中位数）0.121（0.000）。

可见，基于三类股价崩盘风险指标 *Ncskew*、*Duvol* 和 *Crash* 得到的结论不一致，说明股价崩盘风险是否受产品市场竞争（*HHI*）的影响有待进一步检验。

表 2 - 26 外部治理——产品市场竞争（*HHI*）

变量	(1) *HHI* 低		(2) *HHI* 高		差异检验	
	均值	中位数	均值	中位数	*t* 检验	Wilcoxon *z* 检验
					(2)-(1)	(2)-(1)
Ncskew	-0.247	-0.209	-0.256	-0.229	-1.343	-1.982**
Duvol	-0.156	-0.157	-0.161	-0.168	-1.241	-1.901*
Crash	0.121	0.000	0.129	0.000	2.436**	2.436**

（2）公司交叉上市。表 2 - 27 比较了在香港交叉上市公司样本组与非交叉上市公司样本组的股价崩盘风险差异。结果表明：三类股价崩盘风险指标 *Ncskew*、*Duvol* 和 *Crash* 在交叉上市公司样本组中的均值（中位数）都显著低于其在非交叉上市公司样本组中的均值（中位数）。

可见，交叉上市（*Crosslist*）能够在一定程度上抑制公司隐藏坏消息，降低股价崩盘风险。

表 2 - 27 外部治理——公司交叉上市（*Crosslist*）

变量	(1) 非交叉		(2) 交叉		差异检验	
	均值	中位数	均值	中位数	*t* 检验	Wilcoxon *z* 检验
					(2)-(1)	(2)-(1)
Ncskew	-0.244	-0.208	-0.381	-0.355	-6.882***	-7.787***
Duvol	-0.151	-0.154	-0.266	0.269	-8.651***	-8.700***
Crash	0.124	0.000	0.093	0.000	-3.515***	-3.515***

（3）四大审计。表 2 - 28 比较了国际四大会计师事务所审计（简称四大审计）与非国际四大会计师事务所审计的两组样本中，股价崩盘风险是否存在显著差异。结果表明：

1）*Ncskew* 在四大审计的上市公司样本组中的均值为（中位数）-0.337（-0.305），与非四大审计的上市公司样本组中的均值（中位数）-0.237（-0.203）相比，显著更低。

2）$Duvol$ 和 $Crash$ 的结果与 $Ncskew$ 一致。

可见，四大审计（$Big4$）有助于降低上市公司股价崩盘风险。

表 2-28　外部治理——四大审计（$Big4$）

变量	(1) 非四大		(2) 四大		差异检验	
	均值	中位数	均值	中位数	t 检验	Wilcoxon z 检验
					(2)−(1)	(2)−(1)
$Ncskew$	-0.237	-0.203	-0.337	-0.305	-7.329^{***}	-8.115^{***}
$Duvol$	-0.147	-0.150	-0.238	-0.239	-9.832^{***}	-9.670^{***}
$Crash$	0.128	0.000	0.103	0.00	-3.971^{***}	-3.971^{***}

（4）分析师跟踪数量。表 2-29 列示了分析师跟踪数量较多与较少样本组的股价崩盘风险差异。结果表明：

1）分析师跟踪数量较多样本组中 $Ncskew$ 的均值（中位数）为 -0.238（-0.210），与分析师跟踪数量较少样本组中 $Ncskew$ 的均值（中位数）-0.241（-0.202）相比，无显著差异。

2）$Duvol$ 和 $Crash$ 的结果与 $Ncskew$ 不同，这两类指标在分析师跟踪数量较多样本组中的均值（中位数）显著低于其在分析师跟踪数量较少样本组中的均值（中位数）。

该结果可以在一定程度上说明，分析师的跟踪报道能发挥一定的外部治理作用，有助于降低公司股价崩盘风险。

表 2-29　外部治理——分析师跟踪数量（$Analyst$）

变量	(1) 少		(2) 多		差异检验	
	均值	中位数	均值	中位数	t 检验	Wilcoxon z 检验
					(2)−(1)	(2)−(1)
$Ncskew$	-0.241	-0.202	-0.238	-0.210	0.425	-0.723
$Duvol$	-0.141	-0.144	-0.162	-0.163	-4.699^{***}	-4.369^{***}
$Crash$	0.145	0.000	0.104	0.000	-13.207^{***}	-13.182^{***}

总体而言，交叉上市（$Crosslist$）、四大审计（$Big4$）和分析师

跟踪数量（*Analyst*）这三类因素对降低股价崩盘风险的作用比较突出，而产品市场竞争（*HHI*）的作用有限。

4. 信息环境

本部分关注第四类公司特征因素，即信息环境，分析结果如图 2 - 16 和图 2 - 17 所示。

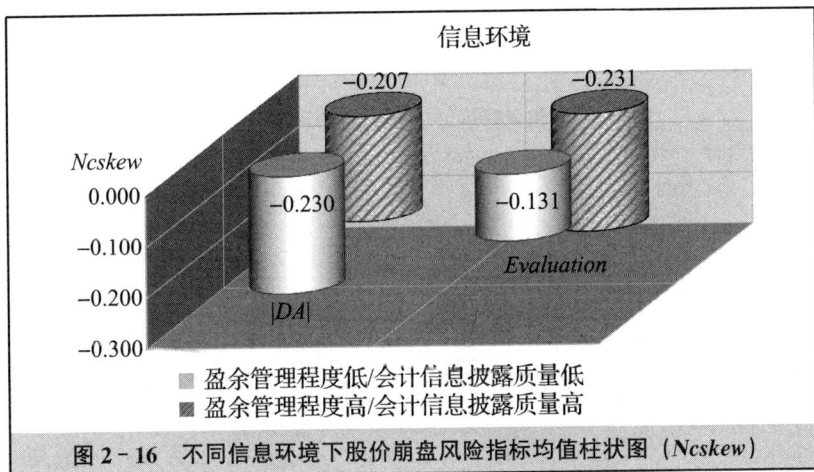

图 2 - 16　不同信息环境下股价崩盘风险指标均值柱状图（*Ncskew*）

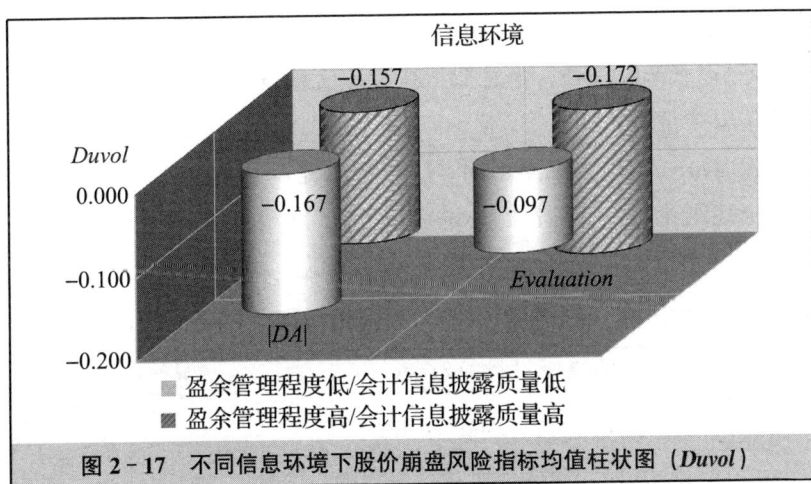

图 2 - 17　不同信息环境下股价崩盘风险指标均值柱状图（*Duvol*）

（1）盈余管理程度。表 2 - 30 列示了盈余管理程度高、低两组样本的股价崩盘风险差异。结果表明：

1) $Ncskew$ 和 $Duvol$ 在盈余管理程度高的样本组中的均值（中位数）显著高于其在盈余管理程度低的样本组中的均值（中位数）。

2) $Crash$ 的结果与 $Ncskew$ 和 $Duvol$ 不同，$Crash$ 在盈余管理程度高的样本组中的均值（中位数）为 0.127（0.000），与盈余管理程度低的样本组中的均值（中位数）0.123（0.000）无显著差异。

这说明当上市公司的盈余管理程度（$|DA|$）较高时，其股价崩盘风险较高。

表 2－30　信息环境——盈余管理程度（$|DA|$）

变量	(1) 低		(2) 高		差异检验	
	均值	中位数	均值	中位数	t 检验	Wilcoxon z 检验
					(2)－(1)	(2)－(1)
$Ncskew$	−0.264	−0.230	−0.240	−0.207	3.657***	3.491***
$Duvol$	−0.163	−0.167	−0.154	−0.157	2.093**	2.311**
$Crash$	0.123	0.000	0.127	0.000	1.599	1.599

（2）会计信息披露质量。表 2－31 列示了会计信息披露质量高、低两组样本的股价崩盘风险差异。结果表明：

1) $Ncskew$ 在会计信息披露质量高的样本组中的均值（中位数）为−0.273（−0.231），显著低于在会计信息披露质量低的样本组中的均值（中位数）−0.137（−0.131）。

2) $Duvol$ 和 $Crash$ 的结果与 $Ncskew$ 完全一致。

上述结论在一定程度上说明，上市公司的会计信息披露质量（$Evaluation$）越低，股价崩盘风险越高。

表 2－31　信息环境——会计信息披露质量（$Evaluation$）

变量	(1) 低		(2) 高		差异检验	
	均值	中位数	均值	中位数	t 检验	Wilcoxon z 检验
					(2)－(1)	(2)－(1)
$Ncskew$	−0.137	−0.131	−0.273	−0.231	−12.514***	−11.700***
$Duvol$	−0.086	−0.097	−0.171	−0.172	−11.786***	−10.578***
$Crash$	0.169	0.000	0.122	0.000	−9.538***	−9.524***

2.2.3　区域特征差异检验

本部分重点考察区域特征的影响。该类影响因素在股价崩盘风险综合影响因素分析中的定位和结构见图 2－5。不同区域特征下股价崩盘风险指标均值直观差异比较见图 2－18 和图 2－19。

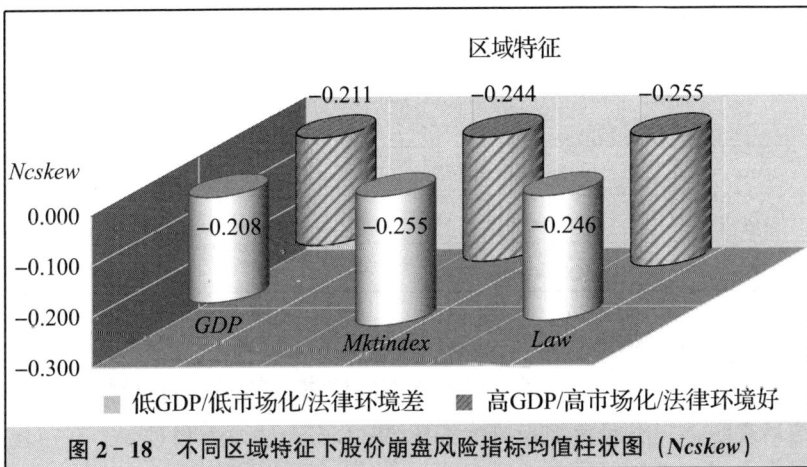

图 2-18　不同区域特征下股价崩盘风险指标均值柱状图（*Ncskew*）

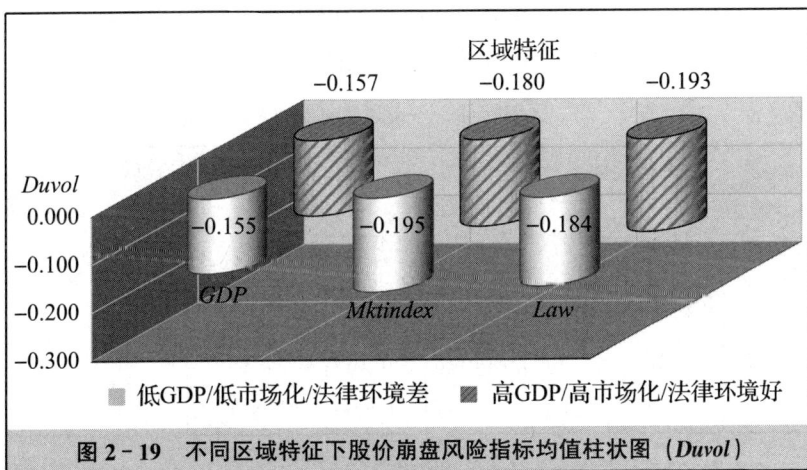

图 2-19　不同区域特征下股价崩盘风险指标均值柱状图（*Duvol*）

1. 经济发展水平

表 2-32 列示了较高和较低经济发展水平的两类样本中股价崩

盘风险的差异。结果表明：三类股价崩盘风险指标 *Ncskew*、*Duvol* 和 *Crash* 在经济发展水平较高样本组中的均值（中位数）与经济发展水平较低样本组中的均值（中位数）无显著差异。这说明所在地区的经济发展水平（*GDP*）对上市公司股价崩盘风险的影响不显著。

表 2 – 32　区域特征——经济发展水平（*GDP*）

变量	(1) 低		(2) 高		差异检验	
	均值	中位数	均值	中位数	*t* 检验 (2)－(1)	Wilcoxon *z* 检验 (2)－(1)
Ncskew	−0.239	−0.208	−0.248	−0.211	1.264	1.142
Duvol	−0.152	−0.155	−0.154	−0.157	0.446	0.430
Crash	0.127	0.000	0.125	0.000	0.670	0.670

2. 市场化指数

表 2 – 33 列示了市场化程度不同的样本组的股价崩盘风险差异。结果表明：三类股价崩盘风险指标 *Ncskew*、*Duvol* 和 *Crash* 在市场化程度较高样本组中的均值（中位数）与市场化程度较低样本组中的均值（中位数）无显著差异。该结果说明上市公司所在地区的市场化程度（*Mktindex*）对股价崩盘风险的影响不显著。

表 2 – 33　区域特征——市场化指数（*Mktindex*）

变量	(1) 低		(2) 高		差异检验	
	均值	中位数	均值	中位数	*t* 检验 (2)－(1)	Wilcoxon *z* 检验 (2)－(1)
Ncskew	−0.290	−0.255	−0.279	−0.244	1.279	1.242
Duvol	−0.188	−0.195	−0.178	−0.180	1.786	1.869
Crash	0.116	0.000	0.111	0.000	1.371	1.371

3. 法律环境指数

表 2 – 34 列示了上市公司所在地区法律环境指数（市场中介组织的发育与法治环境）较好和较差样本组的股价崩盘风险差异。结果

表明：

（1）Ncskew 和 Duvol 在法律环境指数较好样本组中的均值（中位数）与法律环境指数较差样本组中的均值（中位数）无显著差异。

（2）Crash 在法律环境指数较好样本组中的均值（中位数）为 0.119（0.000），显著大于法律环境指数较差样本组中的均值（中位数）0.108（0.000）。

这说明法律环境指数（Law）对股价崩盘风险的影响不显著。

表 2 - 34　区域特征——法律环境指数（Law）

变量	（1）差		（2）好		差异检验	
	均值	中位数	均值	中位数	t 检验 (2)—(1)	Wilcoxon z 检验 (2)—(1)
Ncskew	−0.283	−0.246	−0.288	−0.255	0.576	0.514
Duvol	−0.181	0.184	−0.187	−0.193	0.999	1.247
Crash	0.108	0.000	0.119	0.000	2.905***	2.905***

综上，本部分的结果表明：上市公司股价崩盘风险与区域特征关联并不大，主要受公司特征因素，具体包括基本特征、外部治理、信息环境以及高管特征因素的影响。

2.3　中国上市公司股价崩盘风险影响因素的回归分析

在 2.2 节上市公司股价崩盘风险主要影响因素的描述性统计分析基础上，本部分进一步考察了单变量组间差异检验中具有显著影响的因素与股价崩盘风险指标的回归分析结果。

根据表 2 - 35 列示的基于总经理特征的回归结果可知，公司规模（Size）、公司上市时间（Listage）、公司业绩（ROA）、产权性质（SOE）、产品市场竞争（HHI）、分析师跟踪数量（Analyst）、会计信息披露质量（Evaluation）和总经理海外背景（OveseaBack1），是影响公司股价崩盘风险的主要因素，并且规模越大、上市时间越长、业绩越好、产权性质为国有、产品市场竞争越激烈、会计信息披露质量高、总经理具有海外背景的公司，其股价崩盘风险水平更低。

表 2-35　基于总经理特征的回归结果

项目	(1)	(2)	(3)
	Ncskew	*Duvol*	*Crash*
Size	−0.018***	−0.018***	−0.001
	(−2.69)	(−4.02)	(−0.35)
Listage	−0.038***	−0.047***	0.002
	(−3.66)	(−6.88)	(0.47)
ROA	−0.499***	−0.307***	−0.185***
	(−5.32)	(−5.03)	(−4.09)
Lev	−0.003	−0.008	−0.005
	(−0.08)	(−0.29)	(−0.28)
Loss	0.001	0.008	−0.006
	(0.03)	(0.34)	(−0.36)
Q	−0.025	−0.002	−0.018
	(−0.63)	(−0.09)	(−1.04)
CF	−0.054	−0.081	0.004
	(−0.73)	(−1.63)	(0.13)
Dual	0.010	0.004	0.003
	(0.86)	(0.48)	(0.64)
Board	−0.005	0.006	0.012
	(−0.16)	(0.28)	(0.91)
Independ	0.085	0.082	0.061
	(0.80)	(1.16)	(1.21)
SOE	−0.075***	−0.043***	−0.022***
	(−5.67)	(−4.84)	(−3.71)

续表

项目	(1)	(2)	(3)
	Ncskew	*Duvol*	*Crash*
HHI	0.393***	0.310***	0.052
	(4.31)	(5.04)	(1.14)
Crosslist	−0.007	0.003	−0.006
	(−0.17)	(0.08)	(−0.35)
*Big*4	−0.007	−0.006	0.004
	(−0.29)	(−0.38)	(0.41)
Analyst	0.066***	0.032***	−0.009***
	(12.23)	(8.70)	(−3.37)
|DA|	0.109*	0.035	−0.030
	(1.72)	(0.83)	(−1.01)
Evaluation	−0.053***	−0.031***	0.017***
	(−6.28)	(−5.39)	(−4.28)
*Age*1	−0.001	−0.000	0.000
	(−1.25)	(−0.08)	(0.58)
*Finback*1	−0.042	−0.034**	−0.008
	(−1.57)	(−2.02)	(−0.71)
*OveseaBack*1	−0.030*	−0.010	−0.023***
	(−1.66)	(−0.81)	(−3.00)
截距项	0.360**	0.357***	0.178***
	(2.40)	(3.62)	(2.58)
行业固定效应	Yes	Yes	Yes
年份固定效应	Yes	Yes	Yes
样本量	22 808	22 808	22 808
调整 R^2	0.069	0.080	0.021

　　注：括号内的数值为 t 值；＊、＊＊和＊＊＊分别表示在10%、5%和1%的水平显著；标准误聚类在公司层面。下同。

　　表2-36在表2-35的基础上，将总经理特征变量更换为董事长

特征变量，并进行回归分析。根据表 2－36 中的结果可知，公司规模（$Size$）、公司上市时间（$Listage$）、公司业绩（ROA）、产权性质（SOE）、产品市场竞争（HHI）、分析师跟踪数量（$Analyst$）、会计信息披露质量（$Evaluation$）、董事长年龄（$Age2$）、董事长海外背景（$OveseaBack2$）等是影响股价崩盘风险的主要因素，并且规模越大、上市时间越长、业绩越好、产权性质为国有、产品市场竞争越激烈、会计信息披露质量较高、董事长年龄较大、董事长具有海外背景的公司，其股价崩盘风险水平更低。

表 2－36　基于董事长特征的回归结果

项目	(1)	(2)	(3)
	$Ncskew$	$Duvol$	$Crash$
$Size$	-0.016^{**}	-0.017^{***}	-0.000
	(-2.46)	(-3.89)	(-0.13)
$Listage$	-0.039^{***}	-0.048^{***}	0.003
	(-3.76)	(-7.05)	(0.57)
ROA	-0.506^{***}	-0.302^{***}	-0.181^{***}
	(-5.45)	(-5.02)	(-4.09)
Lev	-0.013	-0.011	-0.004
	(-0.33)	(-0.40)	(-0.21)
$Loss$	-0.004	0.005	-0.008
	(-0.12)	(0.22)	(-0.46)
Q	-0.030	-0.008	-0.023
	(-0.76)	(-0.30)	(-1.28)
CF	-0.050	-0.082^{*}	0.002
	(-0.69)	(-1.67)	(0.05)
$Dual$	0.016	0.005	0.003
	(1.41)	(0.66)	(0.57)
$Board$	0.002	0.011	0.014
	(0.05)	(0.55)	(0.99)

续表

项目	(1) Ncskew	(2) Duvol	(3) Crash
Independ	0.105	0.111	0.053
	(0.99)	(1.57)	(1.07)
SOE	−0.069***	−0.038***	−0.021***
	(−5.21)	(−4.32)	(−3.46)
HHI	0.335***	0.240***	0.044
	(3.67)	(3.87)	(0.95)
Crosslist	0.006	0.010	0.003
	(0.15)	(0.32)	(0.19)
Big4	−0.006	−0.006	0.004
	(−0.24)	(−0.35)	(0.40)
Analyst	0.066***	0.032***	−0.009***
	(12.26)	(8.86)	(−3.53)
|DA|	0.103*	0.032	−0.029
	(1.65)	(0.76)	(−0.97)
Evaluation	−0.055***	−0.031***	−0.017***
	(−6.48)	(−5.50)	(−4.42)
Age2	−0.003***	−0.002***	−0.000
	(−4.98)	(−3.63)	(−1.27)
Finback2	−0.024	−0.019	−0.002
	(−1.04)	(−1.22)	(−0.22)
OveseaBack2	−0.032*	−0.015	−0.020***
	(−1.85)	(−1.39)	(−2.62)
Academic2	0.023**	0.007	0.009*
	(1.98)	(0.95)	(1.79)
截距项	0.438***	0.411***	0.195***
	(2.95)	(4.24)	(2.88)

续表

项目	(1)	(2)	(3)
	Ncskew	*Duvol*	*Crash*
行业固定效应	Yes	Yes	Yes
年份固定效应	Yes	Yes	Yes
样本量	23 089	23 089	23 089
调整 R^2	0.071	0.081	0.021

注：括号内的数值为 t 值；*、**和***分别表示在10%、5%和1%的水平显著；标准误聚类在公司层面。

2.4 本章小结

本章一方面按照年度、行业和地区差异对股价崩盘风险进行了描述性统计分析，另一方面考察了上市公司股价崩盘风险的主要影响因素并进行单变量差异性检验与回归分析，以便读者深入了解 A 股上市公司股价崩盘风险的现状、特征和影响因素。主要分析结论如下：

（1）上市公司股价崩盘风险总体概览表明，股价崩盘风险指标在各年度有较大波动，在不同行业的横截面异质性较大，但并未发现股价崩盘风险指标在地区层面存在显著差异。

（2）上市公司股价崩盘风险影响因素的描述性统计分析结果表明，股价崩盘风险指标主要受高管特征和公司特征（包括基本特征、外部治理和信息环境等因素）的影响，与区域特征关联性不大。

（3）上市公司股价崩盘风险影响因素的回归分析说明，董事长特征、公司基本特征、内部治理和信息环境是股价崩盘风险的重要影响因素。

附录 2－1　变量定义表

变量名	变量符号	变量定义	数据来源
股价崩盘风险指标			
负收益偏态系数	$Ncskew$	向后一年股票周收益率的负偏度：$$Ncskew_{i,t} = -\frac{n(n-1)^{\frac{3}{2}}\sum W_{i,t}^3}{(n-1)(n-2)(\sum W_{i,t}^2)^{\frac{3}{2}}}$$ n 为每年股票 i 的交易周数。	借鉴 Chen et al. (2001) 以及 Kim et al. (2011a、2011b)，手工计算
收益率上下波动比率	$Duvol$	向后一年股票周收益率上下波动比率：$$Duvol_{i,t} = \ln\frac{(n_u-1)\sum_{down} W_{i,t}^2}{(n_d-1)\sum_{up} W_{i,t}^2}$$，$n_u(n_d)$ 为股票 i 的周特质收益率 $W_{i,t}$ 大于（小于）年平均收益率 W_i 的周数。	借鉴 Chen et al. (2001) 以及 Kim et al. (2011a、2011b)，手工计算
股价暴跌	$Crash$	某一年，只要个股的周特质收益率至少满足下列等式一次，$Crash$ 取值为 1，否则为 0。$W_{i,t} \le Average(W_{i,t}) - 3.09\sigma_i^3$，其中 $Average(W_{i,t})$ 为公司 i 的周特质收益率度均值；σ_i 为公司 i 当年周特质收益率标准差。	借鉴江轩宇和许年行 (2015)，手工计算

续表

变量名		变量符号	变量定义	数据来源
高管特征变量				
总经理性别		$Gender1$	总经理性别为男时，$Gender1$ 取值为 1，否则为 0	CSMAR 数据库
总经理年龄		$Age1$	总经理真实年龄	CSMAR 数据库
总经理金融背景		$Finback1$	总经理具有金融背景时，$Finback1$ 取值为 1，否则为 0	CSMAR 数据库
总经理海外背景		$OveseaBack1$	总经理具有海外背景时，$OveseaBack1$ 取值为 1，否则为 0	CSMAR 数据库
总经理学术背景		$Academic1$	总经理具有学术背景时，$Academic1$ 取值为 1，否则为 0	CSMAR 数据库
董事长性别		$Gender2$	董事长性别为男时，$Gender2$ 取值为 1，否则为 0	CSMAR 数据库
董事长年龄		$Age2$	董事长真实年龄	CSMAR 数据库
董事长金融背景		$Finback2$	董事长具有金融背景时，$Finback2$ 取值为 1，否则为 0	CSMAR 数据库
董事长海外背景		$OveseaBack2$	董事长具有海外背景时，$OveseaBack2$ 取值为 1，否则为 0	CSMAR 数据库
董事长学术背景		$Academic2$	董事长具有学术背景时，$Academic2$ 取值为 1，否则为 0	CSMAR 数据库
公司特征变量				
基本特征	公司规模	$Size$	log（年末总资产）	CSMAR 数据库
	公司上市时间	$listage$	log（考察年度期末 − 上市日期＋1）	CSMAR 数据库
	公司业绩	ROA	年末利润总额/总资产	CSMAR 数据库
	财务杠杆	Lev	年末总负债/总资产	CSMAR 数据库

续表

	变量名	变量符号	变量定义	数据来源
基本特征	财务困境	$Loss$	上市公司最近两个会计年度连续亏损时，$Loss$ 取值为 1，否则为 0	CSMAR 数据库
	托宾 Q 值	Q	（每股价格×流通股股价＋每股净资产×非流通股股数＋负债账面价值）/总资产	CSMAR 数据库
	自由现金流	CF	年末经营活动现金流量/总资产	CSMAR 数据库
内部治理	两职合一	$Dual$	公司董事长和总经理由一人兼任时，$Dual$ 取值为 1，否则为 0	CSMAR 数据库
	两权分离度	$Seperction$	实际控制人拥有上市公司控制权与所有权之差	CSMAR 数据库
	董事会规模	$Board$	Log（年末上市公司董事会人数）	CSMAR 数据库
	独董比例	$Independ$	年末独董人数/董事会人数	CSMAR 数据库
	产权性质	SOE	公司产权性质为国有企业时，SOE 取值为 1，否则为 0	CSMAR 数据库
外部治理	产品市场竞争	HHI	行业赫芬达尔指数	CSMAR 数据库
	公司交叉上市	$Crosslist$	公司在该年度同时在香港交叉上市时，$Crosslist$ 取值为 1，否则为 0	CSMAR 数据库
	四大审计	$Big4$	公司在该年度的审计师来自国际四大时，$Big4$ 取值为 1，否则为 0	CSMAR 数据库
	分析师跟踪数量	$Analyst$	在一年内，对该公司进行跟踪分析的分析师数量加 1 的自然对数	CSMAR 数据库

续表

	变量名	变量符号	变量定义	数据来源
信息环境	盈余管理程度	$\lvert DA \rvert$	$DA_{j,t} = \frac{TA_{j,t}}{A_{j,t-1}} - \beta_1 \frac{1}{A_{j,t-1}} - \beta_2\left(\frac{\Delta REV_{j,t}}{A_{j,t-1}} - \frac{\Delta REC_{j,t}}{A_{j,t-1}}\right) - \beta_3 \frac{PPE_{j,t}}{A_{j,t-1}}$，其中：$TA$ =（流动资产增加额－现金及现金等价物增加额）－（流动负债增加额－一年内到期的长期负债增加额）－折旧和摊销成本；$A_{j,t-1}$ 为上年度总资产；$\Delta REV_{j,t}$ 为销售收入增加额；$\Delta REC_{j,t}$ 为应收账款增加额；$PPE_{j,t}$ 为固定资产	借鉴 Dechow et al. (1995) 以及苏冬蔚和林大庞 (2010)，手工计算
	会计信息披露质量	Evaluation	上海证券交易所（上交所）及深圳证券交易所（深交所）对上市公司在各年度中的表现所做出的工作评价。其中，得分 1～4 分别代表不合格、合格、良好、优秀	CSMAR 数据库
区域特征变量				
	经济发展水平	GDP	所属省份人均 GDP	CSMAR 数据库
	市场化指数	Mktindex	2008—2019 年樊纲市场化指数中市场化进程总得分	中国分省企业经营环境指数 2020 年报告（王小鲁、樊纲、胡李鹏）
	法律环境指数（市场中介组织的发育与法治环境）	Law	2008—2019 年樊纲市场化指数中市场中介组织的发育和法治环境得分	中国分省企业经营环境指数 2020 年报告（王小鲁、樊纲、胡李鹏）

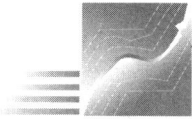

第 3 章 超额在职消费
与股价崩盘风险 *

3.1 引 言

本章检验了高管超额在职消费与公司未来的股价崩盘风险之间的正相关关系。高管薪酬中除了容易观察和量化的货币薪酬部分，如基本工资、奖金、限售股和股票期权等，还有一个重要的非货币薪酬部分，即在职消费。股票期权这类旨在协调股东利益和高管利益的股权薪酬，往往会产生意想不到的负面效果。例如，Benmelech et al.（2010）和 Kim et al.（2011a，2011b）的研究结果都说明了公司的股权激励与股价崩盘风险正相关。

* 本章内容具体可参见：Xu N，Li X，Yuan Q，Chan K C. Excess perks and stock price crash risk：evidence from China［J］. Journal of Corporate Finance，2014（25）：419 - 434.

然而，由于超额在职消费的数据较难获取，因此以往文献很少探讨超额在职消费是否会增加股价崩盘风险。

中国的资本市场环境为本章研究高管在职消费对股价崩盘风险的影响提供了机会。首先，与美国不同，中国公司自愿披露可量化的高管在职消费信息。在本章的样本期内，有39％的中国公司披露了高管在职消费支出的详细数据。[①] 其次，作为中国公司治理的一部分，对在职消费的管控会对国内外投资者的信心产生影响。

在职消费产生的原因可能是最佳雇佣合同设计和管理生产力的提高（Fama，1980；Rajan and Wulf，2006），也可能是管理者为了其私人利益而转移公司资源（Jensen and Meckling，1976；Yermack，2006）。然而，我们很难在事前确定在职消费究竟是提高了生产力，还是只转移了公司的资源。比如，一些公司会给高管配备豪车和独立办公室，这种在职消费是高管完成管理职责和提升管理生产力的必需品吗？恰恰相反，这可能只是对公司资源的浪费，因为普通规格的汽车和适当的工作空间就足以让高管完成工作，豪车和独立办公室这种超出完成管理职责所必需部分的在职消费更像是一种资源的转移。因此，本章重点关注高管在职消费的超额部分。

本章认为高管超额在职消费可能导致较高的股价崩盘风险，具体原因如下：首先，超额在职消费是将公司资源直接向高管转移的过程，会降低公司的价值。但由于在职消费是一种比较隐蔽的薪酬补偿，这使得高管能够将转移公司资源的在职消费伪装成提高生产力的在职消费，从而为其掩盖超额在职消费提供便利。为了掩盖这种低效的资源消耗，高管会向投资者隐藏坏消息并将这种资源的转移伪装成资源的高效利用。其次，超额在职消费将诱使高管专注于短期业绩而忽略长期利益。高管为了享受更多的在职消费带来的好处，会通过假装掌握有价值的投资机会来构建自己的管理帝国，而公司良好的业绩表现可以帮助掩盖这种行为。上述公司资源转移带

---

① 在 Gul et al. (2011) 的样本期中，34％的中国公司披露了在职消费数据。

来的个人收益会激励高管长时间隐藏坏消息，被隐藏的坏消息不断累积，最终会达到一个临界点并导致股价暴跌。然而，强有力的外部监督加大了高管向投资者隐藏坏消息的难度，因而可以减轻超额在职消费对股价崩盘风险的影响。

本章的研究结果支持了上述猜测。首先，对于中国国有企业而言，高管超额在职消费与股价崩盘风险正相关。这一结论在纳入盈余管理、会计稳健性和公司治理机制等已有文献提出的其他股价崩盘风险影响因素后仍然稳健。这说明在考虑之前研究所发现的其他预测因素之后，超额在职消费导致的坏消息累积动机仍具有额外的预测股价崩盘风险的能力，这一结果在使用两阶段最小二乘估计后仍然成立。其次，本章发现盈余管理放大了超额在职消费对股价崩盘风险的影响，而会计稳健性则削弱了这种影响。这说明财务粉饰（如盈余管理）造成了财务不透明，从而帮助高管更好地隐藏坏消息，而会计稳健性则抑制了高管隐藏坏消息的行为，上述结论与已有文献的研究结论相同（Jin and Myers，2006；Hutton et al.，2009；Kim and Zhang，2014，2016）。再次，本章发现强有力的外部监督可以减轻超额在职消费对股价崩盘风险的影响，研究结果显示雇用四大会计师事务所的审计师、具有更高的机构持股比例、在香港交叉上市以及具有更好的制度环境将有助于减小这种影响。最后，超额在职消费对股价崩盘风险的影响将至少持续两年，并且这种影响在高管临近退休的公司中更为显著。

本章的贡献体现在：

（1）从股价崩盘风险角度丰富了在职消费领域的文献，说明受到在职消费负面影响的不只有公司会计业绩和股票回报率。Rajan and Wulf（2006）的研究结果说明，公司提供在职消费是为了提高管理层的生产力，然而，Yermack（2006）发现了与之相反的结论，认为在职消费是转移公司资源的一种形式，并将降低股东回报率。基于中国公司的数据，Luo et al.（2011）认为在职消费会降低公司的经营效率。Gul et al.（2011）也指出较高的在职消费往往与较低的财务报告质量相关。本章首次将在职消费与股价崩盘风险联系起来，并对公司会计业绩和股票表现以外的在职消费经济后果的研究进行了补充。

(2) 本章也与新兴的股价崩盘风险领域研究相关。Chen et al. (2001) 发现，投资者异质性和股票回报率波动性等变量能预测企业的股价崩盘风险。此外，其他相关研究发现，财务不透明（Jin and Myers，2006；Hutton et al.，2009；Kim and Zhang，2014）、企业避税（Kim et al.，2011a）、会计稳健性（Kim and Zhang，2016）以及 CEO 和 CFO 的股权激励（Benmelech et al.，2010；Kim et al.，2011b）都将影响股价崩盘风险。本章找到了影响股价崩盘风险的新因素——超额在职消费，从而丰富了相关文献。值得说明的是，由于本章验证了作为高管薪酬非货币补偿形式的在职消费与股价崩盘风险相关，因而也在股价崩盘风险视角下丰富了高管薪酬负面激励的相关研究。

3.2 文献综述及假说推导

3.2.1 文献综述

本部分回顾了两方面的文献成果。一方面是研究在职消费在高管薪酬中所起作用的相关文献。高管在职消费一直受到公众舆论和公司利益相关者的关注，人们对在职消费的看法褒贬不一。一些人认为由于外部人员难以察觉在职消费，故而它是高管侵占公司利润的一种方式（Jensen and Meckling，1976；Jensen，1986；Yermack，2006）。Cai et al. (2011) 发现娱乐和旅游类的在职消费对公司生产率有显著的负面影响，Luo et al. (2011) 的研究表明高管在职消费会损害公司的经营效率，Gul et al. (2011) 发现较高的在职消费往往与较低的财务报告披露质量相关联。另一些人则持相反意见，认为提供在职消费是为了激励高管提高管理生产力，从而实现具有最佳激励效果的契约设计（Fama，1980；Rajan and Wulf，2006；Marino and Zábojník，2008）。Chen et al.（2010）和 Adithipyangkul et al.（2011）的研究结果表明，在职消费能够激励高管，从而使公司业绩改善、价值提升。综上，以往文献对于在职消费所发挥的作用莫衷一是，亟须对其进行更深入的研究。

另一方面是研究公司股价崩盘风险的相关文献。对于公司股价崩盘风险的实证研究出现的时间相对较晚。其中，受不同观点之间的争论启发，Chen et al.（2001）对预测个股日回报率负偏度的因素进行了实证研究，发现最近成交量与其趋势和过去回报率的偏差是效果最显著的预测因素。Jin and Myers（2006）用国家层面的数据建立了一个理论模型，从实证角度证明了 Chen et al.（2001）的观点，即信息不透明的股票更有可能面临股价崩盘风险。Hutton et al.（2009）与 Kim and Zhang（2014）使用美国的数据，进一步验证了财务报告不透明度与未来或感知到的股价崩盘风险呈正相关关系。类似地，Bleck and Liu（2007）构造的模型表明，信息不对称将影响股东在早期辨别好项目和差项目的能力，故而与公允价值会计制度相比，历史成本会计制度下更大的财务不透明度导致了更频繁和更严重的股价崩盘风险。在这些研究的基础上，Kim et al.（2011a）与 Kim and Zhang（2016）研究了公司避税行为和公司会计稳健性对股价崩盘风险的影响，发现避税增加了股价崩盘风险，而会计稳健性降低了股价崩盘风险。与本章研究联系最紧密的是 Kim et al.（2011b）的研究，其将股权报酬（股票和股票期权）导致的高管（CEO 和 CFO）激励引入股价崩盘风险模型，发现持有股票期权产生的激励将会增加股价崩盘风险。高管会一直隐藏负面信息直到他们不得不向公众披露，这时，大量累积的坏消息同时向市场披露，公司的股价会大幅下跌，即发生股价崩盘。

3.2.2 假说推导

在职消费成为一些国有企业高管的激励因素。当激励体系存在漏洞且该体系的制衡机制较弱时，高管将充分利用漏洞来为自己牟利，这一原理同样适用于在职消费。根据 Jensen and Meckling (1976) 的研究，在高管持有公司股份的前提下，如果一名高管能够自由地选择在职消费水平，但代价是其所拥有的那部分公司财富将因此蒙受损失，那么高管会选择通过不断增加在职消费来提高自己的福利。正如 Kothari et al. (2005) 所指出的，由于在职消费是与高管职位绑定的不可转让的薪酬福利，高管获取在职消费的唯一阻碍就是可能会因表现不佳被辞退，为了避免这种情况，他们会通过美化公司业绩来证明高在职消费水平是正当合理的，因此，高管有充分的动机通过向股东隐藏坏消息，将转移公司资源的在职消费混入提高生产率的在职消费中，直到坏消息的累积达到临界点。外界很难分辨这两种不同的在职消费，这使得高管能够隐藏并累积坏消息。综上，高管可以通过隐藏坏消息掩盖超额在职消费。

此外，在职消费也会导致高管重点关注公司的短期表现。正如 Jensen (1986) 所指出的，公司规模的增大将通过增加高管所掌控的公司资源和高管薪酬来增加高管的权力，高管存在不断扩张甚至过度扩张公司规模的动机。对在职消费而言更是如此，如果高管过度投资，许多在职消费如商务旅行和娱乐等支出也会相应增加，并为高管提供更多的私人福利。因此，拥有充足现金流的公司高管可能会一边假装拥有良好的投资机会，一边通过在职消费大肆挥霍。为了掩饰这种行为，高管会隐藏与公司长期发展相关的坏消息。

综上所述，本章推断高管有强烈的动机来隐藏坏消息以继续享受超额在职消费。然而正所谓"纸包不住火"，坏消息总有被披露的一天。当这家公司"东窗事发"，出现现金短缺的情况时，公司的实际状况就会真相大白，股价也会面临暴跌风险。因此，在国有企业中，超额在职消费与股价崩盘风险可能呈正相关关系。据此提出假说1：

H1：在其他条件不变的情况下，超额在职消费将使未来股价崩盘风险增加。

正如 Jensen and Meckling（1976）所指出的，监督措施能够影响高管获得非货币性补偿的外部环境。有效的外部监督措施可以缓解公司的代理矛盾，创造良好的公司治理环境，因而也能够震慑高管的不当行为。此外，有效的监督措施如能力强的审计师、较高的机构持股比例和较高的上市标准等，可以遏制高管隐藏坏消息的行为并增加信息透明度，进而减少股价波动。按照这一逻辑，本章预计 H1 所描述的关系对于具有强有力外部监督的公司来说会更弱。据此提出假说 2：

H2：在其他条件不变的情况下，超额在职消费与股价崩盘风险之间的正相关关系会在有效的监督措施下减弱。

3.3　样本和变量测度

3.3.1　样本和数据

我们以 2003—2010 年的中国国有企业为样本。样本期从 2003 年开始是因为这一年有比较多的公司开始自愿披露在职消费数据，并且能够获得公司的机构投资者持股数据。本章主要采用从 CSMAR 数据库收集的数据，还从公司年报中手工收集了高管在职消费数据，从 Wind 数据库收集了机构投资者持股数据。

我们从披露了在职消费数据的国有企业样本中剔除了金融类公司、在一个会计年度中股票回报率数据少于 30 个交易周的公司和有缺失值导致不能获得控制变量数据的公司，同时剔除了公司数量少于 10 个的行业[①]和年份，最终获得 2 171 个公司-年观测值，并对连续变量进行了 1‰水平上的双侧缩尾处理以减小异常值的影响。

表 3-1 的 A 栏报告了基于中国证券监督管理委员会（以下简称

---

① 因为数据的样本年份为 2003—2010 年，此处按照《上市公司行业分类指引》（2001 年修订）对样本公司进行行业分类。

中国证监会)《上市公司行业分类指引》(2001年修订)的样本公司
在各个行业的分布情况,其中大部分样本公司属于制造业(59%)。
B栏报告了样本公司在各个年份的分布情况。结果表明,自愿披露
在职消费数据的公司越来越多。

表 3 - 1   样本分布

A栏:行业分布											
行业	A	B	C	D	E	F	G	H	J	K	M	总数
样本量	70	60	1 286	163	54	122	123	173	52	46	22	2 171
占比 (%)	3.22	2.76	59.24	7.51	2.49	5.62	5.67	7.97	2.40	2.23	1.01	100

B栏:年份分布								
年份	2003	2004	2005	2006	2007	2008	2009	2010	总数
样本量	173	185	243	269	303	338	332	328	2 171
占比 (%)	7.97	8.52	11.19	12.39	13.96	15.57	15.29	15.11	100

注:A代表农、林、牧、渔业,B代表采掘业,C代表制造业,D代表电力、煤气及
水的生产和供应业,E代表建筑业,F代表交通运输、仓储业,G代表信息技术行业,H
代表批发和零售贸易行业,J代表房地产行业,K代表社会服务业,M代表综合行业。

3.3.2   计算超额在职消费

在中国,对在职消费的披露是一种自愿行为。中国上市公司年
报的现金流量表中关于在职消费有一个专门的项目,即"支付其他
与经营活动有关的现金"。公司在这一项目下自愿披露高管在职消费
的支出信息。我们按照 Gul et al.(2011)的方法,通读了现金流量
表的脚注,并手工整理了每家公司的六项在职消费数据[①]。然后,

---

①   在职消费支出有工作相关费用、通信费用、差旅费、商务招待费用、海外培训费
用、董事会会议费用、公司汽车费用和会议费用八种项目类型。根据 Gul et al.(2011)的
观点,工作相关费用和通信费用与本章研究的超额在职消费关系不大,因此这两个项目被
剔除,本章的 Perk 数据仅包括剩余的六个项目。

将六个项目的在职消费数据汇总，计算总体在职消费（$Perk$）。最后，用该公司的收入对在职消费进行标准化调整（即用总体在职消费除以该公司收入 $Sales$，调整后的值为 $Perk/Sales$）以进一步分析。

然而，在职消费并不完全是高管的挥霍无度导致的，有一部分在职消费是为了提高管理层的生产力，也有一部分在职消费是正常的业务支出（Rajan and Wulf，2006；Cai et al.，2011）。我们只关注管理层产生的超额在职消费。参考 Gul et al.（2011）的方法，基于以下模型估计预期的在职消费水平：

$$Perk/Sales = \alpha_1 + \beta_1 \ln TotalComp + \beta_2 \ln Asset$$
$$+ \beta_3 \ln TotalIncPerCap + \varepsilon \qquad (3-1)$$

式中，$Perk/Sales$ 是按公司收入标准化处理后的六项在职消费支出之和；$\ln TotalComp$ 是所有公司员工总薪酬的自然对数；$\ln Asset$ 是总资产账面价值的自然对数；$\ln TotalIncPerCap$ 是公司所在地区人均收入的自然对数；残差项 ε 就是主要研究的变量——超额在职消费（$ExcessPerk$）。

3.3.3 计算公司的股价崩盘风险

根据已有的文献（Kim et al.，2011a，2011b；Kim and Zhang，2014，2016），我们采用了两个衡量股价崩盘风险的指标以保证最终结论的稳健性。首先，用每个公司每年的扩展市场回归模型的残差加 1 并取自然对数来估计周特质收益率（表示为 W）：

$$R_{i,t} = \alpha_i + \beta_1 R_{m,t-2} + \beta_2 R_{m,t-1} + \beta_3 R_{m,t}$$
$$+ \beta_4 R_{m,t+1} + \beta_5 R_{m,t+2} + \varepsilon_{i,t} \qquad (3-2)$$

式中，$R_{i,t}$ 是股票 i 在第 t 周的收益率；$R_{m,t}$ 是 A 股所有股票在第 t 周经流通市值加权的平均收益率。在式（3-2）中加入市场收益率的滞后项和超前项，以调整股票非同步性交易的影响。股票 i 在第 t 周的特质收益率由式 $W_{i,t} = \ln(1 + \varepsilon_{i,t})$ 来衡量，其中 $\varepsilon_{i,t}$ 是式（3-2）

的残差。

衡量股价崩盘风险的第一个指标是负收益偏态系数（*Ncskew*）。计算股票 *i* 在第 *t* 年的 *Ncskew* 的具体公式如下：

$$Ncskew_{i,t} = -\frac{n(n-1)^{\frac{3}{2}}\sum W_{i,t}^3}{(n-1)(n-2)(\sum W_{i,t}^2)^{\frac{3}{2}}} \qquad (3-3)$$

Ncskew 越大，说明股价越容易崩盘；反之亦然。

衡量股价崩盘风险的第二个指标是收益率上下波动比率（*Duvol*），具体计算公式如下：

$$Duvol_{i,t} = \ln\frac{(n_u-1)\sum_{down} W_{i,t}^2}{(n_d-1)\sum_{up} W_{i,t}^2} \qquad (3-4)$$

式中，n_u 和 n_d 分别代表上涨周数和下跌周数。该公式的含义是，对于第 *t* 年的公司，将周特质收益率低于年度平均值的样本周（即下跌周）和周特质收益率高于年度平均值的样本周（即上涨周）区分开，并分别计算子样本的标准差，下跌周样本的标准差与上涨周样本的标准差之比的对数值即为 *Duvol*。*Duvol* 越大，代表股价越容易崩盘；反之亦然。

3.4 实证结果

3.4.1 描述性统计

表 3-2 的 A 栏列示了主要变量的描述性统计结果。在样本中，每家公司每年的在职消费支出平均值约为 2 270 万元，四分位数范围为 370 万～1 750 万元。对于标准化的在职消费数据而言，其平均值约为公司收入的 1%，四分位数范围为公司收入的 0.3%～1.1%。

表 3 - 2　描述性统计

A 栏：描述性统计						
变量	样本量	均值	中位数	P25	P75	标准差
$Ncskew_{t+1}$	2 171	−0.365	−0.341	−0.724	0.023	0.630
$Duvol_{t+1}$	2 171	−0.273	−0.277	−0.563	0.018	0.457
$Perk_t(millions\ of\ RMB)$	2 171	22.672	7.856	3.674	17.485	77.334
$Perk/Sales_t$	2 171	0.010	0.006	0.003	0.011	0.015
$ExcessPerk_t$	2 171	0.001	−0.002	−0.007	0.002	0.109
$Dturn_t$	2 171	0.037	0.018	−0.071	0.158	0.207
$Ncskew_t$	2 171	−0.333	−0.318	−0.698	0.048	0.678
$Sigma_t$	2 171	0.050	0.048	0.037	0.061	0.017
$Return_t$	2 171	−0.001	−0.001	−0.002	−0.001	0.001
$Size_t$	2 171	21.622	21.498	20.872	22.193	1.088
MTB_t	2 171	1.598	1.283	1.039	1.808	0.908
$Leverage_t$	2 171	0.506	0.514	0.368	0.636	0.192
ROA_t	2 171	0.051	0.048	0.028	0.077	0.066
$Ceoshare_t$	2 171	0.001	0.000	0.000	0.000	0.012
$ABACC_t$	2 171	0.061	0.043	0.020	0.080	0.060
$Cscore_t$	2 171	0.257	0.120	−0.008	0.402	0.547
$BoardSize_t$	2 171	9.632	9.000	9.000	11.000	1.954
$lnBoardSize_t$	2 171	2.246	2.198	2.197	2.398	0.199
$Independence_t$	2 171	0.350	0.333	0.333	0.364	0.045
$Duality_t$	2 171	0.098	0.000	0.000	0.000	0.297

B 栏：对超额在职消费和股价崩盘风险的单变量分析				
$ExcessPerk_t$	$Ncskew_{t+1}$		$Duvol_{t+1}$	
	样本量	均值	中位数	均值	中位数
低组	720	−0.398	−0.350	−0.296	−0.295
中间组	725	−0.362	−0.350	−0.275	−0.294
高组	726	−0.335	−0.308	−0.246	−0.249
低组−高组 （p 值）		−0.063* (0.063)	−0.042* (0.097)	−0.050** (0.041)	−0.046* (0.069)

表 3-2 的 B 栏列示了根据超额在职消费数值大小（*ExcessPerk*）分组后的股价崩盘风险。结果表明，股价崩盘风险随着超额在职消费的增加而增加。超额在职消费较低组 *Ncskew*（*Duvol*）的均值为 -0.398（-0.296），而超额在职消费较高组 *Ncskew*（*Duvol*）的均值为 -0.335（-0.246），且这两组的均值差异检验结果在 10%（5%）的水平有显著的统计学意义。中位数差异检验结果与均值的检验结果相类似。由于其他公司或行业层面的因素也可能影响股价崩盘风险，因此为了对超额在职消费对股价崩盘风险的影响做出可靠推断，我们在后面多元回归框架中控制了其他影响股价崩盘风险的因素。

3.4.2 超额在职消费对股价崩盘风险影响的多元分析

1. 假说 1 的研究设计和检验结果

为了研究超额在职消费对股价崩盘风险的影响（H1），采用式（3-5）作为基本回归模型：

$$CrashRisk_{i,t+1} = \alpha + \beta ExcessPerk_{i,t}$$
$$+ \gamma ControlVariables_{i,t} + \varepsilon_{i,t} \qquad (3-5)$$

式中，股价崩盘风险 *CrashRisk* 由变量 *Ncskew* 和 *Duvol* 测度。模型的因变量取第 $t+1$ 年的值，模型自变量取第 t 年的值。我们主要关注超额在职消费变量 *ExcessPerk*，并参照 Chen et al.（2001）、Hutton et al.（2009）和 Kim et al.（2011a，2011b）的研究，控制了股价崩盘风险的潜在影响变量，具体包括：*Dturn*，去趋势化的股票交易量，它反映了投资者的异质性或投资者之间的意见分歧；滞后 *Ncskew*，将滞后的公司特有股票回报率负偏态系数加入回归式是为了捕捉股票回报率三阶矩的潜在持续影响；*Sigma*，会计年度内公司的周特质收益率的标准差；*Return*，会计年度内公司的周特质收益率的平均值；*Size*，公司总资产账面价值的自然对数；*MTB*，公司权益的市场价值与账面价值之比；*Leverage*，公司总负债的账面价值与总资产之比；ROA，息税折旧摊销前利润与总资产之比。正如 Kim et al. (2011b) 所指出的，CEO 持有的股权可能会影响其隐藏坏消息的动机，所以 CEO 持股也与股价崩盘风险相关，因此模型中也控制了以 CEO 持股比例来衡量的变量 $Ceoshare$。除此之外，模型中还包含行业和年份的虚拟变量以控制行业和年份的固定效应。为了减少数据中横截面自相关性和时间序列自相关性对结果的干扰，我们报告了按公司和年份聚类的稳健标准误调整后的 t 值（Petersen，2009）。变量的详细定义参见附录 3 - 1。

表 3 - 3 的 A 栏列示了相关回归结果，（1）和（2）列报告了超额在职消费对国有企业股价崩盘风险的影响。与描述性统计中的单变量检验结果一致，超额在职消费 $ExcessPerk$ 的系数在 1% 的水平显著为正。在控制变量中，只有 $Size$ 和 MTB 变量的系数显著为正。检验结果说明 H1 成立，即国有企业的超额在职消费会导致股价崩盘风险增加。

表 3 - 3　超额在职消费和股价崩盘风险

A栏：仅国有企业						
项目	$Ncskew_{t+1}$	$Duvol_{t+1}$	$Ncskew_{t+1}$	$Duvol_{t+1}$	$Ncskew_{t+1}$	$Duvol_{t+1}$
	(1)	(2)	(3)	(4)	(5)	(6)
$ExcessPerk_t$	0.237***	0.129***	0.240***	0.129***	0.247***	0.136***
	(5.31)	(2.81)	(5.26)	(2.80)	(5.19)	(2.85)
$Dturn_t$	−0.144	−0.113	−0.141	−0.108	−0.133	−0.103
	(−1.18)	(−1.15)	(−1.16)	(−1.09)	(−1.10)	(−1.03)
$Ncskew_t$	0.001	−0.008	0.002	−0.008	0.001	−0.009
	(0.02)	(−0.35)	(0.06)	(−0.35)	(0.03)	(−0.39)
$Sigma_t$	3.471	1.976	3.112	1.765	2.874	1.660
	(0.63)	(0.70)	(0.57)	(0.63)	(0.53)	(0.59)
$Return_t$	−3.157	4.395	−7.203	2.493	−10.528	0.856
	(−0.04)	(0.11)	(−0.09)	(0.06)	(−0.13)	(0.02)

续表

项目	$Ncskew_{t+1}$	$Duvol_{t+1}$	$Ncskew_{t+1}$	$Duvol_{t+1}$	$Ncskew_{t+1}$	$Duvol_{t+1}$
	(1)	(2)	(3)	(4)	(5)	(6)
$Size_t$	0. 042***	0. 028***	0. 042***	0. 027***	0. 037**	0. 024**
	(2. 81)	(3. 04)	(2. 96)	(2. 98)	(2. 51)	(2. 39)
MTB_t	0. 059***	0. 043***	0. 055***	0. 041***	0. 056***	0. 041***
	(3. 53)	(3. 41)	(3. 74)	(3. 58)	(3. 51)	(3. 25)
$Leverage_t$	0. 115	0. 123	0. 112	0. 118	0. 114	0. 119
	(1. 21)	(1. 24)	(1. 23)	(1. 21)	(1. 28)	(1. 22)
ROA_t	0. 393	0. 300	0. 400	0. 310	0. 394	0. 311
	(1. 15)	(1. 07)	(1. 15)	(1. 09)	(1. 13)	(1. 10)
$Ceoshare_t$	0. 102	0. 120	0. 096	0. 138	0. 216	0. 216
	(0. 12)	(0. 18)	(0. 11)	(0. 21)	(0. 27)	(0. 34)
$ABACC_t$			0. 290	0. 218**	0. 303	0. 223**
			(1. 40)	(2. 22)	(1. 47)	(2. 24)
$Cscore_t$			−0. 053	−0. 012	−0. 055	−0. 013
			(−1. 09)	(−0. 40)	(−1. 13)	(−0. 44)
$lnBoardSize_t$					0. 087	0. 047
					(1. 49)	(1. 37)
$Independence_t$					0. 138	0. 205
					(0. 50)	(0. 98)
$Duality_t$					−0. 037	−0. 017
					(−1. 19)	(−0. 66)
截距项	−1. 193**	−0. 837***	−1. 197***	−0. 837***	−1. 340***	−0. 944***
	(−3. 20)	(−3. 78)	(−3. 30)	(−3. 82)	(−3. 61)	(−4. 75)
行业固定效应	Yes	Yes	Yes	Yes	Yes	Yes
年份固定效应	Yes	Yes	Yes	Yes	Yes	Yes
样本量	2 171	2 171	2 171	2 171	2 171	2 171
调整 R^2	0. 106	0. 111	0. 107	0. 112	0. 108	0. 113

续表

B栏：国有企业和非国有企业		
项目	Ncskew$_{t+1}$	Duvol$_{t+1}$
	(1)	(2)
ExcessPerk$_t$	0.080***	0.050***
	(2.83)	(3.98)
Dturn$_t$	−0.167*	−0.105
	(−1.76)	(−1.40)
Ncskew$_t$	0.020	0.004
	(0.67)	(0.21)
Sigma$_t$	3.865***	2.062***
	(4.98)	(3.39)
Return$_t$	8.467***	4.167***
	(5.53)	(3.70)
Size$_t$	0.049***	0.034***
	(3.48)	(5.36)
MTB$_t$	0.040***	0.029***
	(4.14)	(4.77)
Leverage$_t$	0.029	0.052**
	(1.27)	(2.10)
ROA$_t$	0.032	0.047*
	(1.25)	(1.80)
Ceoshare$_t$	0.295**	0.238**
	(2.07)	(2.09)
截距项	−1.290***	−0.908***
	(−4.10)	(−5.82)
行业固定效应	Yes	Yes
年份固定效应	Yes	Yes
样本量	3 438	3 438
调整 R^2	0.084	0.095

2. 控制公司会计特征后的检验结果

Hutton et al.（2009）与 Kim and Zhang（2014）的研究结论说明，公司的会计特征与股票回报率的分布有关。高管常用于美化公司业绩并合理化其超额在职消费的一种方法是通过操纵性应计盈余进行管理。此外，Kim and Zhang（2016）发现会计稳健性限制了高管的激励效果，同时也会限制高管夸大业绩和隐藏坏消息的行为。因此，会计稳健性也应该与股价崩盘风险呈负相关。考虑到这些因素，本部分控制了由公司盈余管理衡量的财务不透明度，即操纵性应计盈余的绝对值（$ABACC$），以及由 Khan and Watts（2009）构建的模型衡量的会计稳健性（$Cscore$）。$ABACC$ 和 $Cscore$ 的计算方法详见附录 3-2。表 3-3 中 A 栏的（3）和（4）列表明，公司的会计特征对股价崩盘风险的影响系数与已有文献推测的结果相符。$ABACC$ 在（4）列中的系数是显著的，这表明高管可能将盈余管理作为隐藏负面信息的方法从而达到掩盖超额在职消费的目的。同时，在对 $ABACC$ 和 $Cscore$ 进行控制后，超额在职消费与股价崩盘风险之间仍然具有显著的正相关关系，这表明超额在职消费在公司会计特征和先前研究中所识别的其他预测因素之上仍具有额外的预测股价崩盘风险的能力。

3. 控制公司治理因素后的检验结果

对本章研究结论的一种替代性解释是：超额在职消费只是公司代理问题极度恶化时的一种表现，而公司治理环境差的公司更容易遭受股价崩盘的打击，所以高管超额在职消费水平高的公司面临更大股价崩盘风险的实质是这家公司治理环境比较糟糕。为排除这一替代性解释，本部分控制了在已有文献中经验证后有意义的公司治理特征（Weisbach，1988；Yermack，1996；Klein，1998），如董事会规模（$lnBoardSize$）、董事会独立性（$Independence$）以及 CEO-董事长两职合一性（$Duality$）。变量的详细定义见附录 3-1。检验结果列示于表 3-3 的 A 栏（5）和（6）列中，结果表明，公司治理因素与公司层面的崩盘风险不存在显著关系。同时，在控制公司治理变量后，超额在职消费对崩盘风险的正向影响仍然成立。当然，出现这一结果也可能是因为本章没有包括其他相关的公司内部治理变量。

4. 包含非国有企业的检验结果

本部分用同时包含国有企业和非国有企业的样本重新估计了表 3-3 的 A 栏中的（1）和（2）列回归结果。由于非国有企业没有货币薪酬限制，超额在职消费与股价崩盘风险之间的关系相对比较弱，即在同时包含两种企业的样本中，超额在职消费与崩盘风险之间的正相关关系会更弱。表 3-3 的 B 栏列示了相关结果，尽管超额在职消费的系数仍在 1% 的水平显著为正，但 B 栏中（1）和（2）列的系数大小远小于 A 栏中的相应系数。鉴于这一结果，本章的进一步分析仅关注国有企业。

3.4.3　内生性问题

虽然在回归模型中控制了公司会计特征和公司治理相关变量，但超额在职消费与股价崩盘风险之间仍可能存在内生性问题。一种可能的解释是，糟糕的公司治理会导致超额在职消费和股价崩盘风险同时上升，从而在超额在职消费与股价崩盘风险之间形成虚假关联。为了解决这一问题，本部分使用工具变量进行两阶段最小二乘估计。Roberts and Whited（2013）指出，合适的工具变量需要同时满足相关性和外生性。鉴于此，本部分确定了两个合适的工具变量。第一个工具变量是公司所在省份的政府支出（*Government spending*）。选择这一变量的原因是：国有企业高管本质上是监督国有资产的政府代表，可以视作政府官员，其对待在职消费的态度会受到地方政府官员的影响，但政府官员的在职消费几乎不会影响公司层面的崩盘风险。此处以地方政府的年度支出除以各省的地区生产总值（GDP）来衡量政府支出，各省的年度地方政府支出和地区生产总值数据来自中国经济与社会发展统计数据库（CNKI）。第二个工具变量是公司超额在职消费的行业平均值（*Industry-aver-*

age ExcessPerk）。同一行业的平均超额在职消费可能与同行业公司的超额在职消费相关，因为二者都受到该行业管理层劳动力市场的动态影响。同时，同行业公司的超额在职消费并不会影响所讨论的公司崩盘风险。因此，本部分假设这些变量与回归模型的误差项不相关。

表 3-4 报告了两阶段最小二乘估计的结果。（1）列报告了以 *ExcessPerk* 为因变量的第一阶段回归结果。结果显示，两个工具变量都与公司层面的超额在职消费具有显著的正相关关系。（2）和（3）列报告了第二阶段的回归结果，其中 *Ncskew* 和 *Duvol* 是衡量股价崩盘风险的变量。结果显示，在解决了可能存在的内生性问题之后，公司超额在职消费与股价崩盘风险的正相关关系仍成立。随后对工具变量的有效性和外生性条件进行测试。第一阶段回归的 F 统计量是 4.428，没有达到经验建议值，需要说明的是，这一结果不能完全排除弱工具变量问题。随后计算 Hansen 的 J 统计量，以测试模型能否通过过度识别检验。J 统计量的结果未能拒绝联合零假设，即工具变量与误差项不相关，且被正确地从第二阶段回归中剔除。

表 3-4　超额在职消费和股价崩盘风险：二阶段回归估计

项目	第一阶段	第二阶段	
	$ExcessPerk_t$	$Ncskew_{t+1}$	$Duvol_{t+1}$
	（1）	（2）	（3）
Instrumented ExcessPerk$_t$		0.444**	0.311**
		（2.01）	（2.16）
Government spending$_t$	0.158*		
	（1.91）		
Industry-average ExcessPerk$_t$	0.663***		
	（31.68）		

续表

项目	第一阶段	第二阶段	
	$ExcessPerk_t$	$Ncskew_{t+1}$	$Duvol_{t+1}$
	(1)	(2)	(3)
$Dturn_t$	0.008	−0.133	0.043
	(0.64)	(−1.11)	(0.52)
$Ncskew_t$	0.010	−0.001	−0.018
	(1.41)	(−0.03)	(−1.15)
$Sigma_t$	1.356	2.494	0.880
	(0.97)	(0.47)	(0.30)
$Return_t$	26.806	−17.155	20.614
	(0.95)	(−0.22)	(0.62)
$Size_t$	0.010**	0.035**	−0.024**
	(2.13)	(2.37)	(−1.99)
MTB_t	−0.002**	0.053***	0.012
	(−2.01)	(4.35)	(1.46)
$Leverage_t$	0.009	0.114	0.083
	(0.48)	(1.31)	(1.12)
ROA_t	0.009	0.403	−0.056
	(0.31)	(1.18)	(−0.21)
$Ceoshare_t$	0.035	0.215	0.137
	(1.02)	(0.27)	(0.44)
$ABACC_t$	0.012	0.303	0.058
	(0.98)	(1.47)	(0.68)
$Cscore_t$	0.008	−0.059	−0.023
	(1.19)	(−1.21)	(−0.67)
$\ln BoardSize_t$	−0.014*	0.089	0.062**
	(−1.94)	(1.52)	(2.02)

续表

项目	第一阶段	第二阶段	
	$ExcessPerk_t$	$Ncskew_{t+1}$	$Duvol_{t+1}$
	(1)	(2)	(3)
$Independence_t$	−0.158	0.149	0.238*
	(−1.17)	(0.53)	(1.82)
$Duality_t$	0.011	−0.040	−0.045
	(0.92)	(−1.24)	(−1.26)
截距项	−0.185**	−1.297***	0.156
	(−2.07)	(−3.57)	(0.58)
行业固定效应	Yes	Yes	Yes
年份固定效应	Yes	Yes	Yes
样本量	2 171	2 171	2 171
调整 R^2	0.086	0.107	0.134
剔除的工具变量的预测能力			
Partial-R^2	0.056		
Robust F 统计量（工具变量）	4.428		
F 统计量 p 值	0.004		
过度识别限制的检验			
Hansen J 统计量		0.286	1.411
p 值		0.867	0.494

3.4.4　会计特征的调节作用

Jin and Myers（2006）、Hutton et al.（2009）与 Kim and Zhang（2014）认为，财务信息不透明使得高管能够长时间对投资者隐藏坏消息，而 Kim and Zhang（2016）发现，会计稳健性限制了

经理人的这种行为。虽然我们在表 3 - 3 中控制了公司层面的盈余管理和会计稳健性，但超额在职消费与会计特征变量之间的交互效应仍然值得关注，即盈余管理（会计稳健性）是否会放大（削弱）由超额在职消费产生的坏消息累积对股价崩盘风险的影响。为了解决这个问题，本部分在式（3 - 5）中增加了超额在职消费和会计特征变量的交乘项（盈余管理变量 *ABACC* 和会计稳健性 *Cscore*）。为了更好地构建交乘项，为每个会计特征变量构建了虚拟变量（*High_ ABACC* 和 *High_Cscore*）。如果公司的 *ABACC*（*Cscore*）高于中位数，则变量 *High_ABACC*（*High_Cscore*）取值为 1，否则为 0。相关检验结果列示于表 3 - 5，其中（1）和（2）列报告了超额在职消费与 *High_ABACC* 的交互结果，（3）和（4）列报告了超额在职消费与 *High_Cscore* 的交互结果。加入上述交乘项后，超额在职消费 *ExcessPerk* 仍然与股价崩盘风险呈正相关。*ExcessPerk* × *High_ ABACC* 的估计系数显著为正，表明盈余管理放大了超额在职消费对股价崩盘风险的影响，而 *ExcessPerk* × *High_Cscore* 的估计系数显著为负，表明会计稳健性减少了超额在职消费对股价崩盘风险的影响。

表 3 - 5　会计特征、超额补贴和股价崩盘风险

项目	ABACC		Cscore	
	$Ncskew_{t+1}$	$Duvol_{t+1}$	$Ncskew_{t+1}$	$Duvol_{t+1}$
	（1）	（2）	（3）	（4）
$ExcessPerk_t$	0.186***	0.107***	0.313***	0.205***
	（4.39）	（2.72）	（4.03）	（4.30）
$ExcessPerk_t \times High\_ABACC_t$	0.365***	0.120*		
	（3.86）	（1.65）		
$High\_ABACC_t$	0.029	0.021		
	（0.81）	（1.16）		

续表

项目	ABACC		Cscore	
	$Ncskew_{t+1}$	$Duvol_{t+1}$	$Ncskew_{t+1}$	$Duvol_{t+1}$
	(1)	(2)	(3)	(4)
$ExcessPerk_t \times High\_Cscore_t$			−0.182*	−0.110**
			(−1.71)	(−2.04)
$High\_Cscore_t$			−0.025	−0.015
			(−0.71)	(−0.82)
$Dturn_t$	−0.098	−0.064	0.088	−0.103
	(−0.80)	(−0.61)	(1.05)	(−1.04)
$Ncskew_t$	−0.004	−0.011	−0.005	−0.009
	(−0.14)	(−0.52)	(−0.18)	(−0.40)
$Sigma_t$	8.187***	6.583***	−1.399	1.709
	(2.72)	(2.70)	(−0.37)	(0.61)
$Return_t$	74.085**	83.505**	−26.686	1.033
	(2.06)	(2.48)	(−0.64)	(0.03)
$Size_t$	0.025	0.024**	−0.002	0.027**
	(1.48)	(2.19)	(−0.14)	(2.44)
MTB_t	0.046***	0.039***	0.037***	0.042***
	(2.84)	(2.76)	(3.87)	(3.43)
$Leverage_t$	0.106	0.123	0.068	0.123
	(1.17)	(1.22)	(0.85)	(1.29)
ROA_t	0.257	0.277	−0.046	0.307
	(0.74)	(1.02)	(−0.17)	(1.08)
$Ceoshare_t$	0.231	0.192	0.124	0.207
	(0.28)	(0.30)	(0.22)	(0.32)

续表

项目	ABACC		Cscore	
	$Ncskew_{t+1}$	$Duvol_{t+1}$	$Ncskew_{t+1}$	$Duvol_{t+1}$
	(1)	(2)	(3)	(4)
$Cscore_t$	−0.055	−0.015		
	(−1.13)	(−0.54)		
$ABACC_t$			0.064	0.220**
			(0.32)	(2.21)
$\ln BoardSize_t$	0.089	0.049	0.072	0.048
	(1.48)	(1.33)	(1.30)	(1.37)
$Independence_t$	0.139	0.210	0.138	0.212
	(0.49)	(0.97)	(0.87)	(1.02)
$Duality_t$	−0.037	−0.020	−0.045	−0.017
	(−1.03)	(−0.65)	(−1.19)	(−0.65)
截距项	−1.174***	−1.053***	−0.269	−0.997***
	(−3.44)	(−5.92)	(−0.57)	(−4.14)
行业固定效应	Yes	Yes	Yes	Yes
年份固定效应	Yes	Yes	Yes	Yes
样本量	2 171	2 171	2 171	2 171
调整 R^2	0.111	0.113	0.108	0.113

3.4.5　外部监督的影响

为了进一步理解国有企业超额在职消费对股价崩盘风险的影响机制，本部分考虑了外部监督的影响。有效的外部监督措施可以缓解代理矛盾并构建良好的公司治理环境。更具体地说，在假说1（H1）有效的基础上，我们推测：对于治理水平更高的国有企业，超额在职消费与股价崩盘风险之间的正相关关系更弱。为了验证这一推测，根据已有的文献结果采用了四个衡量外部监督水平的指标：第一个指标是四大审计师（*Big4Auditor*），它是一个虚拟变量，如果公司由四大审计机构的审计师进行审计，则其值为 1，否则为 0。由于四大审计机构的审计质量普遍优于非四大审计机构，因此这一指标能够较好地反映公司的外部监督水平。Gul et al.（2010）等研究都将 *Big4Auditor* 作为外部监管指标。

第二个指标是机构投资者持股（*HighInstOwn*）。Hartzell and Starks（2003）、Desai and Dharmapala（2009）以及 Kim et al.（2011a）的研究都表明，机构投资者持股比例越高，公司受到的外部监督越强。这是因为机构投资者掌握的资源比个人投资者更多，能更好地发挥监督作用并缓解股东与高管之间的代理矛盾。

第三个指标是香港交叉上市（*HK Cross-Listing*）。Coffee（1998，2002）认为公司在另一个地区交叉上市可以加强对公司投资者的保护，这一行为也会在交叉上市的公司之间产生联结和监管效应。本部分将在香港交叉上市（*HK Cross-listing*）作为表征高质量的公司外部监管的第三个指标。

最后一个指标是区域市场化指数（HighMarketization），也是一个虚拟变量，它是中国特有的外部监管机制。所采用的数据来自樊纲等（2011）的研究成果。该指数数值越高，说明治理环境越好。如果公司位于区域市场化指数高于变量中位数的省份，则该变量为 1，否则为 0。

相关结果列示于表 3-6。在式（3-5）的主回归模型中加入 *ExcessPerk* 和外部监管变量的交乘项，结果显示，模型加入四大审计师、机构投资者持股比例、香港交叉上市及区域市场化指数等外部监管指标及其交乘项后，*ExcessPerk* 与股价崩盘风险之间的系数仍然显著为正，相应交乘项的系数都显著为负。这些结果表明，强有力的外部监督可以减少超额在职消费对股价崩盘风险的影响。

表 3 - 6　超额在职消费和股价崩盘风险：外部监管的影响

项目	外部监管							
	Big4Auditor		HighInstOwn		HK Cross-listing		HighMarketization	
	$Ncskew_{t+1}$	$Duvol_{t+1}$	$Ncskew_{t+1}$	$Duvol_{t+1}$	$Ncskew_{t+1}$	$Duvol_{t+1}$	$Ncskew_{t+1}$	$Duvol_{t+1}$
	(1)	(2)	(3)	(4)	(5)	(6)	(7)	(8)
$ExcessPerk_t$	0.278***	0.151***	2.071***	0.968*	0.274***	0.151***	0.407***	0.220***
	(4.94)	(3.55)	(2.59)	(1.81)	(5.53)	(3.06)	(5.71)	(3.68)
$ExcessPerk_t * ExternalMonitor_t$	-2.901***	-1.438***	-1.857**	-0.906*	-2.664***	-1.687*	-0.244***	-0.134*
	(-4.16)	(-2.61)	(-2.39)	(-1.69)	(-3.68)	(-1.66)	(-3.37)	(-1.67)
$Exter Monitor_t$	0.016	-0.012	0.055	0.046	0.091	0.069	-0.003	-0.016
	(0.28)	(-0.24)	(0.85)	(1.32)	(1.18)	(1.22)	(-0.13)	(-0.86)
$Dturn_t$	-0.102	-0.074	-0.135	-0.016	-0.101	-0.073	-0.101	-0.067
	(-0.86)	(-0.78)	(-1.09)	(-0.21)	(-0.84)	(-1.01)	(-0.83)	(-0.69)
$Ncskew_t$	-0.004	-0.007	-0.000	0.004	-0.004	-0.006	-0.005	-0.014
	(-0.16)	(-0.37)	(-0.01)	(0.22)	(-0.14)	(-0.40)	(-0.16)	(-0.70)
$Sigma_t$	8.214***	7.465***	3.146	1.751	8.145***	7.451***	8.053***	7.546***
	(2.76)	(4.01)	(0.59)	(0.55)	(2.83)	(4.16)	(2.71)	(6.09)
$Return_t$	74.085**	90.891***	-5.773	17.524	73.822***	90.833***	73.257**	97.300***
	(2.08)	(3.99)	(-0.07)	(0.33)	(2.15)	(3.28)	(2.02)	(5.78)

续表

项目	外部监管							
	Big4Auditor		HighInstOwn		HK Cross-listing		HighMarketization	
	$Ncskew_{t+1}$	$Duvol_{t+1}$	$Ncskew_{t+1}$	$Duvol_{t+1}$	$Ncskew_{t+1}$	$Duvol_{t+1}$	$Ncskew_{t+1}$	$Duvol_{t+1}$
	(1)	(2)	(3)	(4)	(5)	(6)	(7)	(8)
$Size_t$	0.025	0.015	0.033**	−0.013	0.022	0.011	0.025	0.014
	(1.29)	(1.03)	(2.37)	(−1.06)	(1.16)	(0.86)	(1.52)	(1.35)
MTB_t	0.047***	0.032**	0.054***	0.017	0.048***	0.033**	0.047***	0.032***
	(3.08)	(2.46)	(3.47)	(1.17)	(3.13)	(2.09)	(3.13)	(3.28)
$Leverage_t$	0.099	0.098	0.119	0.134**	0.101	0.102	0.101	0.098
	(1.15)	(0.99)	(1.32)	(2.14)	(1.12)	(1.63)	(1.12)	(0.99)
ROA_t	0.253	0.179	0.360	0.104	0.289	0.206	0.267	0.192
	(0.74)	(0.65)	(1.04)	(0.58)	(0.79)	(1.13)	(0.77)	(0.69)
$Ceoshare_t$	0.236	0.221	0.214	0.137	0.177	0.193	0.245	0.260
	(0.28)	(0.35)	(0.27)	(0.39)	(0.19)	(0.27)	(0.30)	(0.42)
$ABACC_t$	0.286	0.186	0.317	0.079	0.267	0.180	0.259	0.188*
	(1.28)	(1.63)	(1.58)	(0.49)	(1.20)	(1.05)	(1.17)	(1.78)
$Cscore_t$	−0.053	−0.011	−0.051	−0.026	−0.055	−0.013	−0.053	−0.012
	(−1.08)	(−0.38)	(−1.01)	(−0.67)	(−1.14)	(−0.39)	(−1.07)	(−0.42)

续表

项目	外部监管							
	Big4Auditor		HighInstOwn		HK Cross-listing		HighMarketization	
	$Ncskew_{t+1}$	$Duvol_{t+1}$	$Ncskew_{t+1}$	$Duvol_{t+1}$	$Ncskew_{t+1}$	$Duvol_{t+1}$	$Ncskew_{t+1}$	$Duvol_{t+1}$
	(1)	(2)	(3)	(4)	(5)	(6)	(7)	(8)
$\ln BoardSize_t$	0.087	0.049	0.084	0.054	0.087	0.048	0.089	0.043
	(1.36)	(1.34)	(1.48)	(1.21)	(1.42)	(0.99)	(1.56)	(1.30)
$Independence_t$	0.150	0.203	0.160	0.178	0.103	0.169	0.126	0.184
	(0.55)	(1.03)	(0.59)	(0.81)	(0.41)	(0.81)	(0.45)	(0.89)
$Duality_t$	−0.037	−0.016	−0.035	−0.035	−0.036	−0.016	−0.038	−0.020
	(−1.02)	(−0.57)	(−1.12)	(−1.16)	(−1.05)	(−0.57)	(−1.08)	(−0.76)
截距项	−1.177***	−0.840***	−1.294***	−0.132	−1.089***	−0.747***	−1.166***	−0.793***
	(−3.07)	(−3.71)	(−3.45)	(−0.44)	(−2.80)	(−2.70)	(−3.43)	(−4.40)
行业固定效应	Yes	Yes	Yes	Yes	Yes	Yes	Yes	Yes
年份固定效应	Yes	Yes	Yes	Yes	Yes	Yes	Yes	Yes
样本量	2 171	2 171	2 171	2 171	2 171	2 171	2 171	2 171
调整 R^2	0.113	0.120	0.111	0.101	0.112	0.120	0.111	0.121

3.4.6 进一步分析

1. 职业生涯考虑

可能对超额在职消费与股价崩盘风险关系产生影响的另一个因素是 CEO 的职业生涯考虑（career concern）。更年轻、距离退休更远的 CEO 更在意自己未来的职业发展和自己在经理人劳动力市场上的声誉；相比之下，更年长、更接近退休状态的 CEO 则更倾向于短期主义（Gibbons and Murphy，1992）。据此，本部分认为 CEO 临近退休时所产生的在职消费支出对公司股价崩盘风险有更大的影响。为了检验这一推论，我们设置了虚拟变量 $Retirement$：若 CEO 年龄在 59 岁及以上，该变量值为 1，否则为 0。将这个变量及其与 $ExcessPerk$ 的交乘项纳入模型中，相关检验结果列示于表 3-7。结果显示，加入交互作用变量后，$ExcessPerk$ 的系数仍然显著为正；值得关注的是，交乘项的系数也显著为正，说明 CEO 临近退休时所产生的在职消费支出与股价崩盘风险的关系更为显著。

表 3-7 职业生涯考虑、超额在职消费和股价崩盘风险

项目	$Ncskew_{t+1}$	$Duvol_{t+1}$	$Ncskew_{t+1}$	$Duvol_{t+1}$	$Ncskew_{t+1}$	$Duvol_{t+1}$
	(1)	(2)	(3)	(4)	(5)	(6)
$ExcessPerk_t$	0.239***	0.128***	0.241***	0.128***	0.247***	0.134**
	(7.21)	(3.25)	(7.26)	(3.23)	(6.48)	(3.23)
$ExcessPerk_t *$ $Retirement_t$	7.257*	4.575*	7.338*	4.639*	7.353*	4.650*
	(1.84)	(1.67)	(1.88)	(1.69)	(1.91)	(1.71)
$Retirement_t$	0.032	0.023	0.032	0.023	0.032	0.024
	(0.49)	(0.49)	(0.48)	(0.48)	(0.45)	(0.45)
$Dturn_t$	−0.108	−0.081	−0.112	−0.078	−0.100	−0.073
	(−0.92)	(−0.85)	(−0.91)	(−0.81)	(−0.82)	(−0.75)

续表

项目	$Ncskew_{t+1}$	$Duvol_{t+1}$	$Ncskew_{t+1}$	$Duvol_{t+1}$	$Ncskew_{t+1}$	$Duvol_{t+1}$
	(1)	(2)	(3)	(4)	(5)	(6)
$Ncskew_t$	−0.004	−0.006	−0.003	−0.006	−0.004	−0.007
	(−0.15)	(−0.31)	(−0.12)	(−0.32)	(−0.16)	(−0.36)
$Sigma_t$	8.452***	7.525***	8.167***	7.329***	7.927***	7.318***
	(2.86)	(4.22)	(2.73)	(4.04)	(2.58)	(3.96)
$Return_t$	76.544**	90.712***	73.631**	88.893***	70.589*	88.841***
	(2.24)	(4.22)	(2.06)	(4.01)	(1.89)	(3.93)
$Size_t$	0.028	0.016	0.029*	0.016	0.024	0.013
	(1.61)	(1.41)	(1.73)	(1.41)	(1.37)	(1.03)
MTB_t	0.050***	0.035***	0.048***	0.033***	0.048***	0.033***
	(3.24)	(2.72)	(3.50)	(2.81)	(3.26)	(2.59)
$Leverage_t$	0.104	0.105	0.101	0.101	0.100	0.101
	(1.06)	(1.04)	(1.10)	(1.02)	(1.13)	(1.03)
ROA_t	0.265	0.174	0.255	0.184	0.259	0.184
	(0.79)	(0.63)	(0.74)	(0.66)	(0.74)	(0.66)
$Ceoshare_t$	0.096	0.116	0.087	0.130	0.209	0.206
	(0.11)	(0.18)	(0.10)	(0.20)	(0.25)	(0.32)
$ABACC_t$			0.240	0.173	0.267	0.179
			(1.09)	(1.56)	(1.20)	(1.61)
$Cscore_t$			−0.051	−0.010	−0.052	−0.011
			(−1.04)	(−0.35)	(−1.06)	(−0.38)
$lnBoardSize_t$					0.093	0.051
					(1.53)	(1.36)
$Independence_t$					0.139	0.199
					(0.47)	(0.96)

续表

项目	$Ncskew_{t+1}$	$Duvol_{t+1}$	$Ncskew_{t+1}$	$Duvol_{t+1}$	$Ncskew_{t+1}$	$Duvol_{t+1}$
	(1)	(2)	(3)	(4)	(5)	(6)
$Duality_t$					−0.032	−0.013
					(−0.93)	(−0.48)
截距项	−1.011***	−0.679***	−0.998***	−0.686***	−1.156***	−0.803***
	(−2.76)	(−3.12)	(−2.84)	(−3.08)	(−3.33)	(−4.09)
行业固定效应	Yes	Yes	Yes	Yes	Yes	Yes
年份固定效应	Yes	Yes	Yes	Yes	Yes	Yes
样本量	2 171	2 171	2 171	2 171	2 171	2 171
调整 R^2	0.110	0.119	0.111	0.119	0.112	0.120

2. 采用更长预测窗口期的检验结果

上述检验考察了超额在职消费对一年后的股价崩盘风险的影响，但由于高管可能会长期隐藏负面信息，这一影响可能存在长期的、持续性的效应。据此，本部分将未来股价崩盘风险的衡量区间扩展到两年。具体参考 Kim et al. (2011a) 的做法，使用两年窗口期内（从当前会计年度结束后的第四个月开始计算）公司的周回报率估计 $Ncskew$ 和 $Duvol$，要求每个公司在两年内至少有 100 个周回报率数据。将这一采用更长时间间隔计算出的股价崩盘风险指标作为因变量重新估计表 3 - 3 的 A 栏中的所有回归，在表 3 - 8 中报告新的检验结果。结果显示，高管超额在职消费与两年后的股价崩盘风险之间存在显著的正相关关系。这一结果进一步支持了超额在职消费使股价崩盘风险增加的结论。①

---

① 本章使用从当前会计年度结束后的第四个月开始的两年窗口期内公司每周的特质收益率来估计 $Ncskew$ 和 $Duvol$，在两年窗口期内每个公司至少有 100 个周回报率，这使得观测样本数量从 2 171 个减少到 1 511 个。

表3-8 稳健性检验：更长的预测窗口期

项目	$Ncskew_{[t+1,t+2]}$ (1)	$Duvol_{[t+1,t+2]}$ (2)	$Ncskew_{[t+1,t+2]}$ (3)	$Duvol_{[t+1,t+2]}$ (4)	$Ncskew_{[t+1,t+2]}$ (5)	$Duvol_{[t+1,t+2]}$ (6)
$ExcessPerk_t$	0.607***	0.191***	0.620***	0.194***	0.629***	0.198***
	(6.36)	(3.20)	(6.70)	(3.33)	(6.34)	(3.46)
$Dturn_t$	−0.126	−0.102	−0.161	−0.110	−0.155	−0.106
	(−0.56)	(−0.78)	(−0.65)	(−0.79)	(−0.61)	(−0.74)
$Ncskew_t$	−0.010	0.001	−0.004	0.003	−0.006	0.002
	(−0.44)	(0.14)	(−0.16)	(0.22)	(−0.21)	(0.15)
$Sigma_t$	1.488	2.837	1.781	2.909	1.700	2.795
	(0.25)	(1.16)	(0.30)	(1.16)	(0.29)	(1.13)
$Return_t$	−37.258	13.897	−37.367	13.974	−38.512	12.327
	(−0.45)	(0.43)	(−0.44)	(0.42)	(−0.45)	(0.37)
$Size_t$	0.071***	0.033***	0.068***	0.032***	0.064***	0.030***
	(3.47)	(2.91)	(3.45)	(2.68)	(3.98)	(2.98)
MTB_t	0.089***	0.047***	0.088***	0.047***	0.088***	0.048***
	(3.30)	(3.30)	(3.40)	(3.36)	(3.19)	(3.37)

续表

项目	$Ncskew_{[t+1,t+2]}$ (1)	$Duvol_{[t+1,t+2]}$ (2)	$Ncskew_{[t+1,t+2]}$ (3)	$Duvol_{[t+1,t+2]}$ (4)	$Ncskew_{[t+1,t+2]}$ (5)	$Duvol_{[t+1,t+2]}$ (6)
$Leverage_t$	0.196	0.162*	0.227	0.168*	0.226	0.169**
	(1.14)	(1.94)	(1.28)	(1.95)	(1.30)	(2.02)
ROA_t	0.750***	0.469**	0.700***	0.457**	0.701***	0.459**
	(2.81)	(2.22)	(2.62)	(2.10)	(2.74)	(2.17)
$Ceoshare_t$	0.426	0.522	0.318	0.498	0.395	0.558
	(0.38)	(0.68)	(0.29)	(0.64)	(0.35)	(0.69)
$ABACC_t$			-0.448***	-0.106	-0.450***	-0.107
			(-2.60)	(-0.63)	(-2.67)	(-0.62)
$Cscore_t$			-0.111**	-0.022	-0.111**	-0.022
			(-2.48)	(-1.02)	(-2.47)	(-1.01)
$lnBoardSize_t$					0.042	0.027
					(0.32)	(0.32)
$Independence_t$					0.377	0.208
					(0.83)	(0.93)

续表

项目	$Ncskew_{[t+1,t+2]}$ (1)	$Duvol_{[t+1,t+2]}$ (2)	$Ncskew_{[t+1,t+2]}$ (3)	$Duvol_{[t+1,t+2]}$ (4)	$Ncskew_{[t+1,t+2]}$ (5)	$Duvol_{[t+1,t+2]}$ (6)
$Duality_t$					0.007 (0.18)	-0.007 (-0.29)
截距项	-2.522*** (-5.98)	-1.444*** (-5.40)	-2.109*** (-4.37)	-1.259*** (-4.46)	-2.266*** (-3.48)	-1.347*** (-3.50)
行业固定效应	Yes	Yes	Yes	Yes	Yes	Yes
年份固定效应	Yes	Yes	Yes	Yes	Yes	Yes
样本量	1 511	1 511	1 511	1 511	1 511	1 511
调整 R^2	0.112	0.146	0.117	0.147	0.117	0.147

3.5 本章小结

本章以 2003—2010 年的中国国有企业为样本，研究了高管的超额在职消费对公司股价崩盘风险的影响。本章认为，超额在职消费会诱使高管隐藏坏消息以便继续享受这一好处，因此，存在高管超额在职消费的公司容易出现股价崩盘现象。在控制了之前文献发现的影响股价崩盘风险的相关变量后，研究结果显示：超额在职消费对于股价崩盘风险具有额外的预测能力。这一结果在模型纳入盈余管理、会计稳健性及公司治理因素后仍然稳健。在使用两阶段最小二乘估计来排除可能的内生性问题后，该结果仍然成立。此外，盈余管理会放大这一影响，会计稳健性会减弱这一影响。进一步分析表明，对于外部监督较强的国有企业，超额在职消费与股价崩盘风险之间的正相关显著性程度较弱；当 CEO 临近退休时，超额在职消费对股价崩盘风险的影响会更加显著。最后，超额在职消费对股价崩盘风险的影响至少持续两年。

本章的发现对于在职消费与公司治理有着重要的意义。已有文献研究了公司的超额在职消费与其会计业绩和股票回报率之间的关系，本章进行了拓展延伸，确定了超额在职消费对股价崩盘风险的影响。本章的研究结果对公司管理实践具有启示意义：为了降低公司的股价崩盘风险，高管超额在职消费的问题亟须得到关注和重视。

附录 3-1　变量定义

股价崩盘风险变量	
Ncskew	负收益偏态系数，其计算方法为：将每个样本年中公司每周特质收益率的三阶矩的负值除以公司每周特质收益率标准差的三次方，具体参见式（3-3）

续表

股价崩盘风险变量	
Duvol	收益率上下波动比率，对于第 *t* 年的任何股票 *i*，将周特质收益率低于年度平均值的周（下跌周）与周特质收益率高于年度平均值的周（上涨周）分开，并分别计算每个子样本的标准差。然后，取下跌周的标准差与上涨周的标准差之比的对数。具体参见式（3-4）
高管在职消费变量	
Perk	单位以百万元人民币计的在职消费数额
Perk / Sales	在职消费与销售额之比
ExcessPerk	超额在职消费，以实际在职消费减去预期在职消费来衡量，即式（3-1）的残差
盈余管理与公司会计稳健性	
ABACC	操纵性应计盈余的绝对值，其中任意应计费用根据修正的 Jones 模型估算（Dechow et al.，2002）。详见附录 3-2
High_ABACC	虚拟变量，若 *ABACC* 高于中位数则为 1，反之则为 0
Cscore	根据 Khan and Watts（2009）的方法估计出的稳健性分数，详见附录 3-2
High_Cscore	虚拟变量，若 *Csocre* 高于中位数则为 1，反之则为 0
控制变量	
Dturn	去趋势化的股票交易量，按本会计年度的每月平均股票换手率减去上一会计年度的每月平均股票换手率计算，其中每月股票换手率为每月交易量除以该月市场上的流通股份总数
Sigma	会计年度内公司的周特质收益率的标准差
Return	会计年度内公司的周特质收益率的平均值
Size	总资产账面价值的自然对数
MTB	公司权益的市场价值与账面价值比率，即（会计年度末市价×发行在外股份数＋每股净资产值×非流通股数）/权益账面价值
Leverage	公司财务杠杆，按负债总额除以资产总额计算
ROA	公司盈利能力，按息税折旧摊销前利润除以总资产计算

续表

控制变量	
Ceoshare	公司 CEO 拥有的流通股的百分比
BoardSize	董事会的董事人数
lnBoardSize	董事会的董事人数的自然对数
Independence	董事会的独立性，按独董人数除以董事会的董事人数计算
Duality	公司 CEO 的两职合一性，如果 CEO 还担任公司的董事会主席，则为 1，反之则为 0
外部监管	
Big 4Auditor	虚拟变量，如果公司雇用了四大审计机构的审计师，则为 1，否则为 0
HighInstOwn	虚拟变量，如果机构投资者持有的流通股比例高于机构投资者持股比例变量的中位数，则为 1，否则为 0
HK Cross-listing	虚拟变量，如果公司在香港证券交易所交叉上市，则为 1，否则为 0
HighMarketization	虚拟变量，如果公司位于市场化指数高于中位数的省份，则为 1，否则为 0。数据来自樊纲等（2011）

附录 3-2 盈余管理与会计稳健性的测度

1. 公司盈余管理变量的计算

本部分采用了修正的 Jones 模型（Dechow et al.，2002）来估计操纵性应计盈余，这是一个常用的衡量公司盈余管理的指标。具体而言，先估计 2003—2010 年各财政年度中国证监会界定的各行业内的以下横截面回归：

$$\frac{TA_{i,t}}{Asset_{i,t-1}} = \alpha_0 \frac{1}{Asset_{i,t-1}} + \beta_1 \frac{\Delta Sales_{i,t}}{Asset_{i,t-1}} + \beta_2 \frac{PPE_{i,t}}{Asset_{i,t-1}} + \varepsilon_{i,t}$$

式中的估计系数将被用于计算操纵性应计盈余（$DiscAcc_{it}$）。

$$DiscAcc_{i,t} = \frac{TA_{i,t}}{Asset_{i,t-1}} - \left(\hat{\alpha}_0 \frac{1}{Asset_{i,t-1}} + \hat{\beta}_1 \frac{\Delta Sales_{i,t} - \Delta Rec_{i,t}}{Asset_{i,t-1}} + \hat{\beta}_2 \frac{PPE_{i,t}}{Asset_{i,t-1}} \right)$$

式中，$TA_{i,t}$ 为公司 i 在第 t 年用营业利润减去经营性现金流计算的应计项总额；$Asset_{i,t-1}$ 为公司 i 在第 t 年年初的总资产账面价值；$\Delta Sales_{i,t}$ 是公司 i 在第 t 年发生的总收入变动；ΔRec 为公司 i 在第 t 年发生的应收账款变动；$PPE_{i,t}$ 是公司 i 在第 t 年年末的固定资产总额。变量 $ABACC_{i,t}$ 是公司 i 在第 t 年的操纵性应计盈余的绝对值。

2. 公司会计稳健性的计算

本部分使用 Khan and Watts（2009）构建的企业条件稳健性 $Cscore$ 来度量每个公司每年的会计稳健性程度。为了获得 $Cscore$ 的值，估计以下回归以获得与稳健性相关的系数，即 λ_1、λ_2、λ_3 和 λ_4：

$$\begin{aligned}
X_i = {} & \beta_1 + \beta_2 D_i + R_i (\mu_1 + \mu_2 Size_i + \mu_3 MTB_i + \mu_4 Leverage_i) \\
& + D_i R_i (\lambda_1 + \lambda_2 Size_i + \lambda_3 MTB_i + \lambda_4 Leverage_i) \\
& + (\delta_1 Size_i + \delta_2 MTB_i + \delta_3 Leverage_i + \delta_4 D_i Size_i \\
& + \delta_5 D_i MTB_i + \delta_6 D_i Leverage_i) + \varepsilon_i
\end{aligned}$$

式中，X_i 按 $EPS/P_{i,t-1}$ 计算，其中 EPS 即每股盈利，为税后经营利润除以流通股股份数，$P_{i,t-1}$ 是第 t 年年初的股价；R_i 是从第 t 年结束后四个月开始至第 $t+1$ 年第四个月之间的买入和持有回报率，并按相应的市场回报率进行调整，换句话说，$R_i = \prod_{t,5}^{t+1,4} (1 + r_{i,t}) + \prod_{t,5}^{t+1,4} (1 + r_{m,t})$，其中 $r_{i,t}$ 是包括股票分红在内的公司月回报率，$r_{m,t}$ 是每月按市值加权的市场回报率；D_i 是虚拟变量，如果 $R_i < 0$，则取值为 1，否则为 0；$Size_i$ 是总资产账面价值的自然对数；MTB_i 是市值与账面价值的比率；$Leverage_i$ 是负债与资产的比率。然后，使用以下公式，获得公司-年样本的会计稳健性的度量指标 $Cscore$：

$$Cscore = \lambda_1 + \lambda_2 Size_i + \lambda_3 MTB_i + \lambda_4 Leverage_i$$

一般而言，具有较高 $Cscore$ 值的公司的会计稳健性更高。

第4章 企业过度投资
与股价崩盘风险 *

4.1 引 言

实体经济与股票市场之间的互动关系一直是学术界研究的重要课题，尤其是实体经济的过热投资是否会导致股市出现"泡沫"，进而引发"泡沫"破灭后带来的股价暴跌风险，更是当前经济下行压力较大背景下市场关注的一个焦点问题。为此，本章从微观层面考察企业过度投资对股价崩盘风险的影响，并分析其背后的作用机理。该研究对于如何抑制实体经济投资过热以降低股价崩盘风险、维护金融市场稳定具有重要的理论和现实意义。

＊ 本章内容具体可参见：江轩宇，许年行．企业过度投资与股价崩盘风险［J］．金融研究，2015（8）：141－158.

自 Jin and Myers（2006）构建信息结构模型后，一系列文献从代理理论视角对股价崩盘风险的产生机理进行解释：在信息透明度较差的情况下（Hutton et al.，2009；潘越等，2011），出于期权性薪酬和在职消费（Kim et al.，2011b；Xu et al.，2014）、政治因素（Piotroski et al.，2015）等考虑，管理层存在隐藏企业负面信息的动机，一旦累积的负面信息达到临界值将集中释放，从而造成股价大跌。会计稳健性（Kim and Zhang，2016）、女性高管（李小荣和刘行，2012）及有效的外部监督机制（江轩宇和伊志宏，2013；江轩宇，2013），将有助于抑制管理层战略性信息披露行为诱发的股价崩盘风险。但除 Kim et al.（2011a）及江轩宇（2013）指出管理层在避税活动中的代理行为是加剧股价崩盘风险的一个重要原因外，目前关于管理层具体通过何种决策行为影响股价崩盘风险的研究仍较为少见。

投资活动是企业创造价值的一项重要的战略性决策。在完全市场上，企业的投资水平通常由投资项目的边际价值决定。在现实中，经理人通常存在构建商业帝国、谋求私人收益的冲动，从而导致企业投资净现值为负的项目，即过度投资（Jensen，1986）。Bleck and Liu（2007）和 Benmelech et al.（2010）的理论模型认为经理人谋求私利的过度投资行为是导致企业价值高估的一个重要原因。Kim et al.（2016）则基于行为金融理论，考察了 CEO 过度自信与股价崩盘风险的关系，认为过度自信 CEO 的过度投资行为及其对负面信息的忽视是导致二者正相关的重要原因。然而，上述研究均未对企业过度投资与股价崩盘风险的关系提供直接的经验证据。那么，随之而来的一个问题是企业过度投资是否会加剧股价崩盘风险？若这种影响确实存在，究竟是代理理论还是 CEO 过度自信假说对此具有更强的解释力？

为了回答上述问题，本章以 2004—2013 年我国 A 股上市公司为样本，研究企业过度投资对股价崩盘风险的影响及作用机理。本章认为，中国市场为研究这一问题提供了理想的研究情境。第一，中国资本市场不断发展，上市公司的信息披露虽然日益规范，但仍面临信息透明度较低、信息环境较差等问题（Piotroski and Wong，2012）。Piotroski et al.（2015）认为这种不透明的市场环境导致中国市场的股价崩盘风险更高。这为股价崩盘风险的相关研究提供了良好的实验场所。第二，中国经济具有显著依靠投资拉动的特征。近年来，中国投资持续保持高位增长（程仲鸣等，2008）。作为市场经济主体的企业也热衷于投资行为，普遍存在过度投资倾向（张敏等，2010）。[①] 从这个角度来看，过度投资对股价崩盘风险的影响在中国市场可能更为显著。

本章研究发现：

（1）上市公司的过度投资行为显著加剧了股价未来的崩盘风险。

（2）随着股东与经理人代理冲突的加剧，企业过度投资与股价崩盘风险的正向关系增强，而无论 CEO 是否过度自信，企业过度投资与股价崩盘风险的关系均显著为正。

（3）在考虑 CEO 代理成本及过度自信的交叉影响后，发现过度投资与股价崩盘风险的关系主要受代理成本的影响，表明代理理论对本章的研究结果具有更强的解释力。进一步的研究显示，当股价崩盘风险的预测窗口期延长至未来的两年及三年时，过度投资与股价崩盘风险的正向关系依然显著，表明企业过度投资对股价崩盘风险的影响具有长期性；同时，企业过度投资与股价暴涨之间并无显著关系，表明过度投资并非对厚尾分布的极端收益具有预测能力，而是管理层在过度投资中隐藏坏消息的机会主义行为导致了股票价格的高估，从而加剧了股价崩盘风险。

本章贡献主要体现在以下几个方面：

---

① 时任证监会主席郭树清在 2012 年陆家嘴论坛上的讲话中指出，"早在 2009 年，24 个工业行业中，21 个已经产能过剩"，"凡属技术成熟的制造业，几乎找不出一个产能不足的行业"。同时，国家发展改革委等部门 2009 年《关于抑制部分行业产能过剩和重复建设引导产业健康发展的若干意见》也强调"特别需要关注的是，不仅钢铁、水泥等产能过剩的传统产业仍在盲目扩张，风电设备、多晶硅等新兴产业也出现了重复建设倾向……任其发展，市场恶性竞争难以避免，经济效益难以提高，并将导致企业倒闭或开工不足……"。

（1）不同于以往大量文献集中分析会计信息特征、管理层动机及公司治理机制对股价崩盘风险的影响，本章研究四大财务政策之一的投资决策（特别是过度投资行为）对上市公司股价崩盘风险的影响，这既丰富了股价崩盘风险的相关文献，也为实体经济的过热投资如何影响股市的稳定和发展提供了新的证据。

（2）现有研究主要从理论模型上分析了经理人投资净现值为负的项目对未来资产价格暴跌的影响，本章的研究为这些理论提供了直接的经验证据支持。

（3）本章对过度投资影响股价崩盘风险的作用机理进行了区分和检验，发现代理理论而非 CEO 过度自信是其主要影响路径，从而对如何降低公司过度投资所引致的股价崩盘风险具有重要启示。

（4）目前关于过度投资的研究主要讨论过度投资的影响因素（唐雪松等，2010；俞红海等，2010；李培功和肖珉，2012），对过度投资的经济后果主要聚焦于企业价值（杜兴强等，2011）、经理人薪酬（詹雷和王瑶瑶，2013）及财务风险（李万福等，2010）。与上述文献不同，本章将过度投资与股价崩盘风险这一股票市场的极端经济后果联系起来，丰富了过度投资经济后果方面的文献。

4.2　文献综述与研究假说

4.2.1　文献综述

现有文献主要从金融市场理论（financial market theories）和公司金融理论（corporate finance theories）两个维度对股价崩盘风险进行解释。

基于金融市场理论的研究主要以投资者的视角展开。Hong and Stein（2003）认为投资者的异质性信念是造成股价崩盘的重要原因。他们的理论模型表明，当投资者对股票走势的初始分歧较大时，由于卖空限制，空头无法通过交易行为将私有信息充分融入股价。当市场形势不佳时，累积的负面信息将集中释放，造成股价大幅下跌。许年行等（2013）则发现机构投资者的羊群行为，尤其是"卖方"羊群行为将降低私有信息融入股价的程度，从而提高股价崩盘风险。此外，许年行等（2012）还考虑了资本市场重要信息中介——证券分析师的乐观偏差在其中发挥的作用，认为即使投资者不存在异质性信念，但由于证券分析师提供的信息存在正向偏误，容易导致投资者高估股价，进而加剧股价崩盘风险。

基于公司金融理论的研究则主要从股东与经理人代理冲突的视角进行。Jin and Myers（2006）是这一领域的开创者。他们认为信息不对称的存在为经理人隐藏负面信息的机会主义行为提供了可能，但企业对负面信息的容纳存在一个上限，一旦累积的负面信息超过临界值将集中释放，对股价形成巨大的负面冲击。Bleck and Liu（2007）和 Benmelech et al.（2010）的理论模型也表达了类似的观点。众多实证研究对上述理论提供了支持，例如，当信息不对称越严重（Hutton et al.，2009；潘越等，2011），管理层期权价值与股价的敏感性或在职消费水平越高（Kim et al.，2011b；Xu et al.，2014），企业避税行为越激进（Kim et al.，2011a；江轩宇，2013）时，上市公司的股价崩盘风险越大。随着公司治理水平的改善，如采取更稳健的会计政策（Kim and Zhang，2016），聘请女性高管（李小荣和刘行，2012），聘请更具行业专长的会计师事务所（江轩宇和伊志宏，2013）及加强地区的税收征管力度（江轩宇，2013），上市公司的股价崩盘风险将降低。在代理理论框架外，Kim et al.（2016）还基于行为金融理论，从 CEO 过度自信维度研究股价崩盘风险的成因。他们的实证结果表明聘请过度自信 CEO 的上市公司将面临更高的股价崩盘风险。

总结以上文献，可以发现：

（1）现有实证研究主要基于公司金融理论探讨股价崩盘风险，但此类文献主要强调会计信息特征、管理层动机及治理机制的影响，对经理人具体通过何种决策行为影响股价崩盘风险研究不足。作为企业四大财务决策之一的投资活动是企业最基础、最重要的价值创造活动，且经理人在投资项目决策和执行中起到至关重要的作用（詹雷和王瑶瑶，2013）。因此，探讨企业过度投资行为与股价崩盘风险的关系对股价崩盘风险影响因素的相关研究进行了有益的补充。

（2）虽然 Bleck and Liu（2007）和 Benmelech et al.（2010）的理论模型，以及 Kim et al.（2016）的研究假说均从机理上探讨了经理人的过度投资行为对股价崩盘风险的影响，但并未给出二者关系直接的经验证据。本章的研究对上述观点提供了直接的证据支持。

（3）现有研究分别从代理理论和 CEO 过度自信假说两个维度探讨了过度投资与股价崩盘风险的关系。本章对这两种理论的解释能力进行了区分，有助于更好地理解过度投资影响股价崩盘风险的作用机理。

4.2.2　研究假说

在代理理论的框架下，经理人的效用函数与股东目标并不完全一致。经理人为了追逐自身私利，存在过度投资的倾向（Jensen，1986）。随着经理人可控资源的增加，其能够拥有更高的声誉，享受更多在职消费，获得更丰厚的货币或非货币报酬等。这就使得经理人往往有构建商业帝国的冲动，愿意把资金投资于净现值为负的项目。如果经理人及时并如实披露此类投资项目的真实情况，很可能因为投资行为损害股东价值而遭受股东和董事的积极抵制，迫使项目终止，甚至可能被迫离职。因此，为防止股东和董事及时识别出净现值为负的投资项目，经理人会刻意隐藏投资项目的不利信息，以实现公司资产规模的顺利扩张。由于投资损失没有及时披露，相关负面信息在企业内部将不断累积，股价高估的程度也将逐渐放大，随之产生泡沫。但企业内部对负面信息的吸收并不是无止境的，随着项目经营周期的持续，累积的投资损失最终将被市场发觉，从而导致股价泡沫破灭，造成股价大幅下跌。

当然，除代理问题外，管理者的过度自信也会导致企业的过度投资行为。Roll（1986）从行为金融视角开创性地提出了经理人"自大"假说，并对企业过度投资行为进行了解释。过度自信的经理人往往会高估投资收益，低估投资风险（Malmendier and Tate，2005），并且通常不能理性地对待投资项目进展过程中反馈的负面信息（Taylor and Gollwitzer，1995）。在这种情况下，经理人的过度自信，一方面使得他们未意识到相关投资实际上有损股东价值；另一方面使得他们容易忽视对项目反馈负面信息的披露，因为他们坚信出现的困难是偶然的，凭借自己的能力肯定能获取期望的收益，从而使净现值为负的项目得以持续进行。当项目最终到期时，累积的负面信息将集中涌入市场，导致股价暴跌。

综合上述论断，可见无论是基于代理理论还是CEO过度自信假说导致的企业过度投资行为，只要净现值为负的项目持续一定期间，且相关的负面信息并未及时地反映到股价中，就可能加剧股价未来的崩盘风险。由此，提出本章的假说1：

H1：企业的过度投资行为越严重，其股价未来的崩盘风险越高，二者呈正相关关系。

虽然代理理论和CEO过度自信假说均能够对过度投资与股价崩盘风险之间的正相关关系进行解释，但二者的作用机理有着本质的不同。代理理论强调经理人是理性的，清楚地知道自己的投资活动是有损股东价值的（李云鹤，2014），但为了追求个人利益，依然执行净现值为负的投资项目，并刻意隐藏负面信息，保证投资项目得以实施。假设经理人与股东之间不存在代理问题，其与股东的利益完全一致，且不考虑过度自信的心理偏差。由于现实中普遍存在信息不对称，经理人无法对影响投资项目净现值的所有参数进行准确的估计。当出现意料之外的环境变化时，与股东利益一致的经理人实施的投资行为也可能损害企业的价值。在这种情况下，基于维护股东利益出发点，一方面，经理人将采取恰当的措施积极应对，以减小损失金额甚至扭亏为盈；另一方面，经理人也将更为及时地将投资现状及应对方案向股东披露，取得股东的理解和支持。显然，上述行为将有效降低投资损失在企业内部累积形成的股价高估。相反，随着代理冲突的加剧，管理者通过隐藏投资损失，确保过度投资项目顺利实施，以实现私有收益的自利行为将更为严重，这将增加股价未来的崩盘风险。因此，如果股东与经理人的利益冲突是导致过度投资加剧股价崩盘风险的重要原因，则可以预期随着代理成本的提高，二者的正向关系将会增强。故提出本章的假说 H2a：

H2a：股东与经理人代理冲突越严重，过度投资与股价崩盘风险的正向关系越强。

过度自信假说假设经理人与股东的利益是一致的，仅仅是由于经理人的心理偏差，导致其没能意识到自己正在投资净现值为负的项目，并且由于过度自信，经理人容易无视项目中反馈的负面信息，无意识地导致了负面信息在企业内部的累积。相反，如果经理人不存在过度自信的心理偏差，且股东与经理人之间不存在代理冲突，一方面，经理人可能及时终止投资，减少损失；另一方面，经理人会客观对待投资项目过程中出现的负面信号，如实披露相关信息。这些行为都将减少投资损失的累积，使得股票价格及时地反映企业的真实价值。如果经理人的过度自信是导致过度投资加剧股价崩盘风险的重要原因，则可以预期在经理人过度自信的公司，二者的正相关关系将会更强。由此，提出本章的假说 H2b：

H2b：当公司管理层具有过度自信特征时，过度投资与股价崩盘风险的正相关关系更强。

4.3　研究设计

4.3.1　样本选取与数据来源

本章选取 2004—2013 年沪深两市 A 股上市公司为研究对象，所有数据均来自 CSMAR 数据库。由于本章在衡量股东与经理人代理成本时考虑的替代变量之一为经理人的超额薪酬,在估计高管合理薪酬时需要考虑企业产权性质(杨德明和赵璨,2012),而 CSMAR 数据库从 2003 年开始记录上市公司实际控制人性质的数据,同时,预测未来股价崩盘风险至少需要滞后一期的相关数据,故本章的研究起点选择为 2004 年。

在具体的样本选择过程中,进行了如下处理:(1)为了有效估计股价崩盘风险,剔除每年交易周数小于 30 的样本;(2)剔除金融行业样本;(3)剔除数据缺失样本。根据上述标准,最终得到 10 702 个公司-年观测值。同时,对模型中的相关连续变量在 1% 和 99% 的水平进行 Winsorize 处理。

4.3.2 主要实证模型与变量定义

本章主要通过式(4-1)检验企业过度投资对股价崩盘风险的影响:

$$CrashRisk_{i,t} = \alpha + \beta_1 OVERINV_{i,t-1}$$
$$+ \gamma ControlVariables_{i,t-1} + \varepsilon_{i,t} \qquad (4-1)$$

式中,$CrashRisk$ 主要采用三种方法度量,分别为负收益偏态系数($Ncskew$),收益率上下波动比率($Duvol$),以及股价暴跌的概率($Crash$)。当因变量为 $Ncskew$ 和 $Duvol$ 时,采用 OLS 模型进行回归;当因变量为 $Crash$ 时,采用 Logistic 模型进行回归。$OVERINV$ 为过度投资衡量指标,若假说 1 成立,则预期系数 β_1 应显著为正。$ControlVariables$ 为一组控制变量,由预测股价崩盘风险前一年的数值度量。

1. 股价崩盘风险

借鉴前人研究,本章用三种方法度量上市公司的股价崩盘风险。具体计算如下。

首先,每一年用股票 i 的周收益率数据进行下列回归。特别地,为了确保投资者对财务数据的可得性，减少前视偏差，本章将当年 5 月至次年 4 月作为样本年度进行考察，如式（4-2）所示：

$$R_{i,t} = \alpha + \beta_1 R_{m,t-2} + \beta_2 R_{m,t-1} + \beta_3 R_{m,t} + \beta_4 R_{m,t+1}$$
$$+ \beta_5 R_{m,t+2} + \varepsilon_{i,t} \tag{4-2}$$

式中，$R_{i,t}$ 为股票 i 第 t 周考虑现金红利再投资的收益率；$R_{m,t}$ 为 A 股所有股票在第 t 周经流通市值加权的平均收益率。股票 i 在第 t 周的公司特质收益率为 $W_{i,t} = \ln(1+\varepsilon_{i,t})$，$\varepsilon_{i,t}$ 为回归方程（4-2）的残差。

其次，基于 $W_{i,t}$ 构造以下变量：

（1）$Ncskew$，如式（4-3）所示：

$$Ncskew_{i,t} = -\frac{n(n-1)^{\frac{3}{2}} \sum W_{i,t}^3}{(n-1)(n-2)\left(\sum W_{i,t}^2\right)^{\frac{3}{2}}} \tag{4-3}$$

式中，n 为股票 i 每年的交易周数。$Ncskew$ 的数值越大，表示偏态系数为负的程度越严重，股价崩盘风险越大。

（2）$Duvol$，如式（4-4）所示：

$$Duvol_{i,t} = \ln \frac{(n_u-1)\sum_{down} W_{i,t}^2}{(n_d-1)\sum_{up} W_{i,t}^2} \tag{4-4}$$

式中，$n_u(n_d)$ 为股票 i 的周特质收益率 $W_{i,t}$ 大于（小于）年平均收益率 W_i 的周数。$Duvol$ 的数值越大，代表收益率分布更倾向于左偏，股价崩盘风险越大。

（3）$Crash$。某一年，只要个股的周特质收益率至少满足下列等式一次，$Crash$ 取值为 1，否则为 0，如式（4-5）所示：

$$W_{i,t} \leqslant Average(W_{i,t}) - 3.09\sigma_i^{①} \tag{4-5}$$

---

① 在标准正态分布下，3.09 个标准差对应约 0.1% 的概率区间。

式中，$Average(W_{i,t})$ 为股票 i 周特质收益率年度均值；σ_i 为股票 i 当年周特质收益率标准差。

2. 企业过度投资

参考 Richardson（2006）的模型，利用式（4-6）估计企业过度投资：

$$
\begin{aligned}
INV_{i,t} = &\alpha_0 + \alpha_1 Q_{i,t-1} + \alpha_2 Lev_{i,t-1} + \alpha_3 Cash_{i,t-1} + \alpha_4 Age_{i,t-1} \\
&+ \alpha_5 Size_{i,t-1} + \alpha_6 Return_{i,t-1} + \alpha_7 INV_{i,t-1} \\
&+ \sum Industry + \sum Year + \varepsilon_{i,t}
\end{aligned} \tag{4-6}
$$

式中，INV＝（购建固定资产、无形资产和其他长期资产支付的现金＋取得子公司及其他营业单位支付的现金＋投资支付的现金－处置固定资产、无形资产和其他长期资产收回的现金净额－处置子公司及其他营业单位收到的现金净额－收回投资收到的现金）/期初总资产；Q 为公司的托宾 Q 值，Q＝（股权市值＋债券账面价值）/总资产账面价值，非流通股的市场价值用每股净资产替代；Lev 为年末资产负债率；$Cash$ 为年末现金资产与总资产的比值；Age 为年末企业上市年数的自然对数；$Return$ 为考虑现金红利再投资的年个股回报率；$Industry$ 和 $Year$ 分别为行业及年度哑变量。

式（4-6）回归得到的残差 $\varepsilon_{i,t}$ 即为企业过度投资水平。参考李万福等（2010）、詹雷和王瑶瑶（2013）的做法，当 $\varepsilon_{i,t}>0$ 时，企业过度投资水平＝$\varepsilon_{i,t}$；当 $\varepsilon_{i,t}<0$ 时，企业过度投资水平＝0。接下来，通过滚动计算前三年的企业过度投资水平的均值衡量企业的过度投资行为 $OVERINV$，即 $OVERINV_t$＝（第 t 年的企业过度投资水平＋第 $t-1$ 年的企业过度投资水平＋第 $t-2$ 年的企业过度投资水平）/3。

3. 其他控制变量

根据以往文献，主要控制如下变量：月均超额换手率 $DTURN_{i,t-1}$，为第 $t-1$ 年月均换手率与 $t-2$ 年月均换手率之差；第 $t-1$ 年公司周特质收益率的标准差 $Sigma_{i,t-1}$；第 $t-1$ 年公司周特质收益率

均值与 100 的乘积 $RET_{i,t-1}$；公司资产账面价值的自然对数 $Size_{i,t-1}$；市值账面比 $MB_{i,t-1}$＝(每股市价×流通股＋每股净资产×非流通股)/权益账面净值；财务杠杆 $LEV_{i,t-1}$；总资产收益率 $ROA_{i,t-1}$；会计稳健性 $C\_Score_{i,t-1}$（Khan and Watts，2009）；管理层持股比例 $MHOLD_{i,t-1}$；公司信息透明度 $ABACC_{i,t-1}$＝($|DAC|_{i,t-1}$＋$|DAC|_{i,t-2}$＋$|DAC|_{i,t-3}$)/3，其中，$|DAC|$ 为经修正 Jones 模型（Dechow et al.，1995）计算的操纵性应计盈余的绝对值。此外，加入年份哑变量 $Year$ 及行业哑变量 $Industry$，以分别控制年份和行业固定效应。

上述各研究变量的描述性统计结果如表 4－1 所示。

表 4－1　主要变量的描述性统计

变量	样本量	均值	标准差	中位数	最小值	最大值
$Ncskew$	10 702	－0.251	0.659	－0.218	－2.185	1.409
$Duvol$	10 702	－0.175	0.485	－0.178	－1.370	1.054
$Crash$	10 702	0.099	0.299	0.000	0.000	1.000
$OVERINV$	10 702	0.027	0.034	0.014	0.000	0.170
$DTURN$	10 702	－0.008	0.337	－0.004	－2.155	1.773
$Sigma$	10 702	0.046	0.016	0.044	0.017	0.091
RET	10 702	－0.115	0.080	－0.094	－0.413	－0.013
$Size$	10 702	21.750	1.180	21.626	19.243	25.228
MB	10 702	2.576	2.208	1.800	0.785	14.403
LEV	10 702	0.514	0.185	0.526	0.083	0.908
ROA	10 702	0.029	0.059	0.028	－0.223	0.195
C_Score	10 702	0.079	0.285	0.017	－1.189	4.604
$MHOLD$	10 702	0.011	0.054	0.000	0.000	0.368
$ABACC$	10 702	0.104	0.078	0.083	0.015	0.479

4.4 实证结果

表 4-2 报告了式（4-1）的回归结果，根据股价崩盘风险度量方法的不同分三列列示。由表 4-2 可见，对于以 *Ncskew* 和 *Duvol* 为因变量的 OLS 回归结果和以 *Crash* 为因变量的 Logistic 回归结果，企业过度投资 *OVERINV* 的系数依次为 0.473、0.336、2.275，且均在 5% 的水平显著。这表明企业过度投资水平越高，其股价未来的崩盘风险越大，与假说 1 一致。

表 4-2 企业过度投资与股价崩盘风险

项目	$Ncskew_t$		$Duvol_t$		$Crash_t$	
	系数	p 值	系数	p 值	系数	p 值
$OVERINV_{t-1}$	0.473**	0.018	0.336**	0.020	2.275**	0.022
$DTURN_{t-1}$	−0.014	0.629	−0.022	0.299	0.188	0.245
$Sigma_{t-1}$	11.070***	<0.001	7.601***	<0.001	0.600	0.961
RET_{t-1}	1.730***	<0.001	1.254***	<0.001	1.131	0.624
$Size_{t-1}$	−0.023**	0.011	−0.024***	<0.001	−0.125***	0.004
MB_{t-1}	0.024***	<0.001	0.014***	<0.001	0.043**	0.014
LEV_{t-1}	0.038	0.435	0.032	0.370	0.034	0.884
ROA_{t-1}	0.201*	0.095	0.086	0.352	0.287	0.669
C_Score_{t-1}	−0.092***	0.005	−0.067***	0.004	−0.228	0.109
$MHOLD_{t-1}$	0.259**	0.037	0.204**	0.022	0.975	0.102
$ABACC_{t-1}$	0.036	0.692	0.095	0.152	−0.301	0.533
$Constant_{t-1}$	0.224	0.269	0.363**	0.014	1.058	0.292
年份固定效应	Yes		Yes		Yes	
行业固定效应	Yes		Yes		Yes	
样本量	10 702		10 702		10 702	
调整/伪 R^2	0.078		0.087		0.071	

在控制变量方面，*Sigma*、*RET*、*MB*、*MHOLD* 均与股价崩盘风险正相关，与 Chen et al.（2001）、Kim et al.（2011a，2011b）等的研究发现相一致；而会计稳健性 *C_Score* 与股价崩盘风险负相关，与 Kim and Zhang（2016）的研究发现相吻合。

为验证 H2a，本章根据股东与经理人的代理成本，将全样本分为两组分别进行检验。首先，参考李云鹤（2014）的做法，用管理费用率（管理费用/主营业务收入）对股东与经理人之间的代理成本进行度量。每一年将公司按照管理费用率的高低排序，如果公司的管理费用率位于当年样本中位数之上，将其视为代理成本较高组，否则为代理成本较低组。

其次，参考杨德明和赵璨（2012）的模型设置，用经理人的超额薪酬度量其与股东之间的代理成本。之所以选用这一指标，主要是考虑高管薪酬契约被视为委托代理成本的一部分，而经理人的超额薪酬是导致公司未来业绩下降、股东利益受损的一个重要因素（郑志刚等，2012）。以 2003—2012 年所有数据完整的 A 股上市公司为样本，利用式（4-7），通过分行业、分年度回归来估计高管的合理薪酬，模型残差即为超额薪酬。

$$
\begin{aligned}
Pay_{i,t} = & \alpha_0 + \alpha_1 ROA_{i,t} + \alpha_2 ROA_{i,t-1} + \alpha_3 State_{i,t} \\
& + \alpha_4 DUAL_{i,t} + \alpha_5 MHOLD_{i,t} + \alpha_6 LEV_{i,t} \\
& + \alpha_7 Board\_Size_{i,t} + \alpha_8 Size_{i,t} + \varepsilon_{i,t}
\end{aligned} \tag{4-7}
$$

式中，*Pay* 为 ln（1+高管前三名薪酬总额）；*ROA* 为总资产收益率；*State* 为企业产权性质哑变量，若最终控制人为国有企业，*State* 取值为 1，否则为 0；*DUAL* 为两职合一哑变量，若总经理与董事长由同一人担任，*DUAL* 取值为 1，否则为 0；*MHOLD* 为管理层持股数量占公司总股本的比值；*LEV* 为公司的总资产负债率；*Board_Size* 为公司的董事会人数；*Size* 为公司资产账面价值的自然对数。

通过式（4-7）计算得到经理人的超额薪酬后，每一年将公司按照超额薪酬水平的高低排序，如果公司高管的超额薪酬水平位于

当年样本中位数之上，将其视为代理成本较高组，否则为代理成本
较低组。

结果如表 4－3 所示。首先，表 4－3 的 A 栏列示了以管理费用
率区分股东与经理人代理成本的回归结果。从表中可以发现企业
过度投资与股价崩盘风险的关系在管理费用率较高（代理成本较
高）时显著为正，而在管理费用率较低时，*OVERINV* 的系数虽然
为正，但不显著。同时，跨样本的系数检验表明当以 *Duvol* 和
Crash 衡量股价崩盘风险时，*OVERINV* 的系数在管理费用率较高
组显著大于管理费用率较低组。其次，表 4－3 的 B 栏基于经理人
超额薪酬进行区分，结果类似：企业过度投资与股价崩盘风险的
关系仅在经理人超额薪酬水平较高（代理成本较高）时显著为正，
且无论以何种方式衡量股价崩盘风险，*OVERINV* 的系数在经理人
超额薪酬水平较高组显著大于经理人超额薪酬水平较低组。以上
结果说明股东与经理人之间代理成本的增加将加剧过度投资与股
价崩盘风险的正向关系，由此，本章的 H2a 得到验证，表明经理
人在过度投资过程中隐藏负面信息的自利行为是加剧未来股价崩
盘风险的一个关键因素。

表 4－3　企业过度投资与股价崩盘风险：考虑代理成本的影响

	$Ncskew_t$		$Duvol_t$		$Crash_t$	
A 栏：基于管理费用率衡量股东与经理人代理成本						
项目	费用率高	费用率低	费用率高	费用率低	费用率高	费用率低
$OVERINV_{t-1}$	0.750**	0.300	0.584***	0.178	4.563***	0.531
	(0.014)	(0.254)	(0.009)	(0.340)	(0.004)	(0.686)
控制变量	Yes	Yes	Yes	Yes	Yes	Yes
样本量	5 353	5 349	5 353	5 349	5 353	5 349
调整/伪 R^2	0.100	0.136	0.111	0.157	0.092	0.067
$OVERINV$ 系数比较	t 值：1.68；$Prob>t$：0.109		t 值：2.04；$Prob>t$：0.056		z 值：2.80；$Prob>z$：0.005	

续表

B栏：基于经理人超额薪酬衡量股东与经理人代理成本[1]						
项目	超额薪酬高	超额薪酬低	超额薪酬高	超额薪酬低	超额薪酬高	超额薪酬低
$OVERINV_{t-1}$	0.825***	0.161	0.639***	0.046	3.564**	0.869
	(0.004)	(0.538)	(0.003)	(0.812)	(0.011)	(0.544)
控制变量	Yes	Yes	Yes	Yes	Yes	Yes
样本量	5 080	5 079	5 080	5 079	5 080	5 079
调整/伪 R^2	0.114	0.118	0.123	0.142	0.090	0.065
$OVERINV$ 系数比较	t 值：1.74；$Prob > t$：0.081		t 值：2.05；$Prob > t$：0.041		z 值：1.67；$Prob > z$：0.094	

注：控制变量的设置与表 4 - 2 完全相同。

为验证 H2b，本章根据企业 CEO 的过度自信程度，将全样本分为两组分别进行检验。在过度自信的相关研究中，最大的挑战之一在于如何衡量 CEO 过度自信。基于数据可得性及中国市场的特殊情况，本章参考姜付秀等（2009）的方法，根据上市公司的盈利预测是否变化来判断 CEO 是否过度自信。具体地，首先，选择 2003—2012 年披露了一季报、半年报、三季报及年报盈利预测的公司作为初始样本。其次，从中选择盈利预测类型为略增、扭亏、续盈、预增的四种乐观预测类型。如果在 CEO 的任期内，至少有一次实际的盈利水平低于预测的盈利水平，则将该公司的 CEO 定义为过度自信。在此，实际盈余低于预测盈余包括以下几种情形：实际发生亏损；盈利实际增长率低于预测净利润同比增长下限；真实净利润低于预测净利润下限。同时，在样本筛选过程中，（1）剔除预测信息披露时间在披露对象会计期间结束之后，具有"预告"性质的观测值；（2）剔除 CEO 任职期限不满一年的样本，以便更好地考察 CEO 过度自信的影响。

---

[1]　由于部分样本"高管前三名薪酬总额"数据缺失，所以 B 栏的样本数略有减少。

表 4 - 4 是对应的回归结果，从表中可见，$OVERINV$ 的系数在所有的回归方程中几乎均显著为正，且系数大小在过度自信样本和非过度自信样本中并不存在显著差异。这与本章 H2b 的预测并不一致，表明 CEO 过度自信假说并不能很好地对过度投资与股价崩盘风险的正向关系进行解释。

表 4 - 4　企业过度投资与股价崩盘风险：考虑 CEO 过度自信的影响

项目	$Ncskew_t$		$Duvol_t$		$Crash_t$	
	过度自信	非过度自信	过度自信	非过度自信	过度自信	非过度自信
$OVERINV_{t-1}$	0.852**	0.589**	0.683**	0.405**	2.017	1.867**
	(0.027)	(0.026)	(0.020)	(0.035)	(0.262)	(0.045)
控制变量	Yes	Yes	Yes	Yes	Yes	Yes
样本量	2 355	3 667	2 355	3 667	2 355	3 667
调整/伪 R^2	0.072	0.071	0.078	0.073	0.099	0.088
$OVERINV$ 系数比较	t 值：0.57；p 值：0.571		t 值：0.80；p 值：0.425		z 值：0.07；p 值：0.944	

注：控制变量的设置与表 4 - 2 完全相同。

为了更好地验证代理理论及 CEO 过度自信假说对过度投资与股价崩盘风险关系的解释能力，本章还考虑了代理成本和 CEO 过度自信的交叉影响。首先，从代理成本维度，每年分别按照管理费用率和经理人超额薪酬的中位数将样本分为两组；其次，在每组中再按照 CEO 是否过度自信细分成两个样本，共形成四个组合。回归结果如表 4 - 5 所示，可以发现当代理成本较高（管理费用率较高或经理人超额薪酬水平较高）时，无论 CEO 是否过度自信，$OVERINV$ 的系数均显著为正；当代理成本较低（管理费用率较低或经理人超额薪酬水平较低）时，$OVERINV$ 的系数虽然大多数为正，但几乎均不显著。由此可见，相对于 CEO 过度自信，代理理论对过度投资与股价崩盘风险之间的正向关系具有更强的解释力。

表 4 - 5　企业过度投资与股价崩盘风险：考虑代理成本及 CEO 过度自信的交叉影响

项目	基于管理费用率维度衡量代理成本				基于经理人超额薪酬维度衡量代理成本			
	费用率高		费用率低		超额薪酬高		超额薪酬低	
	过度自信	非过度自信	过度自信	非过度自信	过度自信	非过度自信	过度自信	非过度自信
A栏：因变量为 $Ncskew_t$								
$OVERINV_{t-1}$	1.445**	0.805*	0.361	0.537	1.244**	0.552*	0.838*	0.513
	(0.020)	(0.083)	(0.537)	(0.174)	(0.046)	(0.071)	(0.090)	(0.229)
控制变量	Yes	Yes	Yes	Yes	Yes	Yes	Yes	Yes
样本量	1 257	1 685	1 098	1 982	1 205	1 754	1 074	1 730
调整 R^2	0.114	0.125	0.138	0.098	0.121	0.102	0.122	0.100
B栏：因变量为 $Duvol_t$								
$OVERINV_{t-1}$	1.213**	0.548*	0.231	0.447	1.142**	0.561*	0.385	0.342
	(0.011)	(0.059)	(0.624)	(0.106)	(0.020)	(0.056)	(0.418)	(0.265)
控制变量	Yes	Yes	Yes	Yes	Yes	Yes	Yes	Yes
样本量	1 257	1 685	1 098	1 982	1 205	1 754	1 074	1 730
调整 R^2	0.126	0.120	0.149	0.116	0.129	0.105	0.128	0.118

续表

项目	基于管理费用率维度衡量代理成本				基于经理人超额薪酬维度衡量代理成本			
	费用率高		费用率低		超额薪酬高		超额薪酬低	
	过度自信	非过度自信	过度自信	非过度自信	过度自信	非过度自信	过度自信	非过度自信
C栏：因变量为 $Crash_t$								
$OVERINV_{t-1}$	5.098*	6.759***	−0.424	0.070	4.432	3.386***	2.495	0.347
	(0.061)	(0.006)	(0.903)	(0.973)	(0.148)	(0.007)	(0.281)	(0.840)
控制变量	Yes	Yes	Yes	Yes	Yes	Yes	Yes	Yes
样本量	1 257	1 685	1 098	1 982	1 205	1 754	1 074	1 730
伪 R^2	0.123	0.119	0.114	0.101	0.130	0.124	0.086	0.091

注：控制变量的设置与表 4-2 完全相同。

4.5 进一步研究及稳健性检验

4.5.1 延长股价崩盘风险的预测窗口期

之前的实证结果检验了企业的过度投资行为对未来一年股价崩盘风险的影响。一个值得关注的问题是，过度投资加剧股价崩盘风险的作用能持续多久。参考 Kim and Zhang（2016）的做法，本章将股价崩盘风险的估计期延长至两年及三年。具体来看，每两年（三年）对每只股票按照研究设计的方法计算股价崩盘风险，同时要求每一年个股的交易周数均不小于 30 周，重新回归的结果如表 4-6 所示。

表 4-6 延长股价崩盘风险预测窗口期的检验结果

项目	$Ncskew_t$		$Duvol_t$		$Crash_t$	
	$t+2$	$t+3$	$t+2$	$t+3$	$t+2$	$t+3$
$OVERINV_{t-1}$	0.446**	0.390*	0.367***	0.287**	1.298*	0.435
	(0.035)	(0.079)	(0.004)	(0.028)	(0.061)	(0.573)
控制变量	Yes	Yes	Yes	Yes	Yes	Yes
样本量	9 147	7 924	9 147	7 924	9 147	7 924
调整/伪 R^2	0.102	0.097	0.115	0.088	0.046	0.043

注：控制变量的设置与表 4-2 完全相同。

由表 4-6 可见，当估计期延长至两年（$t+2$）时，过度投资与股价崩盘风险的正相关关系在三个方程中均显著为正；而当估计期延长至三年（$t+3$）后，$OVERINV$ 的系数依然为正，且当因变量为 $Ncskew$ 和 $Duvol$ 时，分别在 10% 和 5% 的水平异于 0。表 4-6 的结果表明了企业过度投资对股价崩盘风险的影响具有长期性、持续性。

4.5.2 企业过度投资与股价暴涨

之前的实证结果充分表明了企业过度投资将加剧股价未来的崩盘风险，且与 CEO 过度自信假说相比，代理理论对此具有更强的解释能力。但除了代理理论，另一个可能的解释是企业通过投资高风险的项目，如果失败，会一无所有，导致股价跳水式下跌；如果成功，则会获得意想不到的收益，导致股价暴涨。因此，过度投资严重的企业可能更容易发生股票收益的极端变化，而与经理人隐藏负面信息的行为无关。表 4-3 中区分代理成本水平的研究能够在一定程度上抑制这一可能，因为企业的代理问题本身对投资项目的收益分布影响不大。本章进一步选择了股价崩盘风险的对立面——股票价格暴涨进行更为直接的研究。因为经理人通常不存在隐藏好消息的动机（Hutton et al., 2009），如果企业过度投资对股价崩盘风险的影响是由经理人策略性披露信息的自利行为引起的，则过度投资应当对股价的暴涨不具备预测能力。本章通过式（4-8）估计股价的暴涨。

$$W_{i,t} \geqslant Average(W_{i,t}) + 3.09\sigma_i \qquad (4-8)$$

式中，各变量的定义与式（4-5）一致。若在一年内，公司周特质收益率一次或多次满足式（4-8）确认的条件，表示公司股票在该年内发生过暴涨，$Jump$ 取值为 1，否则取值为 0。除了个股是否发生暴涨哑变量 $Jump$ 之外，本章还定义个股发生暴涨的频率 $Jump-FREQ$，其为当年个股发生暴涨的周数与交易周数的比值。

结果如表 4-7 所示，可以发现无论是以 $Jump$ 还是 $Jump-FREQ$ 衡量股价暴涨，$OVERINV$ 的回归系数均不显著。这种不对称的预测能力表明，企业过度投资并非影响个股收益的厚尾分布本身，而是通过经理人在过度投资决策中的信息操纵行为加剧股价的崩盘风险。

表 4 - 7　企业过度投资对股价暴涨影响的检验结果

项目	$Jump_t$		$Jump\ FREQ_t$	
	系数	p 值	系数	p 值
$OVERINV_{t-1}$	−1. 194	0. 146	−0. 006	0. 157
控制变量	Yes		Yes	
样本量	10702		10702	
调整/伪 R^2	0. 048		0. 040	

注：控制变量的设置与表 4 - 2 完全相同。

4.5.3　稳健性检验

为了确保研究结论的可靠，本章从如下几个方面进行了稳健性测试。

（1）变更企业过度投资的估计方法。第一，式（4 - 6）中主要参考唐雪松等（2010）及李培功和肖珉（2012）的方法，以账面价值衡量非流通股价值计算托宾 Q 值。为了更好地衡量企业的成长机会，参考 Bai et al. (2004) 及李小荣和刘行（2012）的方法，在计算托宾 Q 值时分别用流通股价格的 20% 和 30% 来替代非流通股的价格，重新估计企业的过度投资程度 OVERINV1 和 OVER-INV2，并对式（4 - 1）重新回归，结果如表 4 - 8 的 A 栏及 B 栏所示，结论与前面一致。第二，式（4 - 6）用托宾 Q 值衡量企业的成长机会，参考姜付秀等（2009a）及唐雪松等（2010）的方法，现用销售增长率衡量企业成长机会，重新估计企业的过度投资程度 OVERINV3，并对式（4 - 1）重新回归，结果如表 4 - 8 的 C 栏所示，本章研究结论保持不变。第三，式（4 - 6）用现金流量表数据估计企业的新增投资 INV，现用资产负债表数据重新定义 INV＝（当期固定资产净值－上期固定资产净值＋当期无形资产净值－上期无形资产净值）/期初总资产账面价值，重新估计企业的过度投资程度 OVERINV4，并对式（4 - 1）重新回归，结果如表 4 - 8 的 D 栏所示，本章结论依然成立。

表 4 - 8   稳健性检验 1

	$Ncskew_t$	$Duvol_t$	$Crash_t$
A 栏			
$OVERINV1_{t-1}$	0.467***	0.309**	2.011**
	(0.022)	(0.007)	(0.015)
控制变量	Yes	Yes	Yes
样本量	10 702	10 702	10 702
调整/伪 R^2	0.078	0.087	0.071
B 栏			
$OVERINV2_{t-1}$	0.467***	0.310**	2.007**
	(0.007)	(0.015)	(0.022)
控制变量	Yes	Yes	Yes
样本量	10 702	10 702	10 702
调整/伪 R^2	0.078	0.087	0.071
C 栏			
$OVERINV3_{t-1}$	0.488***	0.327***	1.931**
	(0.004)	(0.008)	(0.020)
控制变量	Yes	Yes	Yes
样本量	10 702	10 702	10 702
调整/伪 R^2	0.078	0.087	0.071
D 栏			
$OVERINV4_{t-1}$	0.413***	0.285***	1.463**
	(0.005)	(0.008)	(0.039)
控制变量	Yes	Yes	Yes
样本量	10 702	10 702	10 702
调整/伪 R^2	0.078	0.087	0.071

注：控制变量的设置与表 4 - 3 完全相同。

（2）仅选取 $OVERINV>0$ 的样本（即过度投资样本）进行回归，结果如表 4 - 9 所示，本章结论保持不变。

表4-9 稳健性检验2

项目	$Ncskew_t$	$Duvol_t$	$Crash_t$
$OVERINV_{t-1}$	0.526***	0.362**	1.782*
	(0.008)	(0.013)	(0.059)
控制变量	Yes	Yes	Yes
样本量	7 923	7 923	7 923
调整/伪 R^2	0.076	0.086	0.072

注：控制变量的设置与表4-3完全相同。

（3）在前面的实证分析中，本章对投资不足的观测值进行了取0处理。在这一部分，本章直接用式（4-6）的残差衡量企业过度投资程度，定义 $OVERINV5_t = (\varepsilon_{i,t} + \varepsilon_{i,t-1} + \varepsilon_{i,t-2})/3$ 重新分析，结果如表4-10所示，本章研究结论保持不变。

表4-10 稳健性检验3

项目	$Ncskew_t$	$Duvol_t$	$Crash_t$
$OVERINV5_{t-1}$	0.355***	0.224**	0.905*
	(0.008)	(0.022)	(0.078)
控制变量	Yes	Yes	Yes
样本量	10 702	10 702	10 702
调整/伪 R^2	0.078	0.087	0.071

注：控制变量的设置与表4-3完全相同。

（4）前面的分析中，通过滚动计算前三年企业过度投资水平的均值衡量企业的过度投资行为 $OVERINV$。现仅用一年的过度投资水平 $OVERINV6$（投资不足观测点计为0）及 $OVERINV7$（直接取残差衡量企业过度投资）进行衡量，重新回归，结果如表4-11所示，本章结论基本不变。

表4-11 稳健性检验4

项目	$Ncskew_t$		$Duvol_t$		$Crash_t$	
	(1)	(2)	(3)	(4)	(5)	(6)
$OVERINV6_{t-1}$	0.237**		0.125*		1.143**	
	(0.017)		(0.080)		(0.019)	

续表

项目	$Ncskew_t$		$Duvol_t$		$Crash_t$	
	(1)	(2)	(3)	(4)	(5)	(6)
$OVERINV7_{t-1}$		0.144*		0.075 *		0.461*
		(0.057)		(0.052)		(0.083)
控制变量	Yes	Yes	Yes	Yes	Yes	Yes
样本量	11 389	11 389	11 389	11 389	11 389	11 389
调整/伪 R^2	0.075	0.075	0.087	0.087	0.074	0.073

注：控制变量的设置与表 4-3 完全相同。

（5）变更股价崩盘风险的度量方法。本部分进一步采用个股暴跌频率 $Crash\ FREQ_{i,t}$＝企业 i 第 t 年发生暴跌的周数/其第 t 年交易周数，个股暴跌周数与个股暴涨周数之差 $COUNT1$，个股暴跌频率与个股暴涨频率之差 $COUNT2$ 重新衡量股价崩盘风险。其中，个股暴跌、暴涨的定义参见式（4-5）和式（4-8）。结果如表 4-12 所示，结论与表 4-3 一致。

表 4-12　稳健性检验 5

项目	$Crash\ FREQ_t$	$COUNT1_t$	$COUNT2_t$
$OVERINV_{t-1}$	0.004**	0.466***	0.012***
	(0.025)	(0.001)	(<0.001)
控制变量	Yes	Yes	Yes
样本量	10 702	10 702	10 702
调整 R^2	0.036	0.045	0.046

注：控制变量的设置与表 4-3 完全相同。

4.6　本章小结

本章利用 A 股上市公司 2004—2013 年的数据，研究企业过度投资对股价崩盘风险的影响及作用机理。研究结果表明：

（1）企业过度投资与股价崩盘风险显著正相关，表明过度投资项目的持续及相关负面信息的披露不及时加剧了上市公司的股价崩盘风险。

（2）股东与经理人的代理成本对上述二者关系具有重要影响，代理成本越高，企业过度投资与股价崩盘风险的正向关系越显著。

（3）无论 CEO 是否过度自信，企业过度投资与股价崩盘风险的关系均显著为正。

（4）在考虑股东与经理人代理成本及 CEO 过度自信的交叉影响后，发现过度投资与股价崩盘风险的关系主要受代理成本的影响，表明代理理论对本章的研究结果具有更强的解释能力。

（5）企业过度投资对股价崩盘风险具有长期、持续的影响，当预测窗口期延长为两年或三年时，二者的正向关系依旧显著。

（6）企业过度投资与股价暴涨之间无关，这种不对称的预测能力进一步验证了经理人的信息操纵行为是导致企业过度投资与股价崩盘风险正相关的一个重要因素。

本章的研究具有重要的理论与现实意义。在理论上，本章首次对过度投资与股价崩盘风险之间的关系进行了实证检验，并从代理理论和 CEO 过度自信两个视角考察其背后的影响机理，拓展了股价崩盘风险影响因素及过度投资经济后果的相关研究。在政策启示上，本章的研究结论说明，相关监管机构应该进一步规范和引导企业制定合理的投资决策，避免出现投资过热现象，通过完善公司内部治理结构及外部监督机制等措施，降低代理成本，抑制经理人在投资决策过程中操纵信息的自利行为，从而降低负面信息累积形成的股价崩盘风险，以更好地保护投资者利益，并促进我国资本市场健康稳定地发展。

第 5 章　机构投资者羊群
行为与股价崩盘风险 *

5.1　引　言

机构投资者作为资本市场的重要参与者，其行为特征和对市场的影响一直是学术界关注的重点话题之一。全球金融危机的爆发使媒体和相关人士认为市场参与者的羊群行为（herding）①会加剧市场波动、破坏市场稳定，进而提高金融体系的脆弱性，即羊群行为是金融危机爆发的导火索（Bikhchandani and Sharma，2000；Jegadeesh and Kim，2010）。但是，现有文献并未对羊群行为与股价崩盘之间的关系提供严谨的理论分析与实

---

　　* 本章内容具体可参见：许年行，于上尧，伊志宏. 机构投资者羊群行为与股价崩盘风险 [J]. 管理世界，2013（7）：31 - 43.
　　① 在中文翻译中，herding 既可称为羊群行为，也可称为羊群效应，本章交替使用，不做区分。

证检验（Hirshleifer and Teoh，2003）。为此，本章首次从企业微观层面入手，考察机构投资者的羊群行为对上市公司股价崩盘风险的影响。该问题的研究不但有助于全面认识机构投资者在我国资本市场中的作用，而且对于降低我国资本市场金融风险、促进股市平稳发展具有重要的理论价值和现实意义。

自我国股票市场建立以来，机构投资者已成为我国资本市场的重要参与者与组成部分，并且呈快速增长趋势。据 Wind 数据库统计，从 2003 年至 2011 年年末，机构投资者的持股市值从 1 535 亿元增长到 109 871 亿元，占流通股市值的比重从 12% 增长到 68%。其中，证券投资基金的数量从 109 只增长到 914 只。可见，机构投资者已是我国股票市场最重要的参与者，其行为特征可能对资本市场的稳定产生重要影响。与此同时，自 2002 年 11 月《合格境外机构投资者境内证券投资管理暂行办法》颁布以来，合格境外机构投资者（qualified foreign institutional investor，QFII）从 2003 年的 12 家增长到 2011 年的 136 家，持股市值也从 8 亿元增长到 572 亿元。基于机构投资者在我国资本市场中的快速增长和所扮演的重要角色，有两大问题值得研究：一是机构投资者的羊群行为是否会对上市公司股价崩盘风险产生影响？二是监管部门当初引进 QFII 的主要目标是凭借其注重基本面分析、长期投资和价值投资的成熟理念，达到抑制市场投机、稳定股市的目的，那么 QFII 能否减轻机构投资者的羊群行为对资本市场的破坏作用？

我国资本市场的相关特征为研究这些问题提供了实验场所：

（1）与现有文献发现的西方发达国家中机构投资者的羊群行为不是特别显著相比，新兴市场中信息相对不透明、信息收集成本较高和监管环境较宽松等特征，导致机构投资者的羊群行为可能更为严重（Bikhchandani and Sharma，2000）。孙培源和施东晖（2002）、Tan et al.（2008）、Chiang et al.（2010）发现中国股市中存在明显的羊群行为，并且宋军和吴冲锋（2001）发现，我国证券市场的羊群行为程度高于美国证券市场的羊群行为程度，这为本章从机构投资者的羊群行为入手研究股价崩盘风险提供了合适的样本。

（2）2011 年 11 月，《中国金融体系稳定评估报告》和《中国金融部门评估报告》等指出，我国金融体系总体稳健，但金融脆弱性逐渐累积。Piotroski and Wong（2010）认为，相比西方发达国家，中国证券市场成立时间较短，还存在很多制度要完善，较为不成熟和不稳定，因而股价崩盘风险更高。因此，这种更高股价崩盘风险的特征也为研究此问题提供了一个较好的实验场所。

基于上述理由，选取 2005—2010 年我国各类型机构投资者持有我国 A 股上市公司股票的相关数据，借鉴 Lakonishok et al. (1992) 以及 Wermers（1999）的方法计算机构投资者的羊群行为变量，考察其对上市公司股价崩盘风险的影响和 QFII 对上述关系的影响。研究结果表明：

（1）机构投资者的羊群行为提高了公司股价未来崩盘的风险。

（2）在区分羊群行为的不同方向后发现，上述关系在卖方羊群行为的样本中更为明显。

（3）QFII 的存在并不能弱化机构投资者羊群行为与股价崩盘风险之间的正向关系。

（4）机构投资者的羊群行为提高了上市公司股价同步性。

以上说明机构投资者的羊群行为破坏了市场的稳定性，提高了股价崩盘风险，更多的是扮演"崩盘加速器"，而不是"市场稳定器"。

本章的贡献主要体现在：

（1）不同于以往大量文献集中分析机构投资者是否存在羊群行为和羊群行为对股票收益率或波动性影响的研究，本章从企业微观层面考察机构投资者的羊群行为对上市公司股价崩盘风险的影响，从而为有关机构投资者能否起到稳定股市作用的争议提供更直接的经验证据。同时，相对于考察股票收益率和波动性的研究，本章侧重于股价崩盘风险这一反映股票收益率累积的极端经济后果，有助于更加深刻地认识事物或现象的本质（Kim et al.，2011b）。

（2）以往有关股价崩盘风险的文献主要集中于分析信息透明度（Jin and Myers，2006；Hutton et al.，2009；李增泉等，2011；潘越等，2011）、会计稳健性（Kim and Zhang，2011）、委托代理问题（Kim et al.，2011a，2011b）、分析师行为偏差（许年行等，2012；Chan et al.，2012）和性别（李小荣和刘行，2012）等对股价崩盘风险的影响，并未考察机构投资者行为特征的可能影响，本章率先从机构投资者的羊群行为视角分析其对股价崩盘风险的影响，从而拓展了该领域的相关研究。

（3）Bikhchandani and Sharma（2000）认为，羊群行为可分为基于忽略个人私有信息而追随他人的"真羊群行为"（intentional herding）和基于共同信息或做相同决策所引起的"伪羊群行为"（spurious herding），在实证上对两者进行区分难度相当大，因而现有大多数文献在实证中并未对其进行区分。本章尝试从股价崩盘风险和股价同步性两种度量私有信息纳入股价程度的指标来区分这两类羊群行为，并且研究结论支持了"真羊群行为"的预测，从而为该领域有关如何区分这两类羊群行为的研究提供可资借鉴的分析思路。

5.2　文献回顾与理论假说

5.2.1　机构投资者羊群行为的相关定义与研究

与个人投资者相比，机构投资者在专业技能和获取信息的能力方面具有明显优势。尽管如此，已有的研究发现机构投资者的投资行为并非完全理性，仍然存在各种行为偏差，羊群行为是其中一种重要表现。

对机构投资者羊群行为的研究始于 1972 年，Kraus and Stoll（1972）提出了机构投资者平行交易（parallel trading）的概念，将大量机构投资者在同一时间内以同方向交易同一只股票的行为定义为平行交易，即机构投资者的羊群行为。随后，出现了大量有关机构投资者羊群行为的研究。但对于机构投资者羊群行为的定义，学术界并没有统一的表述。例如，Lakonishok et al.（1992）以及Wermers（1999）认为羊群行为是同一时间内大量投资者同方向买进或者卖出某只股票的行为；Devenow and Welch（1996）将羊群行为定义为能够导致所有投资者发生系统性错误的行为；Avery and Zemsky（1998）认为羊群行为是投资者做出的与其私人信息相悖的选择跟从；Bikhchandani and Sharma（2000）认为羊群行为是投资者发现其他投资者的决策与自己掌握的私人信息相悖时，决定跟从其他投资者的行为。

上述研究尽管在表述上各有不同，但大多将投资者忽略其所掌握的私有信息而跟从他人投资行为作为羊群行为的一个重要特征，此种羊群行为属于"真羊群行为"。如果大量投资者在同时买进或者卖出同一只股票的过程中不是基于忽略个人私有信息，而是基于共同信息如上市公司盈利公告，或者对某一类性质公司如股利政策、成长性等的共同偏好，一般被认为是一种"伪羊群行为"（Bikhchandani and Sharma，2000）。

对于机构投资者羊群行为对定价效率和市场稳定的影响，主要有两种结论：

（1）没有证据表明机构投资者的羊群行为会破坏市场稳定。Kraus and Stoll（1972）的研究发现，股价变动方向与当月机构投资者平行交易正相关而与上一个月机构投资者平行交易负相关。同时，没有发现机构投资者平行交易会破坏市场稳定性。随后，Lakonishok et al.（1992）以及Wermers（1999）等采用机构投资者季度持股数据，并区分了羊群行为的方向，对机构投资者羊群行为与股市稳定性之间的关系进一步研究，发现机构投资者的羊群行为在小公司和高成长公司中更明显，买方羊群和卖方羊群对股价变动的影响不同，机构投资者的羊群行为与股市稳定性之间不存在显著的关系。Li and Wang（2008）的研究甚至发现，中国机构投资者的羊群行为增加了股市的稳定性。

(2) 机构投资者的羊群行为会破坏市场稳定。如 Brown et al.(2014) 的研究发现，机构投资者的羊群行为会导致股价的过度反应；Tan et al.(2008) 和 Li et al.(2009) 等的研究表明，机构投资者羊群行为的存在增加了股价的波动幅度，使股票风险上升。值得指出的是，上述研究大多数未区分是机构投资者忽略私有信息所引起的"真羊群行为"还是机构投资者拥有共同的信息或者偏好而引致的"伪羊群行为"。

5.2.2　机构投资者羊群行为与股价崩盘风险

在全球金融危机的背景下，股价崩盘风险成为宏观经济和微观财务学研究的热点。根据以往的文献研究，股价崩盘风险产生的原因是：公司内部管理层基于代理问题（如掏空公司资源，获取更高期权价值）、政治晋升等原因，往往存在隐藏公司负面信息或坏消息的动机。随着时间的推移，负面信息在公司内部不断累积，但公司对负面信息的容纳存在一个上限，一旦超过该上限，负面信息将被集中释放出来，进而对公司股价造成极大的负面冲击并最终崩盘（许年行等，2012）。尤其对于信息透明度低的公司，由于投资者无法感知经理人藏匿负面信息的行为，经理人更容易进行信息管理，故其股价未来的崩盘风险更大。可见，信息不透明所导致的负面信息的累积及瞬间释放是导致股价崩盘风险的一个重要原因（Jin and Myers，2006；Hutton et al.，2009）。

根据上述羊群行为的相关研究，一方面，如果机构投资者的羊群行为属于"真羊群行为"，那么机构投资者会忽略自身所掌握的私有信息而根据其他机构的投资决策做出投资选择，导致其所掌握的私有信息无法完全融入股价中，这将降低资本市场的信息透明度和定价效率。Bikhchandani and Sharma（2000）通过如下例子来说明羊群行为对定价效率的影响：有 100 个投资者各自拥有投资获利可行性的私有信息，其中，20 个投资者认为该项目具有盈利能力，80

个投资者认为该项目不可行。假如 20 人是乐观投资者，倾向于进行投资，80 个悲观投资者中的几个人观察到乐观投资者的投资行为，会修改自己原本的悲观预期而跟随投资。如此，所有投资者将跟进投资，形成羊群行为。在此种情形下，羊群行为将导致原本绝大多数投资者拥有的负面信息无法在决策或定价中体现出来。可见，机构投资者的"真羊群行为"会降低信息透明度，进而提升股价崩盘风险，两者呈正相关关系。

另一方面，如果机构投资者的羊群行为属于"伪羊群行为"，即机构投资者之间获得的信息是正相关的，那么共同买进或者卖出股票可能是由于他们收到了共同的信号而不是由于忽略私有信息所导致的"真羊群行为"。此种情形下，投资者共同买进或者卖出体现的是信息在股价中得到充分反映（Froot et al.，1992；Devenow and Welch，1996；Clarke et al.，2011）。可见，基于共同或者正相关信息的羊群行为有助于信息透明度和市场效率的提高。因此，机构投资者的"伪羊群行为"将促进信息在股价中的反映，进而降低股价崩盘风险，两者呈负相关关系。为此，本章提出如下两个对立假说：

H1a：机构投资者的羊群行为会增加股价崩盘风险，两者呈正相关关系；

H1b：机构投资者的羊群行为会降低股价崩盘风险，两者呈负相关关系。

5.2.3　QFII 对机构投资者羊群行为与股价崩盘风险的影响

自 2003 年首批三家 QFII 进入我国资本市场以来，QFII 能否起到稳定市场的作用一直争议不断。文献中主要有两种观点：

（1）QFII 会加剧投资者的羊群行为，破坏市场的稳定性。Dornbusch and Park（1995）在研究韩国市场后认为，与韩国国内投资者相比，国外机构投资者更容易采取策略性行为使市场过度反应，使股价偏离其真实价值；Kim and Wei（2002）用韩国 1997 年金融危机的证据表明，国外投资者比国内投资者具有更显著的羊群特征。

当 QFII 的交易数据披露之后，其他投资者包括机构投资者和个人投资者，会跟随 QFII 的交易行为形成羊群行为。由 QFII 引起的羊群行为会导致股价的过度反应，从而降低市场效率。

（2）QFII 能起到稳定市场的作用。Schuppli and Bohl（2010）以中国 A 股取消对外国投资者的限制，允许 QFII 进入 A 股市场为外生事件，研究 QFII 对我国 A 股市场效率的影响，研究发现 QFII 能够起到稳定市场的作用，提高了市场效率；Choe et al.（1999）用韩国数据研究发现 1997 年金融危机之前，韩国市场中的国外机构投资者也存在正向反馈交易和羊群行为，而金融危机之后，正向反馈交易和羊群行为都减弱了，尽管如此，仍然没有证据能够表明国外机构投资者的存在破坏了市场的稳定性。

考虑到实际情况，一方面，我国的 QFII 大多来自西方发达国家，拥有较为成熟的交易理念，同时我国引入 QFII 的目的是规范合格境外机构投资者在中国境内证券市场的投资行为，促进中国证券市场的发展①，引进 QFII 可以进一步壮大和丰富机构投资者的队伍和结构。此外，可以借鉴其注重基本面分析和长期投资的投资理念，促进资源的有效配置（Walter and Howie，2006）。因此，QFII 的引入可以在一定程度上减少我国证券市场中存在的投机行为，进而减弱由羊群行为引起的股价崩盘风险。另一方面，对我国投资者而言，QFII 的交易行为具有信号价值（许弘林，2007；沈维涛和朱冠东，2010），甚至 QFII 参与股票交易本身就是一个值得炒作的话题，QFII 的引入可能不仅不会减弱，甚至有可能加剧资本市场上的羊群行为。例如，刘成彦等（2007）发现，我国 A 股市场中 QFII 具有较为明显的羊群行为。因此，QFII 的存在会加剧羊群行为与股价崩盘风险之间的正向关系。基于上述理由，本章提出如下两个对立假说：

---

① 参见中国证券监督管理委员会和中国人民银行于 2002 年 12 月 1 日颁布施行的《合格境外机构投资者境内证券投资管理暂行办法》。

H2a：QFII 的参与会减弱机构投资者羊群行为与股价崩盘风险之间的正向关系；

H2b：QFII 的参与会增强机构投资者羊群行为与股价崩盘风险之间的正向关系。

5.3 研究设计

5.3.1 样本选取

羊群行为的机构投资者持股数据来自 Wind 数据库，上市公司的财务数据、股票交易数据和分析师数据来自 CSMAR 数据库。研究期间为 2005—2010 年，之所以选择 2005 年为研究起点是因为 Wind 数据库中对于机构投资者持股数据的系统统计始于 2005 年，2005 年之前的数据过少，无法准确得知机构投资者的羊群行为。在研究期间内，共收集 1 068 家不同类型机构投资者的持股比例变动数据 625 441 条，涉及 26 218 个季度-公司样本。除此之外，研究还涉及上市公司的财务数据，由于我国上市公司的季报和半年报不需要经过外部审计，无法保证数据的真实性，因此研究过程中仅选择了上市公司年报披露的数据。为了保证研究数据的一致性，我们将羊群行为的季度数据转换为年度数据，得到研究样本 8 192 个。然后，剔除金融类上市公司样本、信息不完全和财务信息异常的数据、羊群程度低于均值 1.96 个标准差的样本。经过上述处理，最终得到研究样本 6 542 个。由于具体研究内容的不同，各部分实证过程中使用的样本量略有差异。研究样本的具体筛选过程如表 5-1 所示。

表 5-1 研究样本的具体筛选过程

剔除/保留条件	数据条数
所有机构投资者持股变动数据	625 441
季度-公司样本	26 218

续表

剔除/保留条件	数据条数
年度-公司样本	8 192
剔除金融类上市公司样本	−590
剔除数据不完全样本	−785
剔除羊群程度低于均值 1.96 个标准差的样本	−275
最终研究样本	6 542

5.3.2　变量的定义和度量

1. 股价崩盘风险

借鉴 Hutton et al.（2009）和 Kim et al.（2011a，2011b）等的相关研究，本部分采用如下方法度量股价崩盘风险：

首先，利用股票 i 的周收益率数据，根据式（5-1）计算股票 i 经过市场调整后的收益率：

$$r_{i,t} = \alpha + \beta_{1,i} r_{m,t-2} + \beta_{2,i} r_{m,t-1} + \beta_{3,i} r_{m,t} + \beta_{4,i} r_{m,t+1}$$
$$+ \beta_{5,i} r_{m,t+2} + \varepsilon_{i,t} \tag{5-1}$$

式中，$r_{i,t}$ 为每一年度股票 i 在第 t 周的收益率，$r_{m,t}$ 为 A 股所有股票在第 t 周经流通市值加权的平均收益率。在式（5-1）中加入市场收益率的滞后项和超前项，以调整股票非同步性交易的影响（Dimson，1979）。股票 i 第 t 周经过市场调整后的收益率 $W_{i,t}$ 为：

$$W_{i,t} = \ln(1 + \varepsilon_{i,t}) \tag{5-2}$$

式中，$\varepsilon_{i,t}$ 为式（5-1）中的回归残差。

其次，构造如下两个股价崩盘风险的度量指标：

第一个衡量股价崩盘风险的指标是股票 i 经市场调整后周收益率的负偏度（$Ncskew$），计算方法见式（5-3）：

$$Ncskew_{i,t} = -\frac{n(n-1)^{\frac{3}{2}} \sum W_{i,t}^3}{(n-1)(n-2)\left(\sum W_{i,t}^2\right)^{\frac{3}{2}}} \tag{5-3}$$

第二个衡量股价崩盘风险的指标是股价上升和下降阶段波动性的差异（$Duvol$）。首先，根据股票 i 经过市场调整后周收益率（$W_{i,t}$）是否大于年平均收益率，将股票收益率数据分为上升阶段和下降阶段两个子样本，并分别计算两个子样本中股票收益率的标准差（R_u, R_d），然后使用式（5-4）计算 $Duvol_{i,t}$：

$$Duvol_{i,t} = \ln \frac{(n_u - 1)\sum\limits_{down} R_d^2}{(n_d - 1)\sum\limits_{up} R_u^2} \qquad (5-4)$$

式中，$n_u(n_d)$ 为股票 i 的周特质收益率 $W_{i,t}$ 大于（小于）年平均收益率 W_i 的周数。

股价崩盘通常是管理层隐藏的公司坏消息的突然释放引起的（Chen et al.，2001；Kothari et al.，2009；Kim et al.，2011a，2011b）。在理想状态下，如果管理层没有隐藏坏消息，那么 $W_{i,t}$ 处于上升和下降阶段的概率是相等的（$W_{i,t}$ 应该是无偏的），上升和下降的幅度也应该没有差异（$R_d = R_u$）。在现实中，管理层出于自身利益的考虑往往会隐藏坏消息，直到坏消息累积到一定程度，无法继续隐藏才集中披露，而对于好消息，管理层则没有隐藏的动机（Kothari et al.，2009）。管理层隐藏坏消息时，$W_{i,t}$ 处于上升阶段的概率会大于处于下降阶段的概率，其分布会出现偏度；坏消息集中披露时，$W_{i,t}$ 下降的幅度大于上升的幅度（$R_d > R_u$），因此，$Ncskew$ 和 $Duvol$ 可以衡量股价崩盘风险。$Ncskew$ 的数值越大，表示偏态系数为负的程度越大，股价崩盘风险越大。同理，$Duvol$ 的数值越大，表示收益率分布更倾向于左偏，股价崩盘风险越大。

2. 机构投资者的羊群行为

机构投资者羊群行为的计算主要参考了 Lakonishok et al.（1992）和 Wermers（1999）的方法，具体模型如式（5-5）所示：

$$HM_{i,t} = |p_{i,t} - E(p_{i,t})| - E|p_{i,t} - E(p_{i,t})| \qquad (5-5)$$

式中，$p_{i,t}$ 为在 t 季度增持公司 i 股票的机构投资者占持有公司 i 股

票的机构投资者的比例；$E(p_{i,t})$ 为在 t 季度增持公司 i 股票的机构投资者占持有公司 i 股票的机构投资者比例的期望值，用 t 季度中增持公司 i 所在行业的全部上市公司股票的机构投资者比例的均值表示；$|p_{i,t}-E(p_{i,t})|$ 表示机构投资者在 t 季度内对公司 i 股票买卖的不平衡性，$E|p_{i,t}-E(p_{i,t})|$ 为调整项，只有在机构投资者对公司 i 股票买卖的不平衡达到一定程度时，才认为存在羊群行为。

在研究过程中采取了以下几种方法进行调整：

（1）以 $|p_{i,t}-E(p_{i,t})|$ 的均值为调整项。

（2）用 $|p_{i,t}-E(p_{i,t})|$ 的均值减去 1 个标准差为调整项。

（3）用 $|p_{i,t}-E(p_{i,t})|$ 的均值减去 1.96 个标准差为调整项。

三种方法的回归结果基本一致，在本部分只报告了第三种方法的回归结果。

基于中国资本市场的环境和数据的可获得性，我们对已有研究衡量机构投资者羊群行为的方法进行了适当调整，具体计算桂程如下：

（1）根据机构投资者重仓股的季度数据，计算样本中每一季度各机构对上市公司持股数量的变化值 $trade$，如果 $trade$ 大于 0，则哑变量 BUY 取值为 1，反之取值为 0，并剔除 $trade$ 为 0 的样本；

（2）按季度和公司分组计算 BUY 的平均值，即得到式（5-5）中的 $p_{i,t}$。

（3）按季度和行业分组计算 $p_{i,t}$ 的平均值，即得到式（5-5）中的 $E(p_{i,t})$。

（4）计算 $p_{i,t}-E(p_{i,t})$，并取绝对值，即式（5-5）中的 $|p_{i,t}-E(p_{i,t})|$。

（5）样本中用到的机构投资者持股数据是季度数据，而其他数据是年度数据，因此将羊群行为的季度数据整合成年度数据。方法是将每家上市公司一年内按季度计算的四个 $|p_{i,t}-E(p_{i,t})|$ 值进行平均，得到变量 $HERD$。

（6）计算 $HERD$ 的均值 m 和标准差 t，并用 $m-1.96t$ 作为调整项，剔除 $HERD$ 变量中小于 $m-1.96t$ 的数据，得到的变量 Her-

ding 即为机构投资者的羊群行为指标。

3. 控制变量

参考 Chen et al.（2001）、Hutton et al.（2009）和 Kim et al.（2011a，2011b）等，控制如下变量：

（1）*Dturn*，股票换手率的变化，即股票 i 本年度换手率减去上年度换手率的差与本年度换手率的比值。

（2）*Ret*，股票 i 的年度收益率。

（3）*Sigma*，股票 i 经市场调整后周收益率 $W_{i,t}$ 的标准差。

（4）*Size*，上市公司的规模，用公司总资产的自然对数表示。

（5）*MB*，上市公司的市值账面比，衡量公司的成长性。

（6）*Lev*，上市公司的资产负债率，用总负债与总资产的比值表示。

（7）*ROA*，上市公司的总资产收益率，即净利润与总资产的比值。

（8）*ABACC*，上市公司的信息透明度，用修正 Jones 模型估计的应计盈余表示。此外，还控制了行业因素和年度因素。变量的描述性统计结果如表 5-2 所示。

表 5-2　变量的描述性统计

变量	样本量	最小值	P25	均值	中位数	P75	最大值	标准差
Herding	6 542	0.001	0.116	0.202	0.170	0.252	0.753	0.126
Herd_Buy	5 410	0.010	0.146	0.236	0.188	0.275	0.781	0.136
Herd_Sell	6 081	0.042	0.138	0.241	0.195	0.297	0.809	0.140
Ncskew	6 542	−4.601	−0.791	−0.252	−0.230	0.318	6.074	0.892
Duvol	6 542	−3.603	−0.694	−0.206	−0.210	0.283	3.713	0.757
SYNCH	6 542	−7.726	−0.862	−0.335	−0.209	0.320	2.167	0.987
Dturn	6 542	−1.725	−0.198	0.032	0.048	0.276	1.773	0.378
Sigma	6 542	0.015	0.045	0.057	0.055	0.066	0.228	0.017
Ret	6 542	−0.035	−0.006	−0.001	−0.001	0.004	0.043	0.008

续表

变量	样本量	最小值	P25	均值	中位数	P75	最大值	标准差
Size	6 542	17.426	20.908	21.724	21.608	22.370	28.136	1.179
MB	6 542	0.132	1.269	2.521	1.945	3.234	9.986	1.693
Lev	6 542	0.011	0.377	0.506	0.518	0.642	0.994	0.184
ROA	6 542	−0.967	0.013	0.045	0.039	0.075	0.989	0.086
ABACC	6 542	0.000	0.029	0.097	0.066	0.124	0.994	0.110

注：由于是否存在买方（卖方）羊群行为是根据季度数据计算的，而最终得到的样本是年度数据，因此二者样本量相加大于总样本。

5.3.3　实证模型

首先，运用式（5-6）检验机构投资者羊群行为对股价崩盘风险的影响：

$$CrashRisk_{i,t} = \alpha + \beta_1 Herding_{i,t-1}$$
$$+ \gamma ControlVariables_{i,t-1} + \varepsilon_{i,t} \qquad (5-6)$$

式中，$CrashRisk_{i,t}$ 分别由 t 年的 $Ncskew$ 和 $Duvol$ 来度量；$Herding_{i,t-1}$ 代表滞后一期即 $t-1$ 年机构投资者的羊群行为变量，以此考察羊群行为对公司未来股价崩盘风险的影响；$ControlVariables_{i,t-1}$ 为一组控制变量，由滞后一期即 $t-1$ 年的数值来度量。

其次，运用式（5-7）考察 QFII 的存在对机构投资者羊群行为与股价崩盘风险关系的影响：

$$CrashRisk_{i,t} = \alpha + \beta_1 Herding_{i,t-1} + \beta_2 QFII_{i,t-1}$$
$$+ \beta_3 Herding_{i,t-1} \times QFII_{i,t-1}$$
$$+ \gamma ControlVariables_{i,t-1} + \varepsilon_{i,t} \qquad (5-7)$$

式中，$QFII_{i,t-1}$ 指 QFII 是否在 $t-1$ 年持有股票 i 的哑变量，若持股，则 $QFII_{i,t-1}=1$，否则为 0。其他变量定义同上。

5.4 实证结果分析与讨论

5.4.1 羊群行为与股价崩盘风险的实证结果分析

表 5 - 3 中（1）和（2）列报告了基于全样本的检验结果。由表 5 - 3 可知，从全样本来看，无论是采用 *Ncskew* 还是 *Duvol* 来度量股价崩盘风险，机构投资者羊群行为（*Herding*）的回归系数均显著为正，且均在 1% 的水平显著。例如，当因变量为 *Ncskew* 时，*Herding* 的系数为 0.243，且 $t = 3.30$；当因变量为 *Duvol* 时，*Herding* 的系数为 0.166，且 $t = 3.06$。可见，机构投资者的羊群行为增加了股价未来崩盘的风险，支持假说 H1a，而不支持假说 H1b。其原因可能是：

（1）已有研究发现，我国资本市场中盲目跟随他人的羊群行为普遍存在（宋军和吴冲锋，2001；孙培源和施东晖，2002；Tan et al.，2008；Chiang et al.，2010）。

（2）我国资本市场仍不成熟，市场中存在强烈的投机氛围（Eun and Huang，2007），机构投资者更容易忽略所掌握的信息而采取羊群行为。

（3）我国机构投资者发展历史短且发展速度快，快速增长的机构投资者数量使得一批能力相对低下的管理人成为投资经理。这些投资经理出于维护声誉的考虑，为了避免业绩差于同行，更容易忽略私有信息，放弃自己的观点而选择跟随其他投资经理，出现羊群行为（Scharfstein and Stein，1990；Trueman，1994）。

因此，我们认为我国资本市场中存在的羊群行为更可能是忽略私有信息的"真羊群行为"，而不是收到共同或正相关信息所引致的"伪羊群行为"，这降低了信息透明度，提高了股价崩盘风险。

表 5-3　机构投资者羊群行为与股价崩盘风险

变量	全样本		"买方羊群"子样本		"卖方羊群"子样本	
	Ncskew	*Duvol*	*Ncskew*	*Duvol*	*Ncskew*	*Duvol*
	(1)	(2)	(3)	(4)	(5)	(6)
Inter	0.244	0.397***	0.412*	0.546***	0.385*	0.453***
	(1.27)	(2.80)	(1.94)	(3.47)	(1.94)	(3.11)
Herding	0.243***	0.166***				
	(3.30)	(3.06)				
Herd_Buy			0.069	0.021		
			(0.96)	(0.39)		
Herd_Sell					0.132**	0.108**
					(1.97)	(2.19)
Dturn	−0.321***	0.246***	−0.352***	−0.266***	−0.337***	−0.255***
	(−12.80)	(−13.30)	(−12.90)	(−13.20)	(−12.80)	(−13.20)
Sigma	−3.180***	−2.528***	−2.335***	−1.683***	−4.513***	−3.608***
	(−5.31)	(−5.74)	(−3.60)	(−3.50)	(−7.13)	(−7.75)
Ret	−66.74***	−67.33***	−65.62***	−66.29***	−66.28***	−67.15***
	(−51.70)	(−70.90)	(−46.60)	(−63.58)	(−49.27)	(−67.90)
Size	−0.023***	−0.027***	−0.029***	−0.033***	−0.026***	−0.027***
	(−2.58)	(−4.09)	(−3.02)	(−4.58)	(−2.88)	(−4.01)
MB	0.001	−0.012***	−0.006	−0.017***	0.005	−0.009**
	(0.17)	(2.88)	(0.92)	(3.54)	(0.76)	(−2.04)
Lev	0.098*	0.087**	0.092	0.08*	0.113*	0.086**
	(1.70)	(2.07)	(1.46)	(1.71)	(1.89)	(1.97)
ROA	0.562***	0.307***	0.451***	0.220**	0.582***	0.308***
	(4.04)	(3.00)	(3.01)	(1.99)	(4.01)	(2.89)
ABACC	−0.117	−0.075	−0.15*	−0.115*	−0.06	−0.028
	(−1.41)	(−1.22)	(−1.67)	(−1.72)	(−0.70)	(−0.45)

续表

变量	全样本		"买方羊群"子样本		"卖方羊群"子样本	
	Ncskew	*Duvol*	*Ncskew*	*Duvol*	*Ncskew*	*Duvol*
	(1)	(2)	(3)	(4)	(5)	(6)
年份固定效应	Yes	Yes	Yes	Yes	Yes	Yes
行业固定效应	Yes	Yes	Yes	Yes	Yes	Yes
样本量	6 542	6 542	5 410	5 410	6 081	6 081
调整 R^2	0.357 7	0.513 8	0.354 8	0.506 1	0.359 4	0.515 9
F 统计量	405.68***	768.89***	331.54***	616.75***	379.95***	720.82***

注：*、**和***分别代表在 10%、5%和 1%的水平显著。下同。

5.4.2 QFII 对羊群行为与股价崩盘风险关系的影响

表 5-4 列示了 QFII 的存在能否减弱或增强机构投资者羊群行为与股价崩盘风险之间正向关系的实证结果。由表 5-4 可知，从全样本来看，机构投资者的羊群行为指标与 QFII 的交乘项 *Herding* × *QFII* 的回归系数虽然为负，但结果并不显著，表明 QFII 的存在不会显著减弱机构投资者羊群行为与股价崩盘风险之间的正向关系。可见，假说 H2a 和假说 H2b 均没有得到支持。这可能是因为 QFII 对股价崩盘风险的影响是双面的：一方面，QFII 较为成熟的投资和交易理念使得 QFII 的存在能提高公司股票的信息透明度和定价效率，因而有助于减弱机构投资者的羊群行为对股价崩盘风险的正向影响；另一方面，QFII 的交易本身也容易成为炒作的话题，QFII 的交易对其他交易者来说具有信号作用，容易成为其他投资者跟随的目标，造成更严重的羊群行为，进而强化机构投资者的羊群行为对股价崩盘风险的正向影响。因此，这两个方面的共同作用导致 *Herding* * *QFII* 的系数不显著。①

---

① 我国资本市场对 QFII 存在特殊的限制，例如不可以卖空，并且 QFII 可以投资的额度也受到限制（包括进入境内市场的最高资金额度和单个投资者的最高投资数额、合格机构投资于单只股票的最高比例），这些也可能导致结果不显著。后面将对此进行稳健性测试。

表 5-4　QFII 对机构投资者羊群行为与股价崩盘风险之间关系的影响

变量	全样本		"买方羊群"子样本		"卖方羊群"子样本	
	Ncskew	Duvol	Ncskew	Duvol	Ncskew	Duvol
Inter	0.303	0.430***	0.463**	0.572***	0.445**	0.489***
	(1.55)	(2.99)	(2.16)	(3.59)	(2.22)	(3.32)
Herding	0.273***	0.182***				
	(3.48)	(3.15)				
Herd_Buy			0.107	0.033		
			(1.35)	(0.55)		
Herd_Sell					0.154**	0.121**
					(2.12)	(2.27)
QFII	0.076	0.043	0.076	0.030	0.069	0.041
	(1.63)	(1.25)	(1.58)	(0.85)	(1.44)	(1.17)
Herding × QFII	−0.215	−0.120	−0.209	−0.061	−0.128	−0.076
	(−1.01)	(−0.77)	(−1.12)	(−0.44)	(−0.70)	(−0.56)
样本量	6 542	6 542	5 410	5 410	6 081	6 081
调整 R^2	0.357 8	0.513 8	0.354 9	0.506 0	0.359 5	0.515 9
F 统计量	332.33***	629.30***	271.56***	504.64***	311.29***	590.03***

注：为简便起见，控制变量同表 5-3，不再列示检验结果。下同。

5.4.3　进一步分析

1. 羊群行为对股价同步性的影响

前面的实证结果表明，机构投资者的羊群行为增加了股价崩盘风险，这在一定程度上说明机构投资者的羊群行为是投资者忽略其私有信息而导致的真实的羊群行为。为了进一步验证该结果，我们考察了机构投资者的羊群行为与股价同步性之间的关系。股价同步性可以衡量上市公司特有信息融入股价的程度，是衡量股票定价效率的一个重要指标。股价同步性越高，股票定价效率越低（Roll，1988；Morck et al., 2000)。基于此，我们认为，如果机构投资者的羊群行为是基于共同的信息和偏好，那么羊群行为会使这些共同信息更好地融入股价中，降低股价同步性，则两者呈负相关关系；反之，如果羊群行为是基于投资者忽略了各自掌握的私有信息，那么羊群行为将使私有信息融入股价的程度下降，提高股价同步性，则两者呈正相关关系。

为此，构建式（5-8）和式（5-9）检验机构投资者的羊群行为与股价同步性之间的关系，以及 QFII 对两者关系的影响：

$$SYNCH_{i,t} = \alpha + \beta Herding_{i,t-1} + \gamma ControlVariables_{i,t-1} \\ + \varepsilon_{i,t} \tag{5-8}$$

$$SYNCH_{i,t} = \alpha + \beta_1 Herding_{i,t-1} + \beta_2 QFII_{i,t-1} \\ + \beta_3 Herding_{i,t-1} \times QFII_{i,t-1} \\ + \gamma ControlVariables_{i,t-1} + \varepsilon_{i,t} \tag{5-9}$$

式中，$SYNCH$ 为股价同步性，度量方法如式（5-10）所示：

$$SYNCH_{i,t} = \ln \frac{R_{i,t}^2}{1-R_{i,t}^2} \tag{5-10}$$

式中，$R_{i,t}^2$ 为每年度股票周收益率根据式（5-1）回归后得到的 R^2。根据相关研究（Gul et al., 2010；Xu et al., 2013），选取的控制变量包括：$Volume$，衡量股票交易情况，用一年内该股票交易股数的自然对数表示；$Audit$，衡量上市公司的审计质量，如果为该公司提供审计服务的是国际四大会计师事务所，则该指标取值为 1，否则为 0；$Foreign$，衡量国外投资者持股比例，用 QFII 持股占流通股的比例表示；$Indnum$ 和 $Indsize$ 分别代表该公司所在行业上市公司的数量和该公司所在行业上市公司资产之和的自然对数；模型中其他变量的含义同前面所述。

表5-5列示了机构投资者羊群行为对股价同步性影响的实证结果。由表5-5可知，从全样本来看，$Herding$ 的回归系数显著为正，在1%的水平显著。由此可见，我国机构投资者的羊群行为是机构投资者忽略个人所掌握的私人信息而导致的真实的羊群行为，降

低了上市公司特有信息融入股价的程度，进而提高了股价同步性。

表 5 - 5　机构投资者羊群行为对股价同步性的影响

变量	全样本		"买方羊群"子样本		"卖方羊群"子样本	
	系数	t 值	系数	t 值	系数	t 值
Inter	-4.256^{***}	(-8.82)	-4.262^{***}	(-8.30)	-4.319^{***}	(-8.45)
Herding	1.306^{***}	(13.8)				
Herd_Buy			0.547^{***}	(5.79)		
Herd_Sell					0.801^{***}	(8.99)
Volume	0.149^{***}	(10.2)	0.149^{***}	(9.54)	0.145^{***}	(9.37)
Size	-0.059^{***}	(-3.78)	-0.075^{***}	(-4.44)	-0.063^{***}	(-3.82)
Lev	-0.083	(-1.18)	-0.066	(-0.86)	-0.054	(-0.73)
MB	-0.100^{***}	(-13.0)	-0.111^{***}	(-13.5)	-0.092^{***}	(-11.3)
Audit	-0.100^{**}	(-2.07)	-0.040	(-0.79)	-0.099^{*}	(-1.95)
Foreign	-0.019^{***}	(-7.72)	-0.020^{***}	(-8.23)	-0.018^{***}	(-7.19)
Indnum	0.000^{***}	(-3.20)	0.000^{***}	(-3.08)	0.000^{***}	(-3.51)
Indsize	0.080^{***}	(4.43)	0.099^{***}	(5.17)	0.090^{***}	(4.65)
年份固定效应	Yes		Yes		Yes	
行业固定效应	Yes		Yes		Yes	
样本量	6 542		5 410		6 081	
调整 R^2	0.071 4		0.059 1		0.054 1	
F 统计量	59.65^{***}		40.81^{***}		41.43^{***}	

注：因变量为 $SYNCH$。

表 5 - 6 列示的是 QFII 对机构投资者羊群行为与股价同步性关系影响的实证结果。从表中可知，在全样本下，机构投资者的羊群行为指标与 QFII 的交乘项 $Herding \times QFII$ 的回归系数显著为正，表明 QFII 的存在不仅不能减弱机构投资者羊群行为对股价同步性的正向影响，反而加强了二者之间的正向关系。这可能是由于 QFII 的交易本身是一个可供投机者炒作的话题，容易引起其他投资者忽略

自身掌握的私有信息而盲目跟风，造成更严重的羊群行为，使得这些私有信息无法融入股价，导致股价同涨同跌现象更为严重。也就是说，由于羊群行为的存在，机构投资者发现上市公司特有信息进而提高股票定价效率的能力被削弱了，QFII非但无法减弱羊群行为与股价同步性之间的关系，反而加强了二者之间的关系。

表 5-6 QFII 对机构投资者羊群行为与股价同步性关系的影响

变量	全样本		"买方羊群"子样本		"卖方羊群"子样本	
	系数	t 值	系数	t 值	系数	t 值
$Inter$	-4.321^{***}	(-8.93)	-4.332^{***}	(-8.40)	-4.361^{***}	(-8.50)
$Herding$	1.198^{***}	(11.8)				
$Herd\_Buy$			0.519^{***}	(5.01)		
$Herd\_Sell$					0.764^{***}	(7.90)
$QFII$	-0.179^{***}	(-2.86)	-0.077	(-1.21)	-0.082	(-1.23)
$Herding \times QFII$	0.820^{***}	(2.95)	0.139	(0.57)	0.232	(0.95)
样本量	6 542		5 410		6 081	
调整 R^2	0.072 4		0.059 1		0.054 0	
F 统计量	49.68^{***}		33.59^{***}		34.04^{***}	

注：因变量为 $SYNCH$。

2. 机构投资者羊群行为与股价崩盘风险：公司信息环境与机构投资者特征的影响

股价中的信息包含两类：一类是公司披露的公开信息，一类是机构投资者的私有信息。公司信息环境和机构投资者收集私有信息能力的差异，有可能会影响机构投资者羊群行为与股价崩盘风险之间的关系。为此，借鉴相关文献（Chan and Hameed，2006；An and Zhang，2013），本部分用一年内跟踪上市公司的分析师数量（$Analyst$）来表征公司信息环境[①]，并将持有上市公司股票的机

[①] 进一步将修正 Jones 模型估计的应计盈余（$ABACC$）作为上市公司信息环境的替代变量，研究结论不变。

构投资者中战略投资者（连续持有上市公司股票超过两年）的比例（*Strategy*）作为机构投资者特征差异的代理变量，分别研究各自对机构投资者羊群行为与股价崩盘风险关系的影响。

（1）分析师跟踪数量（*Analyst*）对机构投资者羊群行为与股价崩盘风险关系的影响。表 5 - 7 列示了公司信息环境对机构投资者羊群行为与股价崩盘风险影响的检验结果。由表 5 - 7 可知，在全样本中，机构投资者的羊群行为与分析师跟踪数量交乘项 *Herding* × *Analyst* 的系数显著为负，表明上市公司良好的信息环境能够降低机构投资者的羊群行为导致的股价崩盘风险。这也在一定程度上证明了本章的研究结论，即我国机构投资者的羊群行为是忽略私有信息的真实羊群行为，因而当上市公司信息环境改善后，由机构投资者的羊群效应导致股价崩盘的可能性显著降低。如果我国机构投资者的羊群行为是基于共同信息或偏好的"伪羊群行为"，当上市公司信息环境改善后，负面信息能够及时披露，此时机构投资者更容易基于共同的负面信息进行卖出交易，这将导致更严重的股价崩盘风险，明显与表 5 - 7 的回归结果不符。

表 5 - 7　公司信息环境、机构投资者羊群行为与股价崩盘风险

变量	全样本		"买方羊群"子样本		"卖方羊群"子样本	
	Ncskew	*Duvol*	*Ncskew*	*Duvol*	*Ncskew*	*Duvol*
	(1)	(2)	(3)	(4)	(5)	(6)
Inter	0.527***	0.534***	0.553***	0.556***	0.667***	0.603***
	(2.68)	(3.69)	(2.59)	(3.50)	(3.32)	(4.08)
Herding	0.321***	0.218***				
	(3.99)	(3.68)				
Herding × *Analyst*	−0.323*	−0.232*				
	(−1.82)	(−1.77)				
Herd_buy			0.128	0.037		
			(1.49)	(0.58)		

续表

变量	全样本		"买方羊群"子样本		"卖方羊群"子样本	
	Ncskew	Duvol	Ncskew	Duvol	Ncskew	Duvol
	(1)	(2)	(3)	(4)	(5)	(6)
Herd_Buy× Analyst			−0.135	−0.019		
			(−0.90)	(−0.17)		
Herd_Sell					0.268***	0.196***
					(3.48)	(3.45)
Herd_Sell× Analyst					−0.455***	−0.308***
					(−3.06)	(−2.81)
Analyst	0.161***	0.104***	0.103**	0.039	0.208***	0.138***
	(3.97)	(3.47)	(2.49)	(1.26)	(5.01)	(4.50)
样本量	6 542	6 542	5 410	5 410	6 081	6 081
调整 R^2	0.362 3	0.518 3	0.357 6	0.509 0	0.364 5	0.520 3
F 统计量	359.52***	680.03***	292.61***	544.09***	336.63***	635.70***

（2）战略投资者（Strategy）对机构投资者羊群行为与股价崩盘风险关系的影响。除了公司信息环境的影响之外，机构投资者收集私有信息能力的差异同样会影响机构投资者羊群行为与股价崩盘风险的关系。An and Zhang（2013）研究发现，相对于短期机构投资者，战略投资者更有动机获取公司私有信息，监督公司管理层行为，降低股价同步性和崩盘风险。为了检验机构投资者特征差异的影响，本章借鉴 An and Zhang（2013）的研究方法，并结合现有的数据，以机构投资者持股的稳定性（是否连续重仓持有一家上市公司的股票超过两年）区分短期机构投资者和战略投资者，最终得到 16 301 个具有战略投资者特征的机构-公司样本，约占全部机构-公司样本的 10.07%，并计算了上市公司中战略投资者占全部机构的比重（Strategy），进而研究其对羊群行为与股价崩盘风险关系的影响。

表5－8　战略投资者、机构投资者羊群行为与股价崩盘风险

变量	全样本		"买方羊群"样本		"卖方羊群"样本	
	Ncskew	*Duvol*	*Ncskew*	*Duvol*	*Ncskew*	*Duvol*
Inter	0.146	0.303**	0.127	0.328**	0.294	0.364***
	(0.79)	(2.21)	(0.61)	(2.12)	(1.55)	(2.60)
Herding	0.118	0.059				
	(1.46)	(0.99)				
Herding×Strategy	0.372***	0.334***				
	(2.71)	(3.30)				
Herd_Buy			0.043	−0.006		
			(0.52)	(−0.10)		
Herd_Buy×Strategy			0.166	0.188		
			(0.66)	(1.01)		
Herd_Sell					0.018	0.011
					(0.25)	(0.20)
Herd_Sell×Strategy					0.417***	0.354***
					(2.91)	(3.36)
Strategy	−0.316***	−0.238***	−0.286***	−0.198***	−0.350***	−0.260***
	(−6.72)	(−6.86)	(−3.68)	(−3.44)	(−6.54)	(−6.61)
样本量	6 542	6 542	5 410	5 410	6 081	6 081
调整R^2	0.365 3	0.520 9	0.359 6	0.510 4	0.367 3	0.522 6
F统计量	364.17***	687.13***	295.13***	547.15***	340.77***	641.63***

由表5－8列示的检验结果可知，一方面，战略投资者比重（*Strategy*）的系数显著为负，表明战略投资者确实能够发掘更多的上市公司私有信息，降低股价崩盘风险，这与An and Zhang（2013）的研究结论一致。另一方面，在全样本中，交乘项 *Herding×Strategy* 的系数显著为正，表明战略机构投资者不仅不能抑制机构投资者羊群行为与股价崩盘风险之间的正向关系，反而加强了这一关系。这可能

是由于：与 QFII 相似，除了通过发掘上市公司私有信息降低股价崩盘风险外，战略机构投资者的引入本身也容易成为炒作的话题，对其他机构投资者来说具有信号作用，容易成为被跟随的目标，造成更严重的羊群行为，进而强化机构投资者羊群行为对股价崩盘风险的正向影响。[①]

由此可见，公司信息环境和机构投资者特征都会对机构投资者羊群行为与股价崩盘风险之间的关系产生影响。

5.4.4 稳健性测试

1. 买方羊群行为（*Herd_Buy*）和卖方羊群行为（*Herd_Sell*）

已有研究表明，机构投资者买进或者卖出股票时的羊群行为对市场的影响存在差异，卖方羊群行为的影响更为明显（Wermers，1999；刘成彦等，2007）。为了区分这种差异，借鉴 Wermers（1999）的方法，从买进和卖出两种行为区分机构投资者羊群行为的方向，具体模型如下：

$$BHM_{i,t} = HM_{i,t} \mid p_{i,t} > E(p_{i,t}) \tag{5-11}$$

$$SHM_{i,t} = HM_{i,t} \mid p_{i,t} < E(f(p_{i,t})) \tag{5-12}$$

运用如下方法分别计算存在买方羊群行为的变量 *Herd_Buy* 和存在卖方羊群行为的变量 *Herd_Sell*：

首先，步骤（1）、（2）、（3）的计算过程与前述不区分羊群行为方向的步骤相同。

其次，在步骤（4）计算 $p_{i,t} - E(p_{i,t})$ 的基础上，根据 $p_{i,t} - E(p_{i,t})$ 的正负将全部数据分成两个子样本：若 $p_{i,t} - E(p_{i,t}) > 0$，表明在 t 季度增持公司 i 股票的机构投资者占持有公司 i 股票的机构投资者的比例高于平均水平，存在买方羊群行为，因此归入"买方羊群"子样本；若 $p_{i,t} - E(p_{i,t}) < 0$，表明在 t 季度增持公司 i 股票

---

① 以股价同步性为因变量，同样发现 *Herding × Strategy* 和 *Herd_Sell × Strategy* 的系数都显著为正。

的机构投资者占持有公司 i 股票的机构投资者的比例低于平均水平，存在卖方羊群行为，因此在将数据取绝对值后，归入"卖方羊群"子样本；若 $p_{i,t}-E(p_{i,t})=0$，则剔除该数据。

最后，对两个子样本分别进行步骤（5）和（6），最终得到买方羊群行为 $Herd\_Buy$ 和卖方羊群行为 $Herd\_Sell$ 两个变量。

至此，对上述所有检验都区分了"买方羊群"子样本和"卖方羊群"子样本。具体结果如下：

（1）表 5-3 显示，区分羊群行为方向后发现，在"买方羊群"子样本中，$Herding$ 的回归系数虽然为正，但均不显著。在"卖方羊群"子样本中，$Herding$ 的回归系数均显著为正。可见，机构投资者羊群行为对股价崩盘风险的影响在机构投资者同时卖出股票时更为明显，而在机构投资者同时买进股票时不显著，这说明机构投资者不同方向的羊群行为对股价崩盘风险的影响不同。其原因可能是机构投资者在卖出股票时表现出的羊群行为更加明显（Wermers，1999；刘成彦等，2007），导致卖方羊群行为对股价崩盘风险的影响更为显著。

（2）表 5-4 显示，两个子样本中 $Herding \times QFII$ 的回归系数为负，但都不显著。

（3）表 5-5 显示，在"买方羊群"子样本和"卖方羊群"子样本中，$Herding$ 的系数都为正，且在 1% 的水平显著。

（4）表 5-6 显示，两个子样本中 $Herding \times QFII$ 的回归系数均不显著。

2. 季度数据检验

研究机构投资者羊群行为的文献大多使用季度数据，而由于我国上市公司季报和半年报不需要经过审计，为了保证数据的准确性和统一性，我们将羊群行为的季度数据转化为年度数据。为了检验这种数据结构上的差异是否会影响本章的结论，我们利用羊群行为的季度数据、上市公司的季度财务数据以及股票交易的日收益率数据重新计算了股价崩盘风险指标，对表 5-3 进行了稳健性检验，回归结果如表 5 - 9 所示。在全样本和"卖方羊群"子样本中，羊群行为与股价崩盘风险之间的关系仍然显著为正，而在"买方羊群"子样本中，羊群行为与股价崩盘风险之间的关系不显著，这与表 5 - 3 的回归结果一致。

表 5 - 9　使用季度数据检验的实证结果

变量	全样本		"买方羊群"子样本		"卖方羊群"子样本	
	Ncskew	*Duvol*	*Ncskew*	*Duvol*	*Ncskew*	*Duvol*
Inter	0.621***	1.240***	0.030	0.130	1.130***	1.808***
	(5.33)	(11.2)	(0.17)	(1.02)	(7.07)	(10.4)
Herding	0.178***	0.086***				
	(6.37)	(3.23)				
Herd_Buy			0.087	0.092		
			(0.67)	(1.54)		
Herd_Sell					0.268***	0.166***
					(6.47)	(3.68)
样本量	18 999	18 995	7 993	7 991	10 554	10 552
调整 R^2	0.014 0	0.597 4	0.008 8	0.017 2	0.019 5	0.660 7
F 统计量	30.95***	31.32***	8.93***	16.52***	24.28***	22.84***

3. 股票基金的羊群行为

Wermers（1999）等在研究机构投资者的羊群行为时往往将共同基金等积极交易者的交易数据作为研究样本，为了检验样本选择的差异是否会影响本章的结论，我们剔除了保险公司、财务公司、社保基金、信托基金等以被动型交易为主的机构投资者，只保留了股票投资基金的持股数据，重新计算了羊群行为的指标，回归结果如表 5 - 10 所示。从表中可以看出，基金羊群行为与股价崩盘风险之间的正相关关系依然存在，而且这种关系在"卖方羊群"子样本中更显著。

表 5 - 10　基金羊群行为与股价崩盘风险的回归结果

变量	全样本		"买方羊群"子样本		"卖方羊群"子样本	
	Ncskew	*Duvol*	*Ncskew*	*Duvol*	*Ncskew*	*Duvol*
Inter	0.251	0.401***	0.460**	0.566***	0.489**	0.532***
	(1.27)	(2.77)	(2.13)	(3.56)	(2.42)	(3.58)
Herding	0.346***	0.222***				
	(4.27)	(3.73)				
Herd_Buy			0.152**	0.076		
			(1.98)	(1.34)		
Herd_Sell					0.122*	0.081***
					(1.72)	(2.55)
样本量	6 198	6 198	5 082	5 082	5 798	5 798
调整 R^2	0.360 5	0.516 4	0.358 2	0.513 7	0.358 4	0.513 7
F 统计量	389.15***	736.23***	316.12***	597.27***	360.86***	681.43***

4. 行业因素对个股收益率的影响

Hutton et al. (2009) 和 Kim et al. (2011a，2011b) 等在计算个股特质收益率时没有考虑行业因素的影响，而在我国资本市场中，行业板块之间的收益率可能存在很大差异。在稳健性检验中我们将行业因素放入模型，重新计算了 $W_{i,t}$，即用式（5 - 13）和式（5 - 14）代替式（5 - 1）和式（5 - 2），重新计算股价崩盘风险指标，并对表 5 - 3 进行相应检验。

$$r_{i,t} = \alpha + \beta_{1,i} r_{ind,t-1} + \beta_{2,i} r_{m,t-1} + \beta_{3,i} r_{ind,t} + \beta_{4,i} r_{m,t}$$
$$+ \beta_{5,i} r_{ind,t+1} + \beta_{5,i} r_{m,t+1} + \varepsilon'_{i,t} \tag{5-13}$$

相应地，有

$$W'_{i,t} = \ln(1 + \varepsilon'_{i,t}) \tag{5-14}$$

回归结果如表 5 - 11 所示。除全样本中 *Herding* 与 *Duvol* 的回归系数变得不显著外，其他结果基本不变。

表 5-11 采用不同方法计算股价崩盘风险的回归结果

变量	全样本		"买方羊群"子样本		"卖方羊群"子样本	
	Ncskew	*Duvol*	*Ncskew*	*Duvol*	*Ncskew*	*Duvol*
Inter	0.081**	0.075	−0.864***	−0.516***	0.082**	−0.041**
	(2.08)	(1.31)	(−6.88)	(−2.78)	(2.10)	(−2.43)
Herding	0.111***	0.086				
	(3.00)	(1.57)				
Herd_Buy			0.026	−0.020		
			(0.84)	(−0.44)		
Herd_Sell					0.113***	0.070**
					(3.04)	(2.22)
样本量	6 542	6 542	5 410	5 410	6 081	6 081
调整 R^2	0.358 3	0.514 1	0.354 8	0.506 0	0.358 8	0.515 1
F 统计量	366.27***	693.01***	298.5***	555.08***	340.43***	645.4***

5. 仅考虑前十大重仓股

我国基金的季报中只需要披露前十大重仓股,而半年报和年报则需要披露其投资组合的全部数据,这导致在计算机构持股比例变化时存在一定的偏差。为了减小这一因素的影响,我们仅考虑机构投资者的前十大重仓股,剔除前十大重仓股以外的其他数据重新计算机构投资者的羊群行为指标,并进行相应的回归分析,具体结果如表 5-12 所示,与表 5-3 基本相同。

表 5-12 仅考虑前十大重仓股的回归结果

变量	全样本		"买方羊群"子样本		"卖方羊群"子样本	
	Ncskew	*Duvol*	*Ncskew*	*Duvol*	*Ncskew*	*Duvol*
Inter	0.237	0.453**	0.319*	0.601***	0.319*	0.451***
	(−1.00)	(−2.25)	(−1.74)	(−5.23)	(−1.94)	(−3.10)
Herding	0.229***	0.156***				
	(−2.95)	(−3.01)				

续表

变量	全样本		"买方羊群"子样本		"卖方羊群"子样本	
	Ncskew	*Duvol*	*Ncskew*	*Duvol*	*Ncskew*	*Duvol*
Herd_Buy			0.114	0.078		
			(−1.43)	(−0.99)		
Herd_Sell					0.132*	0.108**
					(−1.91)	(−2.14)
样本量	6 541	6 541	5 410	5 410	6 080	6 080
调整 R^2	0.323 9	0.516 7	0.334 2	0.506 8	0.360 3	0.522 4
F 统计量	345.42***	677.89***	271.50***	504.613***	312.07***	594.36***

6. QFII 限制的影响

与其他国家相比，QFII 在我国的交易受到一定的限制，如卖空限制、总额限制以及单只股票持股比例限制。其中最严格的是证监会对 QFII 持有单只股票比例的限制，根据证监会的规定，2012 年之前 QFII 持有单只股票的持股比例不得超过 20%，2012 年 7 月 27 日证监会将这一比例提高到 30%，这种对 QFII 买卖股票的限制无疑会影响到 QFII 的行为，进而影响 QFII 的信息发掘能力。尽管从本章的样本来看，QFII 持股比例的最高值仅为 8.28%（不包括金融行业），远低于证监会规定的上限，但为了避免 QFII 持股比例的限制对研究结论的影响，我们剔除了每一季度 QFII 持股比例前 5% 的样本，对表 5-4 进行了重新回归，具体结果如表 5-13 所示，与表 5-4 基本相同。

表 5-13　QFII 限制对机构投资者羊群行为与股价崩盘风险关系的影响

变量	全样本		"买方羊群"子样本		"卖方羊群"子样本	
	Ncskew	*Duvol*	*Ncskew*	*Duvol*	*Ncskew*	*Duvol*
QFII	0.079	0.124	−0.076	0.013	0.069	0.041
	(1.64)	(1.53)	(−0.98)	(0.42)	(1.44)	(1.17)

续表

变量	全样本		"买方羊群"子样本		"卖方羊群"子样本	
	Ncskew	*Duvol*	*Ncskew*	*Duvol*	*Ncskew*	*Duvol*
Herding × *QFII*	−0.133	−0.120	−0.209	−0.161	−0.128	−0.076
	(−0.61)	(−0.77)	(−1.09)	(−0.85)	(−0.70)	(−0.56)
样本量	6 503	6 503	5 379	5 379	6 081	6 081
调整 R^2	0.357 8	0.513 8	0.354 9	0.506 0	0.359 5	0.515 9
F 统计量	330.41***	614.03***	265.96***	502.95***	311.29***	590.03***

7. 机构投资者对行业信息的解读

表 5-5 的回归结果表明，机构投资者的羊群行为增加了股价同步性。然而股价同步性高并不一定表明信息匮乏，也可能是因为信息的侧重点不同。Piotroski and Roulstone（2004）发现在美国，分析师跟踪会导致股价中包含更多的宏观信息，因为这些分析师更多地解读了行业信息，但是机构投资者的行为会导致股价中包含更多的私有信息。事实上，宏观政策对公司影响巨大，机构投资者利用宏观信息进行买卖决策的"伪羊群行为"可能也会提高股价同步性。

为了排除这种可能的解释，我们借鉴 Piotroski and Roulstone（2004），运用式（5-15）和式（5-16）构造 R^2_diff 指标，用以度量股价反映行业层面信息的程度，进而检验机构投资者的羊群行为对 R^2_diff 的影响。

$$R_{i,t} = \alpha + \beta_1 R_{m,t} + \beta_2 R_{m,t-1} + \beta_3 R_{I,t} + \beta_4 R_{I,t-1} + \varepsilon_{i,t} \quad (5-15)$$

$$R_{i,t} = \alpha + \beta_1 R_{m,t} + \beta_2 R_{m,t-1} + \varepsilon_{i,t} \quad (5-16)$$

式中，$R_{i,t}$ 为股票 i 在 t 时期的收益率；$R_{m,t}$ 为 t 时期的市场收益率；$R_{I,t}$ 为 t 时期股票 i 所在行业的行业收益率。根据式（5-15）和式（5-16）对每只股票在不同时期内进行回归，分别得到两个模型的 R^2 并相减，可以得到 R^2_diff，然后根据式（5-17）进行转换：

$$SYNCH_{i,t} = \ln \frac{R^2\_diff}{1 - R^2\_diff} \qquad (5-17)[1]$$

R^2_diff 和 $SYNCH_{I,t}$ 代表的均是行业层面信息在上市公司股价中的反映程度，其值越高，表明行业层面信息在上市公司股价中的反映越充分。将该指标代入式（5-8）中，回归结果列示于表5-14。

表 5-14　机构投资者羊群行为与公司行业层面信息（R^2_diff）的回归结果

变量	全样本		"买方羊群"子样本		"卖方羊群"子样本	
	系数	t 值	系数	t 值	系数	t 值
Inter	−1.809***	(−3.17)	−2.075***	(−3.30)	−2.007***	(−3.36)
Herding	−0.243**	(−2.06)				
Herd_Buy			−0.459***	(−3.65)		
Herd_Sell					−0.221**	(−1.97)
样本量	6 531		5 394		6 042	
调整 R^2	0.089 8		0.090 5		0.092 0	
F 统计量	59.60***		49.76***		56.63***	

注：因变量为 R^2_diff。

从表5-14中可知，无论是在全样本还是在各子样本中，机构投资者羊群行为的回归系数均显著为负，表明机构投资者的羊群行为降低了行业层面信息融入股价的程度，说明我国机构投资者的羊群行为不是机构利用行业层面信息进行买卖决策的"伪羊群行为"。因为如果机构投资者是由于获得行业层面信息这一公共信息而进行的羊群行为（"伪羊群行为"），那么股价中包含的行业层面信息将更多，羊群行为与 R^2_diff 将呈正相关关系，而非负相关关系。

---

[1]　Piotroski and Roulstone（2004）以及 Xu et al.（2013）的研究中均没有做这一步变换，本章在实际回归过程中还使用了 R^2_diff 作为被解释变量，结果与表5-14保持一致。

5.5 本章小结

本章根据 2005—2010 年我国机构投资者季度持股的相关数据，研究机构投资者羊群行为对上市公司股价崩盘风险的影响，以及 QFII 对这两者关系的影响，以此探讨机构投资者在我国资本市场中的作用。研究结果表明：

（1）机构投资者羊群行为与股价崩盘风险之间存在显著的正向关系，说明机构投资者的羊群行为提高了上市公司股价崩盘风险。

（2）区分羊群行为方向后发现，上述正向关系在机构投资者集中卖出股票时表现得更为明显。

（3）QFII 的存在并不能减弱机构投资者羊群行为与股价崩盘风险之间的正向关系。

（4）进一步研究发现，机构投资者的羊群行为同样提高了上市公司股价同步性。

（5）公司信息环境的改善将降低机构投资者羊群行为与股价崩盘风险之间的正向关系，而战略投资者的存在则会强化两者之间的正向关系。

这些结果表明，我国机构投资者的羊群行为导致机构投资者忽略了各自所掌握的私有信息，降低了私有信息融入股价的程度，从而提高了上市公司的股价崩盘风险和股价同步性。同时，QFII 的存在并不能减少机构投资者的羊群行为对股价崩盘风险和股价同步性的影响。可见，在中国，机构投资者更多的是扮演"崩盘加速器"，而不是"市场稳定器"。

本章的研究具有重要的理论意义与政策启示：

（1）首次发现机构投资者的羊群行为会提高股价崩盘风险，从而为有关机构投资者能否起到稳定股市作用的争论提供了直接证据。由于羊群行为的存在，机构投资者队伍的壮大和快速发展并没有起到稳定股市的作用，因而，相关监管部门应进一步加强对机构投资者的引导和教育，培育其形成注重基本面分析、长期投资的价值理念，避免盲目跟风所引发的投机行为及其对市场稳定性的破坏。

（2）QFII 的引入并不能达到抑制市场投机行为、稳定股市的目的，QFII 的存在甚至会使机构投资者的羊群行为更为严重，加剧股价同涨同跌，从而在一定程度上破坏市场的稳定。因此，政府部门应该进一步出台相关政策规范 QFII 的投资行为。此外，还应该加强制度建设，完善信息环境，以提高市场的定价效率，避免股价发生暴跌现象，维护中小投资者的利益。

第6章　分析师利益冲突、乐观偏差与股价崩盘风险 *

6.1　引　言

　　股价暴涨暴跌是资本市场的一种重要现象，特别是暴跌所带来的股价崩盘风险，给资本市场的健康发展和投资者的财富带来了极大的冲击和破坏，因此受到监管者、投资者和学术界的广泛关注。由于金融危机的爆发，股价崩盘风险成为宏观经济和微观财务学研究的热点。特别是在我国经济快速增长而金融风险和脆弱性逐渐累积的背景下，开展该问题的研究对降低我国资本市场金融风险、促进股市平稳发展具有重要的理论和现实意义。

---

　　* 本章内容具体可参见：许年行，江轩宇，伊志宏，徐信忠. 分析师利益冲突、乐观偏差与股价崩盘风险〔J〕. 经济研究，2012（7）：127-140.

尽管如此，该领域的研究并不多，尤其是针对我国的研究更为匮乏。在少数几篇研究股价崩盘风险的文献中，Jin and Myers (2006) 通过跨国比较研究发现，公司透明度与股价崩盘风险负相关，而 Hutton et al. (2009) 利用美国公司的证据发现同样支持该结论。此外，Kim et al. (2011a，2011b) 和 Kim and Zhang（2011）发现股价崩盘风险与公司 CFO 的期权激励和避税行为正相关，但会计稳健性能有效降低股价崩盘的可能性。这些研究认为股价崩盘风险的主要生成机理是：公司内部管理层一般不愿意披露负面信息而是隐藏坏消息，且负面信息随着经营周期的持续而逐渐累积。当负面信息累积到一定程度达到极限时，将集中释放到外部市场，进而对公司股价造成极大的负面冲击并最终崩盘。但这些研究大多侧重于从信息透明度等公司内部特征来分析股价崩盘风险的影响因素，没有考虑公司外部其他可能影响股价崩盘风险的因素。

自我国股市建立以来，证券分析帅已成为我国资本市场的重要参与者与组成部分。但这些分析师能否有效发挥信息中介作用以促进证券定价效率的提高和股市的平稳发展，一直是一个充满争议的话题。众多研究表明，受制于各种利益冲突，分析师向市场传递的信息存在严重的选择性偏差，他们倾向于发布乐观的盈余预测与股票评级，即发布正面信息而忽视负面信息（Francis and Philbrick，1993；Easterwood and Nutt，1999；O'Brien et al.，2005；Mola and Guidolin，2009；曹胜和朱红军，2011）。因此，分析师的乐观偏差将导致公司的负面信息难以及时披露给外部投资者，当这些负面信息累积到一定程度而最终释放时，将有可能导致股价大幅下跌而出现崩盘现象。那么，分析师的乐观偏差是否会影响股价崩盘风险？分析师面临的利益冲突是否会加强两者之间的关系？

为了回答上述问题，我们以 2003—2010 年我国 A 股上市公司为样本，从企业微观层面研究分析师乐观偏差是否影响上市公司股价崩盘风险，并考察分析师面临的利益冲突是否会加强两者之间的关系。我国资本市场为研究这些问题提供了研究样本和实验场所。

（1）上市公司的信息透明度较低，所面临的信息环境需要进一步完善（Piotroski and Wong，2010）。这集中体现为我国上市公司具有很高的股价同步性，例如 Jin and Myers（2006）发现，我国股价同步性在 40 多个国家位列第一名，说明我国上市公司披露的公司特质信息较少，导致股价同涨同跌现象严重。这种信息环境较为适合考察分析师能否发挥信息中介作用，以提高信息透明度和证券市场效率。Jin and Myers（2006）和 Hutton et al.（2009）均发现，信息透明度越低，股价崩盘风险越高。

（2）与西方发达国家相比，我国股市成立时间较短，较为不成熟和不稳定（Piotroski and Wong，2010）。这些特征为研究提供了一个实验场所。

（3）我国股市存在卖空限制，分析师要想增加交易量，以获得更多佣金分成，必须提供更多买入评级的报告（Jackson，2005）。因此，分析师在推荐股票和盈余预测方面普遍表现得更为乐观，这为研究分析师乐观偏差的经济后果提供了很好的样本和数据。

通过实证分析，我们的主要发现如下：

（1）当跟踪上市公司的分析师中具有乐观偏差的分析师比例越高时，股价未来崩盘的风险越高，且该关系在牛市阶段更显著。

（2）机构投资者持股比例越高、机构投资者数量越多，公司存在再融资行为，以及来自前五大佣金收入券商的分析师比例越高，分析师乐观偏差与股价崩盘风险之间的正向关系更显著。

这说明分析师乐观偏差是影响股价崩盘风险的一个重要因素，并且分析师面临的利益冲突会加强两者之间的正向关系。

本文的贡献体现在：

（1）不同于以往大量集中于分析师乐观偏差影响因素的研究，我们考察了分析师乐观偏差的经济后果，并且首次发现了其中一种重要的负面经济后果：提高股价崩盘风险，从而深化了分析师预测偏差的相关研究。

（2）不同于以往文献侧重从公司内部特征特别是会计特征角度

来分析股价崩盘风险的影响因素，我们从公司外部的分析师乐观偏差角度来分析并证实其对股价崩盘风险具有显著的正向影响，从而为股价崩盘风险的研究开拓了一个新的研究视角。

（3）我们将外部市场态势引入股价崩盘风险的研究框架中，并且首次发现分析师乐观偏差与股价崩盘风险的关系在牛市和熊市存在显著差异，从而深化了该领域的研究。

（4）我们发现分析师面临的利益冲突会增强分析师乐观偏差的倾向，进而加剧股价崩盘风险。这说明利益冲突会给资本市场带来负面影响，从而为有关分析师利益冲突的理论和研究提供了来自转型经济国家的证据和补充。

6.2　文献回顾与研究假说

6.2.1　分析师乐观偏差与股价崩盘风险

对于股价崩盘风险的生成机理，以往文献认为公司内部管理层出于掏空（Kim et al.，2011a）、期权（Kim et al.，2011b）、晋升（Piotroski et al.，2015）等，普遍存在隐藏公司负面信息或坏消息的动机。而随着时间的推移，负面信息不断累积，一旦公司对坏消息的容纳超过上限，坏消息将被集中释放出来，进而对股价造成极大的负面冲击并最终崩盘。进一步地，Bleck and Liu（2007）认为经理人有动机投资净现值为负的项目，他们通过隐藏负面信息可以防止投资者的阻挠，从而保证项目顺利实施。而随着经营的持续，项目的亏损不断积累，最终被市场发觉并造成股价大幅下跌。尤其对于信息透明度低的公司，由于投资者无法感知经理人藏匿负面信息的行为，经理人更容易进行信息管理，故其股价未来崩盘的风险更大（Jin and Myers，2006）。可见，在信息不对称的情况下，坏消息的累积及瞬间释放是导致股价崩盘风险的一个重要原因。

长期以来，扮演资本市场信息中介角色的分析师被认为在缓解信息不对称方面发挥了至关重要的作用。理论上，通过分析师的研究报告，外部投资者能了解更多信息，公司的信息透明度将提高，因此有助于降低股价崩盘风险。然而，分析师在很多时候并未公允、客观地提供他们所掌握的私有信息。一般来说，分析师普遍存在系统性的乐观倾向。Francis and Philbrick（1993）发现分析师的盈利预测显著大于公司的实际盈余；Easterwood and Nutt（1999）则发现分析师倾向于高估正面信息的收益并低估负面信息的损害；O'Brien et al.（2005）发现受制于利益冲突，分析师更不愿意披露公司的负面信息。在乐观偏差的作用下，公司的许多负面信息并不能通过分析师的研究报告被及时披露给外部投资者。同时，分析师研究报告的发布通常能够影响股价走势。一般来说，盈余预测或股票评级越乐观，公司股价的市场表现越好（Womack，1996；潘越等，2011）。而且，由于分析师过度乐观，公司中的负面信息无法及时被披露进而反映到股价中，这将导致公司股价被高估。[①] 因此，分析师乐观评级或盈余预测出现的频次越多，公司负面信息被隐藏，进而股价被高估的可能性越大。当累积的负面信息最终被市场识破时，将导致股价泡沫的破灭，使股价大幅下挫。据此提出假说一：

H1：分析师乐观偏差与上市公司股价崩盘风险之间呈正相关关系。

6.2.2 利益冲突对分析师乐观偏差与股价崩盘风险关系的影响

Mehran and Stulz（2007）认为，如果分析师通过发布有偏的研究报告为其服务的客户带来直接好处，则存在利益冲突。而分析师面临的利益冲突是影响分析师乐观偏差的一个重要因素。对于分析师来说，面临的利益冲突主要来自三个方面：一是机构投资者；二是承销业务；三是佣金收入。为此，如下部分逐一展开分析。

---

① 例如，2000 年 7—9 月，东方趋势证券公司一位分析师对青山纸业（600103）过分吹捧，导致其股价被大幅拉升，在此期间，盘面中资金大手笔逃迹象明显，半年后股价发生大跌（宋乐和张然，2010）。

1. 机构投资者对分析师乐观偏差与股价崩盘风险关系的影响

机构投资者是分析师研究报告的最主要客户，同时也是经纪商最主要的利润来源。Mola and Guidolin（2009）认为，分析师的研究报告往往会作为支持经纪业务的营销工具，因此，分析师对机构投资者重仓持有股票跟踪的频率更高，同时分析师对这些机构投资者重仓股所出具的研究报告也会更加乐观。在我国，许多券商的卖方分析师从研究部门被推上了营销的前线，分析师的收入水平也与佣金收入直接挂钩。除了分仓收入之外，机构投资者还掌握了分析师职业晋升的脉门——《新财富》等最佳分析师评选活动的投票权。而一旦被评为最佳分析师，则意味着其价值、地位和收入将大幅上升（Stickel，1992），因此，为了维持与机构投资者良好的客户关系，分析师在对机构投资者持有的股票出具报告时会更加谨慎，更不轻易及时公开披露此类公司的负面信息。尤其对机构投资者重仓持有的股票，一旦分析师单方面公布其负面信息，可能会导致机构投资者的利益严重受损。[①] 此时，机构投资者将减少在该分析师所在机构的交易额，也很有可能不支持该分析师参与最佳分析师的评选，这会给分析师及其所在机构带来较高的成本。正如Womack（1996）的观点，分析师对机构重仓股发布负面信息的成本明显高于其他股票。Hong and Kubik（2003）发现，分析师的职业晋升更多取决于乐观偏差而非准确度。Firth et al.（2011）用我国的数据表明，当基金为分析师所在机构的客户并且持有某家公司的股票时，该分析师将发布更乐观的投资评级，并且基金持股比例越高，分析师的评级越乐观。因此，一方面，从机构投资者持股的深度来说，机构持股比例越高，分析师受到的压力越大；另一方面，从机构投资者持股的宽度来说，机构数量越多，分析师受到的压力也越大。这两个方面的压力都将促使分析师发布更为乐观的研究报告，

---

① 分析师在出具负面报告时可能会有选择地提前通知重要的机构投资者，预留其调整仓位的时间。但这已违反我国《内幕交易行为认定指引》等相关条例。

进而提高股价崩盘风险。据此提出假说二：

H2a：机构投资者持股比例越高，分析师乐观偏差与股价崩盘风险之间的正相关关系更强。

H2b：机构投资者数量越多，分析师乐观偏差与股价崩盘风险之间的正相关关系更强。

2. 再融资行为对分析师乐观偏差与股价崩盘风险关系的影响

虽然法律要求综合类券商各部门之间必须架设"防火墙"，但许多研究表明这种"防火墙"并不起效。尤其是对于承销业务这一重要的收入来源来说，随着市场竞争日趋激烈，分析师的研究报告越来越成为投行争取承销业务、维护客户关系的重要战略资源（Lin and McNichols，1998；原红旗和黄倩茹，2007）。Lin and McNichols（1998）发现，在上市公司进行再融资（seasoned equity offering，SEO）之前，来自最终获得承销业务的券商的分析师会给予更高的增长率预测。Dechow et al.（2000）发现，在新股发行前后，分析师对长期成长性的预测过于乐观，表明分析师为了帮助所在券商赢得承销业务，会丧失客观性和独立性。Mola and Guidolin（2009）也发现，承销商分析师在公司进行 SEO 当季，会表现得比其他分析师更乐观。Ljungqvist et al.（2009）发现分析师在股票和债券发行之前发布更为乐观的投资评级，能提高券商在竞争主承销商或副承销商中获胜的可能。此外，当分析师为所在机构赢得承销业务时可获得大量奖金，这也将加剧其乐观偏差。我国分析师大多受雇于综合类证券公司，面临严重的利益冲突，乐观偏差较为严重（原红旗和黄倩茹，2007；曹胜和朱红军，2011）。因此，当上市公司存在再融资需求时，这些分析师会更加乐观，容易忽略公司的负面因素而报告正面信息，高估募集资金的投资项目，以此为所在机构争取更多潜在的承销业务。故提出假说三：

H3：当公司有再融资行为时，分析师乐观偏差与股价崩盘风险之间的正相关关系更强。

3. 佣金收入压力对分析师乐观偏差与股价崩盘风险关系的影响

在分析师的薪酬体系中，佣金收入提成是一个至关重要的组成部分。许多研究均表明由于存在卖空限制，看涨的研究报告能够刺激交易，带来更高的佣金收入。例如，Irvine（2004）和 Jackson（2005）均发现，分析师发布乐观的研究报告将提高其经纪公司的交易量。进一步，Ljungqvist et al.（2007）认为，在经纪业务规模越大的券商就职的分析师，其受到的提高佣金收入的压力越大，会倾向于发布更乐观的研究报告。因此，受制于券商提高佣金收入的压力，以及从中获得更多报酬的动机，分析师将发布乐观的研究报告，并且受此压力影响的分析师比例越高，分析师对该公司的研究报告更为乐观，导致该公司存在的负面信息更不易被披露，最终使股价崩盘风险更高。故提出假说四：

H4：来自高佣金收入券商的分析师比例越高，分析师乐观偏差与股价崩盘风险之间的正相关关系更强。

6.3　研究设计

6.3.1　样本数据

研究样本为深沪两市 2003—2010 年所有存在分析师关注的 A 股上市公司。分析师数据来自 CSMAR 数据库，其余数据来自 Wind 数据库。其中，CSMAR 对分析师研究报告的收集起始于 2001 年，但数据库中 2001 年和 2002 年的分析师记录数据较少，同时，机构投资者数据在 Wind 数据库中从 2003 年年末才开始披露，故将研究区间选为 2003—2010 年。

对于初始数据，进行如下处理：

（1）剔除分析师姓名及报告发布日期缺失的样本。

（2）借鉴相关文献的处理方法（Clement and Tse，2005）：如果分析师在一年内对同一公司发布多份报告，只保留最后一份预测报告的数据。

（3）为了估计股价崩盘风险的数值，参照 Jin and Myers（2006），剔除每年交易周数小于 30 的样本。

（4）剔除金融类上市公司。

（5）剔除数据缺失样本。

根据上述标准，最终得到 4 236 个公司-年观测值。

6.3.2 变量的选择和度量

1. 股价崩盘风险

借鉴 Chen et al.（2001）和 Kim et al.（2011a，2011b）的方法，采用两种方法来度量上市公司股价崩盘风险。[①] 度量方法如下：

首先，每年用股票 i 的周收益率数据进行下列回归：

$$R_{i,t} = \alpha_i + \beta_1 R_{m,t-2} + \beta_2 R_{m,t-1} + \beta_3 R_{m,t} + \beta_4 R_{m,t+1} + \beta_5 R_{m,t+2} + \varepsilon_{i,t} \qquad (6-1)$$

式中，$R_{i,t}$ 为股票 i 第 t 周考虑现金红利再投资的收益率；$R_{m,t}$ 为 A 股所有股票在第 t 周经流通市值加权的平均收益率。在式（6-1）中加入市场收益率的滞后项和超前项，以调整股票非同步性交易的影响（Dimson，1979）。股票 i 在第 t 周的特质收益率为 $W_{i,t} = \ln(1 + \varepsilon_{i,t})$，$\varepsilon_{i,t}$ 为回归方程式（6-1）的残差。

其次，基于 $W_{i,t}$ 构造以下两个变量：

（1）负收益偏态系数（Ncskew）。

$$Ncskew_{i,t} = -\frac{n(n-1)^{\frac{3}{2}} \sum W_{i,t}^3}{(n-1)(n-2)(\sum W_{i,t}^2)^{\frac{3}{2}}} \qquad (6-2)$$

式中，n 为每年股票 i 的交易周数。$Ncskew$ 的数值越大，表示收益偏态系数为负的程度越严重，股价崩盘风险越大。

[①] Piotroski et al.（2011）也采用这两个指标对我国公司进行计算与分析。

（2）收益率上下波动比率（$Duvol$）。

$$Duvol_{i,t} = \ln \frac{(n_u - 1) \sum_{down} W_{i,t}^2}{(n_d - 1) \sum_{up} W_{i,t}^2} \qquad (6-3)$$

式中，$n_u(n_d)$ 为股票 i 的周特质收益率 $W_{i,t}$ 大于（小于）年平均收益率 W_i 的周数。$Duvol$ 的数值越大，代表收益率分布更倾向于左偏，股价崩盘风险越大。

2. 分析师乐观偏差

Francis and Philbrick（1993）发现，分析师的平均预测误差大于 0，表明分析师的盈利预测普遍存在乐观偏差。据此，以公司真实盈利水平为标杆，通过分析师盈利预测与公司真实盈余的比较判断分析师的乐观偏差。参照 Jackson（2005）的方法，分析师乐观偏差定义为：

$$Opt_{i,j,t} = \frac{F_{i,j,t} - A_{i,t}}{P_i} \qquad (6-4)$$

式中，$F_{i,j,t}$ 为分析师 j 在第 t 年对公司 i 每股收益的预测值；$A_{i,t}$ 为公司 i 在第 t 年的实际盈利水平；P_i 为公司 i 在分析师发布盈利预测前一个交易日的收盘股价。之所以选择 P_i 进行平滑，而非 $A_{i,t-1}$，是因为公司上一年度的盈余可能为负，这会影响分析师乐观偏差的度量。在第 t 年跟踪公司 i 的所有分析师中，将 $Opt_{i,j,t}$ 大于 0 的分析师的比例记为 $Optimism$。$Optimism$ 越大，则预测误差大于 0 的分析师的比例越大，分析师的乐观偏差越大。

3. 分析师跟踪数量

$Analyst_{i,t}$ 为在第 t 年对公司 i 发布盈利预测分析师人数的自然对数。为了避免重复计算，如果在第 t 年分析师 j 对公司 i 做了多次预测，则只保留最后一条预测记录。如果数据库中不能提供公司 i 在第 t 年的分析师预测数据，则该上市公司当年的 $Analyst$ 记为 0，并予以剔除。由于 $Optimism$ 是一个百分比指标，需要在基数一致的基础上进行比较才能得出有价值的结论，因此我们控制了分析师跟踪人数。

4. 机构投资者变量

借鉴 Chen et al. (2002) 的度量方法，分别从机构投资者持股比例（深度）和机构投资者数量（宽度）两个角度考虑机构投资者对分析师乐观偏差与股价崩盘风险之间关系的影响。

(1) 每年按照每家公司中机构投资者持股比例的中位数将样本分为两组，如果机构投资者的持股比例大于中位数，$Hinshold_{i,t}$ 取值为 1，否则为 0。

(2) 每年按照每家公司中机构投资者数量的中位数将样本分为两组，如果机构投资者数量大于中位数，$Hinsnum_{i,t}$ 取值为 1，否则为 0。

5. 公司再融资哑变量

借鉴 Ljungqvist et al. (2009) 的定义，如果公司 i 在第 t 年或 $t+1$ 年存在增发、配股或者发债（公司债和可转债）的行为，再融资哑变量 $Offering$ 取值为 1，否则为 0。之所以以分析师盈利预测的当年及下一年来衡量公司是否存在再融资行为，是因为我国证券发行制度属于核准制，需要相关监管机构进行批复，周期一般较长。而在公司董事会宣告融资方案到公司最终确认承销商之前，利益冲突问题有可能影响分析师的信息披露行为。

6. 分析师聘用机构佣金收入排名哑变量

Wind 数据库中提供了券商交易金额的数据，假设佣金费率相同，则交易金额与佣金收入成正比。我们按照每年交易金额对所有券商进行排名。如果分析师聘用机构来自前五大佣金收入券商，则佣金收入哑变量 $Top5$ 取值为 1，否则为 0。进一步，每年按照来自 $Top5$ 的分析师跟踪比例将上市公司分为两组：如果来自 $Top5$ 的分析师比例 $HTop5$ 大于中位数，则取值为 1，否则为 0。根据 Ljungqvist et al. (2007) 的研究，佣金收入越高的机构，给分析师带来的压力越大。因此，$HTop5$ 取值越高，受制于提高佣金收入压力的分析师比例越高。

7. 其他控制变量

根据以往文献（Chen et al.，2001；Kim et al.，2011a，2011b），控制如下变量：信息透明度 $ABACC_{t-1}$、月平均超额换手率 $Turnover_{i,t-1}$、公司特质收益率的标准差 $Sigma_{i,t-1}$、公司特质收益率 $Ret_{i,t-1}$、规模 $Size_{i,t-1}$、市值账面比 $MB_{i,t-1}$、财务杠杆 $Lev_{i,t-1}$、总资产收益率 $Roa_{i,t-1}$。此外，加入年度哑变量和行业哑变量，以分别控制年份和行业固定效应。变量的定义和度量见附录 6 - 1。

6.3.3　实证模型

第一，采用式（6 - 5）检验分析师乐观偏差是否影响股价崩盘风险。

$$CrashRisk_{i,t} = \beta_0 + \beta_1 Optimism_{i,t-1} + \gamma ControlVariables_{i,t-1} + \varepsilon_{i,t} \quad (6-5)$$

式中，$CrashRisk_{i,t}$ 分别由第 t 年的 $Ncskew$ 和 $Duvol$ 来度量，$Optimism_{i,t-1}$ 代表滞后一期第 $t-1$ 年跟踪公司 i 的分析师乐观偏差；$ControlVariables_{i,t-1}$ 为一组控制变量，由滞后一期第 $t-1$ 年的数值来度量，具体定义见附录 6 - 1。若 H1 成立，则 β_1 的系数应显著为正。

第二，采用式（6 - 6）来检验机构投资者是否影响分析师乐观偏差与股价崩盘风险之间的关系。

$$CrashRisk_{i,t} = \beta_0 + \beta_1 Optimism_{i,t-1} + \beta_2 Optimism_{i,t-1} \times Hins_{i,t-1} + \beta_3 Hins_{i,t-1} + \gamma ControlVariables_{i,t-1} + \varepsilon_{i,t} \quad (6-6)$$

式中，$Hins$ 分别用第 $t-1$ 年机构投资者持股比例高低哑变量（$Hinshold$）和机构投资者持股家数多少哑变量（$Hinsnum$）两种指标进行度量。若 H2a 或 H2b 成立，则 β_2 的系数应显著为正。

第三，采用式（6 - 7）来检验再融资行为是否影响分析师乐观偏差与股价崩盘风险之间的关系。

$$CrashRisk_{i,t} = \beta_0 + \beta_1 Optimism_{i,t-1} + \beta_2 Optimism_{i,t-1}$$
$$\times Offering_{i,t-1} + \beta_3 Offering_{i,t-1}$$
$$+ \gamma ControlVariables + \varepsilon_{i,t} \qquad (6-7)$$

式中，$Offering_{i,t-1}$ 为公司在第 $t-1$ 年和第 t 年是否有证券再融资行为的哑变量。若 H3 成立，则系数 β_2 应显著为正。

第四，采用式（6-8）来检验分析师所在券商的佣金收入压力是否影响分析师乐观偏差与股价崩盘风险之间的关系。

$$CrashRisk_{i,t} = \beta_0 + \beta_1 Optimism_{i,t-1} + \beta_2 Optimism_{i,t-1}$$
$$\times HTop5_{i,t-1} + \beta_3 HTop5_{i,t-1}$$
$$+ \gamma ControlVariables_{i,t-1} + \varepsilon_{i,t} \qquad (6-8)$$

式中，$HTop5_{i,t-1}$ 为第 $t-1$ 年来自前五大佣金收入券商的分析师比例高低哑变量。若 H4 成立，则系数 β_2 应显著为正。

同时，考虑这里使用的是样本期间较短而横截面样本数较多的面板数据，因此借鉴 Petersen（2009）的方法，对上述回归模型的标准误进行了公司层面的聚类调整。

6.4 实证结果分析

6.4.1 描述性统计分析

由表 6-1 所示的描述性统计可知：

（1）$Ncskew$ 和 $Duvol$ 的平均值分别为 -0.248 和 -0.218，标准差分别为 0.851 和 0.724，说明这两个指标在样本公司中存在较大差异。

（2）$Optimism$ 的平均值和中位数分别为 0.536 和 0.600，说明在分析师跟踪的每家上市公司中，具有乐观偏差的分析师比例高于具有悲观偏差的分析师比例。

表 6 - 1　描述性统计分析

变量	样本量	均值	标准差	P25	中位数	P75
Ncskew	4 236	−0.248	0.851	−0.766	−0.227	0.300
Duvol	4 236	−0.218	0.724	−0.690	−0.221	0.257
Optimism	4 236	0.536	0.422	0.000	0.600	1.000
Analyst	4 236	1.622	0.815	0.693	1.386	2.197
Turnover	4 236	0.080	0.350	−0.081	0.084	0.292
Sigma	4 236	0.055	0.018	0.042	0.054	0.066
Ret	4 236	−0.001	0.008	−0.005	−0.001	0.004
Size	4 236	21.944	1.128	21.132	21.824	22.598
MB	4 236	2.342	2.065	1.247	1.744	2.836
Lev	4 236	0.498	0.182	0.373	0.509	0.633
Roa	4 236	0.062	0.076	0.024	0.052	0.089
ABACC	4 236	0.097	0.124	0.030	0.067	0.123
Hinshold	4 236	0.500	0.500	—	—	—
Hinsnum	4 236	0.499	0.500	—	—	—
Offering	4 236	0.305	0.461	—	—	—
*HTop*5	4 236	0.465	0.499	—	—	—

6.4.2　分析师乐观偏差与股价崩盘风险

1. 不考虑外部市场态势的分析

由表 6 - 2 可知：

（1）在（1）列仅控制 *Analyst* 的情形下，分析师乐观偏差指标 $Optimism_{t-1}$ 的系数为正，且在 5% 的水平显著。

（2）在（2）列中，进一步控制公司层面影响股价崩盘风险的相关变量后发现，$Optimism_{t-1}$ 的系数仍为正且数值更大，显著水平也提高到 1% 的水平。

（3）Jin and Myers（2006）和 Hutton et al.（2009）发现，信息

透明度是影响股价崩盘风险的一个主要因素，为此，我们在（3）列中进一步控制了信息透明度指标 $ABACC_{t-1}$，研究发现，$Optimism_{t-1}$ 的系数仍为正且在 1% 的水平显著。在（4）、（5）和（6）列中，以 $Duvol$ 为因变量所得到的结论不变，且 $Optimism_{t-1}$ 的系数更大，显著性水平更高。

表 6-2 分析师乐观偏差与股价崩盘风险

变量	$Ncskew_t$			$Duvol_t$		
	（1）	（2）	（3）	（4）	（5）	（6）
$Optimism_{t-1}$	0.064**	0.091***	0.091***	0.086***	0.106***	0.106***
	(0.040)	(0.006)	(0.006)	(0.001)	(<0.001)	(<0.001)
$Analyst_{t-1}$	0.136***	0.109***	0.109***	0.090***	0.062***	0.061***
	(<0.001)	(<0.001)	(<0.001)	(<0.001)	(<0.001)	(<0.001)
$Turnover_{t-1}$		0.024	0.023		0.037	0.037
		(0.671)	(0.677)		(0.421)	(0.427)
$Ncskew_{t-1}$		0.001	0.001		−0.003	−0.003
		(0.925)	(0.926)		(0.833)	(0.832)
$Sigma_{t-1}$		0.601	0.619		0.503	0.522
		(0.549)	(0.542)		(0.551)	(0.540)
Ret_{t-1}		4.030**	4.038**		4.789***	4.797***
		(0.030)	(0.029)		(0.004)	(0.003)
$Size_{t-1}$		0.026*	0.026*		0.042***	0.042***
		(0.086)	(0.085)		(0.002)	(0.002)
MB_{t-1}		0.019**	0.019**		0.010	0.010
		(0.032)	(0.032)		(0.146)	(0.147)
Lev_{t-1}		−0.119	−0.117		−0.102	−0.099
		(0.186)	(0.191)		(0.172)	(0.179)
Roa_{t-1}		0.219	0.227		−0.017	−0.009
		(0.309)	(0.286)		(0.922)	(0.960)

续表

变量	$Ncskew_t$			$Duvol_t$		
	(1)	(2)	(3)	(4)	(5)	(6)
$ABACC_{t-1}$			−0.022			−0.025
			(0.864)			(0.820)
年份固定效应	Yes	Yes	Yes	Yes	Yes	Yes
行业固定效应	Yes	Yes	Yes	Yes	Yes	Yes
公司层面聚类	Yes	Yes	Yes	Yes	Yes	Yes
样本量	4 236	4 236	4 236	4 236	4 236	4 236
调整 R^2	0.067 1	0.070 4	0.070 2	0.065 0	0.068 8	0.068 6

注：括号内的数值为 p 值，本章内其他表格同。

在控制变量方面，$Analyst$ 与股价崩盘风险呈正相关关系，说明被越多分析师跟踪的公司，其股价未来的崩盘风险越高，这可能是由于分析师收集和披露的信息主要是市场层面或行业层面的宏观信息，而非公司层面的特质信息[1]，因此分析师跟踪人数越多，并不能提高公司信息透明度进而降低股价崩盘风险，相反会提高股价崩盘风险。另外，$Size$、Ret 和 MB 均与股价崩盘风险显著正相关，这与 Chen et al.（2001）、Hutton et al.（2009）等的结论相同。而信息透明度 $ABACC$ 并不显著，其他控制变量也不显著。

可见，在控制相关因素后，分析师乐观偏差与未来股价崩盘风险之间呈显著正相关，说明在跟踪上市公司的分析师中具有乐观偏差分析师的比例越高，公司的负面信息越不可能及时披露给外部市场，当这些负面信息累积到一定程度并爆发时，股价崩盘的风险越高，从而支持 H1。

2. 考虑外部市场态势的分析

理论上，不同外部市场态势下分析师乐观偏差与股价崩盘风险

---

[1]　Chan and Hameed（2006）和 Chan et al.（2012）均发现，分析师跟踪人数越多，公司的股价同步性越高，说明分析师收集和披露的信息主要是市场层面或行业层面的信息。

的关系可能不同。其理由是：

（1）外部市场环境较好时，投资者情绪高涨，而投资者情绪越高涨，分析师的乐观偏差越明显。例如，Hribar and McInnis（2012）和游家兴等（2011）均发现，当投资者情绪较高涨时，分析师存在更为明显的乐观偏差。

（2）由于牛市阶段的交易量较大，为了帮助所在机构获得更多的佣金收入；由于更多公司选择在牛市进行融资，为了帮助所在机构获取承销机会，分析师将发布更为乐观的报告。例如，Becchetti et al.（2007）发现，分析师的预测偏差受外部市场态势的影响，并且在牛市表现得更为乐观。

因此，我们预测牛市阶段分析师更为乐观的预测偏差将导致股价未来崩盘的风险更高，即两者之间的正向关系在牛市更为显著。

为此，我们采用不同方法划分牛市和熊市阶段，并进行相应的检验：

（1）划分方法一：市场平均收益率判定法。Fabozzi and Francis（1977）认为，当某个时间段内市场平均收益率为正，则该阶段为牛市；反之，则为熊市。Lindahl-Stevens（1980）对此做了修正，将市场平均收益率超过无风险收益率的时间段界定为牛市，反之为熊市。为此，我们分别统计样本期间内上证综合指数的收益率，以此代表市场平均收益率（R_m），并用一年期银行存款收益率度量无风险收益率（R_f），进而计算历年的市场超额收益率（$R_m - R_f$）：2003年为-2.16%，2004年为-17.43%、2005年为-10.58%、2006年为127.91%，2007年为93.45%，2008年为-69.32%，2009年为77.73%，2010年为-16.62%。可见，在2006年、2007年和2009年，（$R_m - R_f$）均大于0，故将这三年界定为牛市阶段；剩下年份的（$R_m - R_f$）均小于0，故将其界定为熊市阶段。

（2）划分方法二：波峰波谷判定法。Pagan and Sossounov（2003）认为，当市场指数从波谷上升到波峰且此过程维持一段时间时，市场处于牛市阶段；反之，则处于熊市阶段。由图6-1可知，在2003—

2009 年的样本期间内，牛市主要有两个阶段：2005—2007 年，以及 2009 年；而熊市主要有：2003—2004 年，以及 2008 年（图 6 - 1 中的阴影部分）。

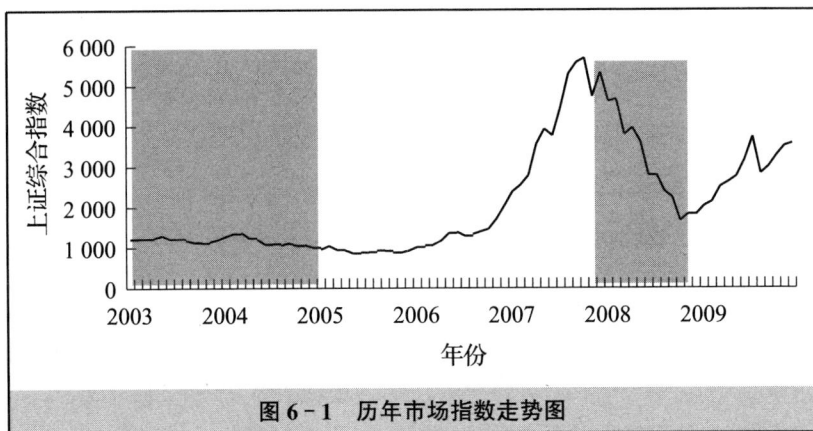

图 6 - 1　历年市场指数走势图

在此基础上，采用式（6 - 9）来检验两者关系在牛熊市是否有显著区别：

$$CrashRisk_{i,t}=\beta_0+\beta_1 Optimism_{i,t-1}+\beta_2 Optimism_{i,t-1}Bull_{t-1}$$
$$+\beta_3 Bull_{t-1}+\gamma ControlVariables+\varepsilon_{i,t} \qquad (6-9)$$

式中，$Bull$ 分别为：

1）按划分方法一，当 $Year=2006$、2007 和 2009 时，$Bull1=1$，否则为 0。

2）按划分方法二，当 $Year=2005$、2006、2007 和 2009 时，$Bull2=1$，否则为 0。

由表 6 - 3 可知：

（1）在 A 栏以划分方法一来界定牛熊市时，$Optimism_{t-1}\times Bull1_{t-1}$ 的系数分别在 5% 和 10% 的水平显著为正。

（2）在 B 栏以划分方法二来界定牛熊市时，$Optimism_{t-1}\times Bull2_{t-1}$ 的系数也基本在 10% 的水平显著。这说明分析师乐观偏差与股价崩盘风险之间的关系在牛市和熊市存在显著差异，牛市阶段会加强两者之间的关系，从而与本文的预测相吻合。

表 6-3　牛熊市对分析师乐观偏差与股价崩盘风险①

变量	A栏：牛熊市划分方法一		B栏：牛熊市划分方法二	
	$Ncskew_t$	$Duvol_t$	$Ncskew_t$	$Duvol_t$
	(1)	(2)	(3)	(4)
$Optimism_{t-1}$	−0.018	0.013	−0.005	0.013
	(0.725)	(0.774)	(0.933)	(0.777)
$Optimism_{t-1} \times Bull1_{t-1}$	0.138**	0.111*		
	(0.039)	(0.052)		
$Bull1_{t-1}$	−0.093	−0.105		
	(0.081)	(0.021)		
$Optimism_{t-1} \times Bull2_{t-1}$			0.103	0.111*
			(0.129)	(0.054)
$Bull2_{t-1}$			−0.016	0.013
			(0.752)	(0.760)
控制变量	Yes	Yes	Yes	Yes
行业固定效应	Yes	Yes	Yes	Yes
公司层面聚类	Yes	Yes	Yes	Yes
样本量	4 236	4 236	4 236	4 236
调整 R^2	0.035 2	0.033 3	0.034 9	0.034 1

6.4.3　利益冲突对分析师乐观偏差与股价崩盘风险关系的影响

1. 机构投资者的影响

由表 6-4 可知：

（1）当因变量为 $Ncskew$，交乘项 $Optimism_{t-1} \times Rinshold_{t-1}$ 在 1% 的水平显著为正，说明机构投资者持股比例会加强分析师乐观

---

① 简便起见，本章后续表格不再列示控制变量的检验结果，如有需要，可向作者索取。

偏差与股价崩盘风险之间的关系，即机构投资者持股比例越高，乐观偏差与股价崩盘风险的关系更为显著，与 H2a 相吻合。

（2）当以机构投资者数量来度量时，$Optimism_{t-1} \times Rinsnum_{t-1}$ 同样显著为正，说明当公司被更多机构投资者持有时，两者正向关系更为显著，支持 H2b。

（3）在（3）和（4）列中，以 $Duvol$ 为因变量所得到的结果不变，因此，无论是从持股的深度还是宽度来说，机构投资者的出现都将加剧分析师的乐观偏差，进而加强分析师乐观偏差与股价崩盘风险之间的正向关系。

表 6-4　机构投资者影响的检验结果

变量	$Ncskew_t$		$Duvol_t$	
	(1)	(2)	(3)	(4)
$Optimism_{t-1}$	0.012	−0.016	0.034	0.023
	(0.779)	(0.705)	(0.353)	(0.524)
$Optimism_{t-1} \times Rinshold_{t-1}$	0.182***		0.167***	
	(0.002)		(0.001)	
$Rinshold_{t-1}$		−0.010		−0.035
		(0.820)		(0.370)
$Optimism_{t-1} \times Rinsnum_{t-1}$		0.253***		0.196***
		(<0.001)		(<0.001)
$Rinsnum_{t-1}$		−0.061		−0.07*
		(0.214)		(0.093)
控制变量	Yes	Yes	Yes	Yes
年份固定效应	Yes	Yes	Yes	Yes
行业固定效应	Yes	Yes	Yes	Yes
公司层面聚类	Yes	Yes	Yes	Yes
样本量	4 236	4 236	4 236	4 236
调整 R^2	0.073 4	0.074 5	0.071 3	0.071 6

2. 再融资行为的影响

由表 6 - 5 中的 A 栏可知，无论因变量是 $Ncskew$ 还是 $Duvol$，交乘项 $Optimism_{t-1} \times Offering_{t-1}$ 均显著为正，说明当公司当年或未来存在证券发行（包括股票和债券）时，会加强分析师乐观偏差与股价崩盘风险之间的正向关系，支持 H3。可见，当公司存在再融资行为时，分析师为了帮助所在券商争取承销业务，会倾向于发布乐观的盈余预测，导致公司的负面信息无法及时披露出来，当负面消息累积到一定程度而最终释放时，股价崩盘风险将提高。

3. 佣金收入压力的影响

由表 6 - 5 中的 B 栏可知，无论因变量是 $Ncskew$ 还是 $Duvol$，交乘项 $Optimism_{t-1} \times HTop5_{t-1}$ 的系数均为正，且在 10% 的水平显著，即当来自前五大佣金收入券商的分析师比例越高时，分析师乐观偏差与股价崩盘风险之间的关系越显著。这说明分析师所在机构获得的佣金收入越高，其面临的为机构增加佣金收入的压力也将越大（Ljungqvist et al.，2007），为此，分析师将发布更乐观的盈余预测来吸引客户并增加交易佣金，最终导致股价崩盘风险增大，与 H4 一致。

表 6 - 5　再融资行为和佣金收入压力影响的检验结果

变量	A栏：再融资的影响		B栏：佣金收入压力的影响	
	$Ncskew_t$	$Duvol_t$	$Ncskew_t$	$Duvol_t$
	(1)	(2)	(3)	(4)
$Optimism_{t-1}$	0.046	0.064	0.044	0.069 *
	(0.237)	(0.052)	(0.301)	(0.055)
$Optimism_{t-1} \times Offering_{t-1}$	0.166 **	0.155 ***		
	(0.016)	(0.009)		

续表

变量	A栏：再融资的影响		B栏：佣金收入压力的影响	
	$Ncskew_t$	$Duvol_t$	$Ncskew_t$	$Duvol_t$
	(1)	(2)	(3)	(4)
$Offering_{t-1}$	-0.097^{**}	-0.103^{***}		
	(0.032)	(0.009)		
$Optimism_{t-1} \times HTop5_{t-1}$			0.117^*	0.091^*
			(0.052)	(0.080)
$HTop5_{t-1}$			-0.058	-0.045
			(0.167)	(0.215)
控制变量	Yes	Yes	Yes	Yes
年份固定效应	Yes	Yes	Yes	Yes
行业固定效应	Yes	Yes	Yes	Yes
公司层面聚类	Yes	Yes	Yes	Yes
样本量	4 236	4 236	4 236	4 236
调整 R^2	0.071 1	0.070 0	0.070 5	0.068 8

6.4.4　稳健性测试

1. 替代性度量预测偏差

一是使用分析师平均预测偏差代替预测误差大于 0 的分析师比例进行稳健性测试。首先，计算在第 t 年跟踪公司 i 的每个分析师的预测偏差 $Opt_{i,j,t} = (F_{i,j,t} - A_{i,t})/P_i$；其次，每年对所有跟踪公司 i 的分析师的预测偏差取平均数，即 $Optimism_{t-1}$。重新检验的结果如表 6-6 所示，$Optimism_{t-1}$ 的回归系数均显著为正，表 6-2 的结论保持不变。

表 6 - 6　稳健性检验 1

变量	$Ncskew_t$	$Duvol_t$
	(1)	(2)
$Optimism_{t-1}$	0.691*	0.693**
	(0.089)	(0.030)
控制变量	Yes	Yes
年份固定效应	Yes	Yes
行业固定效应	Yes	Yes
公司层面聚类	Yes	Yes
样本量	4 236	4 236
调整 R^2	0.069 3	0.066 0

二是分别采用分析师在第 t 年发布的第一份盈利预测报告及所有盈利预测报告的平均数据来估算分析师的乐观偏差。由表 6 - 7 可见：

（1）根据分析师第 t 年的第一份盈利预测报告所估算的分析师乐观偏差指标 $Optimism_{t-1}$ 依然在 1% 的水平显著为正。

（2）同样，根据分析师第 t 年发布的所有盈利预测报告而估算的分析师乐观偏差指标 $Optimism_{t-1}$ 也在 1% 的水平显著为正。可见，无论是采用分析师在第 t 年发布的第一份盈利预测报告还是所有盈利预测报告而估算的分析师乐观偏差指标，均不会影响主要结论。

表 6 - 7　稳健性检验 2

变量	$Ncskew_t$		$Duvol_t$	
	第一次预测	所有预测	第一次预测	所有预测
	(1)	(2)	(3)	(4)
$Optimism_{t-1}$	0.109***	0.100***	0.117***	0.115***
	(0.002)	(0.003)	(<0.001)	(<0.001)
控制变量	Yes	Yes	Yes	Yes

续表

变量	$Ncskew_t$		$Duvol_t$	
	第一次预测	所有预测	第一次预测	所有预测
	(1)	(2)	(3)	(4)
年份固定效应	Yes	Yes	Yes	Yes
行业固定效应	Yes	Yes	Yes	Yes
公司层面聚类	Yes	Yes	Yes	Yes
样本量	4 236	4 236	4 236	4 236
调整 R^2	0.070 7	0.070 2	0.076 7	0.075 3

注：其中，(1) 和 (3) 列以分析师在第 t 年发布的第一份盈利预测报告中的数据计算分析师预测误差大于 0 的比例 $Optimism$，即如果在第 t 年，分析师 j 对公司 i 做了多次预测，则只利用第一次预测数据进行计算；(2) 和 (4) 列则以分析师在第 t 年发布的所有盈利预测报告的平均数据计算分析师预测误差大于 0 的比例 $Optimism$，即如果在第 t 年，分析师 j 对公司 i 做了多次预测，则将这 i 次预测数据进行平均。

2. 替代性度量机构持股

分别用基金持股比例高低哑变量（$RMFhold$）和基金的数量（$RMFnum$）代替表 6 - 4 中的 $Rinshold$ 和 $Rinsnum$ 进行回归分析。重新检验的结果如表 6 - 8 所示，$Optimism_{t-1} \times RMFhold_{t-1}$ 和 $Optimism_{t-1} \times RMFnum_{t-1}$ 的回归系数均显著为正，与前面的研究结论相符。

表 6 - 8　稳健性检验 3

变量	$Ncskew_t$		$Duvol_t$	
	(1)	(2)	(3)	(4)
$Optimism_{t-1}$	0.017	-0.020	0.044	0.023
	(0.707)	(0.648)	(0.253)	(0.533)
$Optimism_{t-1} \times RMFhold_{t-1}$	0.153**		0.129**	
	(0.010)		(0.012)	
$RMFhold_{t-1}$	0.019		-0.010	
	(0.672)		(0.800)	

续表

变量	$Ncskew_t$		$Duvol_t$	
	(1)	(2)	(3)	(4)
$Optimism_{t-1} \times RMFnum_{t-1}$		0.236***		0.177***
		(<0.001)		(<0.001)
$RMFnum_{t-1}$		−0.051		−0.058
		(0.298)		(0.165)
控制变量	Yes	Yes	Yes	Yes
年份固定效应	Yes	Yes	Yes	Yes
行业固定效应	Yes	Yes	Yes	Yes
公司层面聚类	Yes	Yes	Yes	Yes
样本量	4 236	4 236	4 236	4 236
调整 R^2	0.073 3	0.074 1	0.070 6	0.071 1

3. 替代性度量证券再融资

将证券再融资定义为股权再融资，即当公司在第 $t-1$ 或 t 年存在股权再融资行为时，$SEO=1$，否则为 0，并替换表 6-5 中 A 栏的 $Offering$ 进行回归。由表 6-9 可见，$Optimism_{t-1} \times SEO_{t-1}$ 的系数仍显著为正，研究结论不变。

表 6-9　稳健性检验 4

变量	$Ncskew_t$	$Duvol_t$
	(1)	(2)
$Optimism_{t-1}$	0.065	0.079
	(0.088)	(0.015)
$Optimism_{t-1} \times SEO_{t-1}$	0.142**	0.150**
	(0.042)	(0.016)
SEO_{t-1}	−0.104**	−0.123***
	(0.027)	(0.003)

续表

变量	$Ncskew_t$	$Duvol_t$
	(1)	(2)
控制变量	Yes	Yes
年份固定效应	Yes	Yes
行业固定效应	Yes	Yes
公司层面聚类	Yes	Yes
样本量	4 236	4 236
调整 R^2	0.070 7	0.069 9

4. 调整回归期间

对于表 6-3，还采用了分样本期间的回归方法，即分别在牛市和熊市检验式（6-5），检验结果见表 6-10。由表 6-10 可知，牛市期间 $Optimism_{t-1}$ 的系数更大且更显著；而在熊市，$Optimism_{t-1}$ 的系数相对更小，显著性水平较低。因此，表 6-3 的研究结论不变。

表 6-10　稳健性检验 5

变量	$Ncskew_t$		$Duvol_t$	
	牛市	熊市	牛市	熊市
A栏：牛市，2006 年、2007 年和 2009 年；熊市，其余年份				
$Optimism_{t-1}$	0.129***	0.063	0.138***	0.086*
	(0.003)	(0.247)	(<0.001)	(0.066)
控制变量	Yes	Yes	Yes	Yes
年份固定效应	Yes	Yes	Yes	Yes
行业固定效应	Yes	Yes	Yes	Yes
公司层面聚类	Yes	Yes	Yes	Yes
样本量	2 311	1 925	2 311	1 925
调整 R^2	0.036 4	0.114 9	0.036 4	0.116 6

续表

变量	$Ncskew_t$		$Duvol_t$	
	牛市	熊市	牛市	熊市
B栏：牛市，2006—2007年；熊市，2008—2009年				
$Optimism_{t-1}$	0.138***	0.089*	0.143***	0.101**
	(0.005)	(0.088)	(0.001)	(0.017)
控制变量	Yes	Yes	Yes	Yes
年份固定效应	Yes	Yes	Yes	Yes
行业固定效应	Yes	Yes	Yes	Yes
公司层面聚类	Yes	Yes	Yes	Yes
样本量	1 279	1 876	1 279	1 876
调整 R^2	0.022 4	0.111 4	0.020 1	0.101 3

6.5 本章小结

我们选取 2003—2010 年中国 A 股上市公司的相关数据，从企业微观层面研究分析师乐观偏差是否影响上市公司股价崩盘风险，并考察分析师面临的利益冲突是否会加强两者之间的关系。研究发现：

（1）分析师乐观偏差与上市公司未来股价崩盘风险之间显著正相关，当跟踪公司的分析师中具有乐观偏差的分析师比例越高时，其股价未来崩盘的风险越高，且此关系在牛市期间更为显著。

（2）机构投资者持股比例越高，机构投资者数量越多，公司存在再融资行为以及来自前五大佣金收入券商的分析师比例越高，分析师乐观偏差与股价崩盘风险之间的正向关系更显著。

由此可见，分析师乐观偏差是影响上市公司股价崩盘风险的一个重要因素，并且分析师面临的利益冲突会加强两者之间的正向关系。

此研究结论具有重要的理论与现实意义：

（1）分析师乐观偏差这一公司外部因素是影响公司股价崩盘风险的一个重要变量，突破了以往仅从公司内部特征来分析股价崩盘风险的研究。

（2）研究结论说明，我们应全面客观地认识证券分析师在资本市场中所扮演的角色及带来的风险，特别是牛市阶段分析师乐观偏差蕴含的股价崩盘风险更高，这就要求我们应进一步加强对分析师的监管和引导，使其不断提高客观谨慎、勤勉尽职的职业素养，及时充分地向外部投资者提供有关上市公司真实客观的信息，尤其是负面信息，以降低负面信息累积并集中爆发给股市带来的冲击与破坏。

（3）分析师面临的利益冲突会加剧其乐观偏差与股价崩盘风险之间的关系，因此，监管部门应加强对分析师职业道德的教育，提高分析师在执业过程中的独立诚信原则，并进一步完善相关法律法规，以使分析师能真正有效发挥信息中介作用，最终促进证券定价效率的提高和资本市场健康平稳的发展。

附录 6-1　变量定义与度量

变量	符号	变量名称与度量标准
因变量	Ncskew	负收益偏态系数，表示股价崩盘风险的大小，具体计算参见式（6-2），Ncskew 越大，股价崩盘风险越大
	Duvol	收益率上下波动比率，表示股价崩盘风险的大小，具体计算参见式（6-3），Duvol 越大，股价崩盘风险越大
解释变量	Optimism	分析师的乐观偏差，在第 t 年对跟踪公司 i 的每个分析师计算他们的预测偏差，$Opt = (F - A)/P$，其中，F 为分析师预测的每股收益，A 为公司实际 EPS，P 为分析师盈利预测前一个交易日的股票价格。$Optimism$ 为预测误差大于 0 的分析师比例

续表

变量	符号	变量名称与度量标准
控制变量	*Analyst*	分析师跟踪人数加一的自然对数，$Analyst = \ln(1 + $分析师跟踪人数)
	Turnover	月平均超额换手率，为第 t 年股票 i 的月平均换手率与第 $t-1$ 年股票 i 的月平均换手率的差
	Sigma	股票 i 在第 t 年的收益率波动，为公司 i 在第 t 年周特质收益率的标准差
	Ret	股票 i 在第 t 年的平均周特质收益率
	Size	公司总资产的自然对数
	MB	市值账面比，$MB_{i,t} = ($第 t 年年末的股票价格×流通股数量＋每股净资产×非流通股数量)/账面权益价值
	Lev	公司的资产负债率
	Roa	总资产收益率，为第 t 年的净利润与第 $t-1$ 年公司总资产的比值
	ABACC	公司透明度，以操纵性应计盈余的绝对值衡量，其中，操纵性应计盈余由调整的 Jones 模型（Dechow et al.，1995）计算得到
	Hinshold	机构投资者持股比例高低哑变量。每年按照每家公司中机构投资者持股比例的中位数分为两组，如果持股比例大于中位数，*Hinshold* 取值为 1，否则为 0
	Hinsnum	机构投资者持股家数多少哑变量。每年按照每家公司中机构投资者数量的中位数分为两组，如果机构投资者的数量大于中位数，*Hinsnum* 取值为 1，否则为 0
	Offering	如果公司在 t 年或者 $t+1$ 年进行证券再融资行为（包括股票和债券），Offering 取值为 1，否则为 0
	*HTop*5	每年对每家上市公司按照来自前五大佣金收入券商的分析师比例进行分组。如果该比例大于中位数，*HTop*5 取值为 1，否则为 0

第7章 审计师轮换与股价崩盘风险 *

7.1 引 言

管理层有天然的动机向投资者隐藏坏消息，这导致坏消息在企业内部不断累积。一旦坏消息的累积量超过阈值，管理者就不得不向市场一次性释放坏消息，随之而来的便是公司股价的崩盘（Jin and Myers，2006；Kothari et al.，2009；Hutton et al.，2009）。之前的文献已经分析了导致股价崩盘的各种因素，如财务报告质量、避税和CFO的股权激励等（Hutton et al.，2009；Kim et al.，2011a，2011b）。Callen and Fang（2017）发现

* 本章内容具体可参见：Zhao Y, Xu N, Zhou D, Chan K C. Audit partner rotation and negative information hoarding：evidence from China ［J］. Accounting and Finance，2020（5）：4693 - 4722.

审计师任期可以影响审计客户未来的股价崩盘风险。Callen and Fang（2017）的研究设计十分独特，他们使用了一个综合的坏消息隐藏指标——股价崩盘风险——来衡量管理层-审计师的关系如何导致负面信息的隐藏和累积行为。在实践中，由于审计师强制轮换（mandatory auditor rotation，MAR）的规定，审计师任期的影响十分复杂。然而，目前尚不清楚在股价崩盘风险的背景下，审计师强制轮换如何改变审计师任期对负面信息隐藏行为的影响。本章的目的便是研究审计师强制轮换对公司股价崩盘风险的影响，并进一步阐明审计师变更如何影响公司股价崩盘风险。

Tepalagul and Lin（2015）的文献综述中提到，审计师对客户学习曲线的存在导致审计师任期与报告质量呈正相关。但是，一些会计丑闻（如安然丑闻）使人们对审计师的独立性和客观性产生了怀疑。审计师任期增长会影响其独立性和客观性，因此，批评者们提出采用审计师强制轮换作为解决这一问题的方法。其实在这些会计丑闻曝光之前，一些国家已经采用了审计师强制轮换制度；丑闻曝光后，各国对此类法规的需求变得更加迫切。

许多国家实施了某种形式的审计师强制轮换制度，要求在超过一定服务期限后公司应更换审计师或审计事务所。例如，2002 年美国的《萨班斯-奥克斯利法案》（Sarbanes-Oxley Act）要求审计师在服务满五年后离开其客户；此外，该审计师需要等待五年才能有资格再次审计同一客户。2003 年，在安然丑闻发生和《萨班斯-奥克斯利法案》颁布之后，中国证监会和财政部通过了一项规则，将审计师的任期限制为五年，并禁止审计师在未来两年内重返同一家公司。在包括美国在内的大多数国家，审计师的姓名不会在审计业务中披露①。因此，外界只有在观察到审计事务所发生变化时，才会获悉审计师发生了变更（Lennox and Wu，2018）。在一些国家，如中国，审计师的名字是被公开披露的，因此，即使审计客户仍与同

---

① 美国从 2017 年开始披露审计师姓名。

一家审计事务所合作，我们也可以识别审计师是否发生了强制性变更。

如果法律规定了审计事务所的强制变更，本章将其称为审计事务所强制轮换（mandatory audit firm rotation，MAFR）。如果法律规定了审计师的强制变更，本章将其称为审计师强制轮换（mandatory audit partner rotation，MAPR）。通常，强制轮换（包括审计事务所强制轮换和审计师强制轮换）为新上任的审计师提供了一个机会，让他们可以从新的视角审查公司的财务报表，并打破前任审计师与客户长期关联形成的思维惯性。然而，一些研究表明，审计师强制轮换会对审计质量产生一些不利影响（Cameran et al.，2015）。

审计事务所轮换（不一定是强制轮换）的研究更多关注对审计质量的影响，如盈余管理、盈余反应系数、会计稳健性、修改审计意见或财务重述等（Litt et al.，2014；Cameran et al.，2016）。这些报告质量的衡量指标具有噪声，容易受到内生性影响（Lennox and Wu，2018），并且仅代表审计质量的单一衡量维度（DeFond and Zhang，2014）①。此外，现有文献主要研究审计事务所强制轮换规则对审计质量的影响，未研究在审计师强制轮换（MAPR）下审计师个人特质对审计质量的影响。鉴于审计程序不可避免地涉及审计师的一些自由裁量权（Nelson and Tan，2005），因此研究审计师的个人特质如何对审计师强制轮换制度与负面信息隐藏行为这两者之间的关系产生增量影响是一个有趣问题。本章试图利用我国独特的审计师强制轮换数据来研究此问题。

本章的目的是研究审计师强制轮换制度对审计客户负面信息隐藏行为的影响。具体来说，使用同期股价崩盘风险（以下称为股价

---

① DeFond and Zhang（2014）建议，审计质量很难衡量，因为审计师提供的保证是不可观察的。例如，虽然财务重述表明了公司较差的审计质量，但没有财务重述也不能解释为高审计质量。有关总结，请参见 DeFond and Zhang（2014）的表 2。

崩盘风险)[1] 作为负面信息隐藏行为的代理变量，并将其与审计师强制轮换制度相关联（Piotroski et al.，2015）。虽然与以往文献的衡量指标不同，该度量方法却有其意义。这是因为股价崩盘风险影响股价的表现和投资者对股票的估值，捕获了资本市场的真实反应，并反映了财务报告质量的经济后果。此外，它是对企业负面信息隐藏行为的整体市场度量，不依赖特定渠道，如盈利操纵或盈余预测（Callen and Fang，2017）。[2] 而其他关于审计师或审计事务所强制轮换的研究则考察了其对盈余质量或基于会计信息的审计质量指标的影响（Lennox et al.，2014；Litt et al.，2014；Cameran et al.，2016）。关于审计师强制轮换制度如何影响公司负面信息隐藏行为的证据有利于增加对审计师强制轮换制度经济后果的了解。

以中国作为研究情境有几个优点：第一，通过详细的审计师信息，可以将检验的重点放在审计师级别而不是审计事务所级别（Lennox and Wu，2018）。本章参考 Firth et al. (2012a) 和 Lennox et al. (2014)，在审计师强制轮换中对复核审计师（reviewing audit partner）和执行审计师（engagement audit partner）的作用进行区分，两种不同类型的审计师在审计程序中扮演不同的角色。第二，

----

① 一些研究利用未来的股价崩盘风险来获取负面信息隐藏的影响（Kim et al.，2011a，2011b；Callen and Fang，2017），而更高的未来股价崩盘风险表明前期存在负面信息隐藏。这与本章的研究逻辑一致。如果企业在第 t 年累积负面信息，则其在第 t 年的同期股价崩盘风险较低，而在未来第 $t+1$ 年的股价崩盘风险较高，反之亦然。然而，如果使用未来的股价崩盘风险，则无法区分离任和继任审计师对股价崩盘风险的影响，因为它们是两个连续的时期，因此，在分析时采用同期股价崩盘风险衡量。

② Callen and Fang (2017) 声明，基于市场的股价崩盘风险是一个更全面的衡量指标。与固定的单渠道的负面信息隐藏指标（如应计利润操纵或分类转移）相比，它能够反映所有形式的管理层坏消息隐藏行为。正是因为有太多隐藏坏消息的方式可以选择，所以无法根据具体的财务报告指标获取股价崩盘风险，因此，从市场角度衡量坏消息隐藏是必不可少的。利用基于市场的坏消息隐藏衡量指标，可以最大限度地减少研究人员对审计师任期和管理层坏消息隐藏行为的关系做出错误推断的可能性。使用诸如财务重述和持续关注意见之类的替代指标存在一定的问题，因为它们很少发生，且一旦发生就是极端事件，并不一定能代表管理层坏消息隐藏的一般行为（Plumlee and Yohn，2010；DeFond and Zhang，2014）。

利用我国披露审计师姓名的独特规定，获得有关审计师个人特征的数据，研究离任审计师的个人特征对审计师强制轮换与股价崩盘风险之间关系的影响。世界上大多数国家/地区缺乏相关数据，因此很少有关于审计师轮换（强制或自愿）的研究考虑审计师的个人特征。第三，在美国等发达国家，审计师的雇佣合同中通常有竞业禁止条款。相比之下，我国审计师没有竞业禁止条款。我国审计师可以将其客户带到新的审计事务所，这使得我国审计师与客户之间的关系比其他发达国家更为牢固。因此，审计师更有动机通过累积坏消息来取悦客户，以建立良好的联系。此外，Su and Wu（2016）认为，我国审计师的薪酬主要取决于他们自己的客户，因此，审计师特别关注客户关系。Lennox and Wu（2018）认为，我国审计师有为了未来的个人利益而与客户保持良好关系的动机，很容易在审计质量上让步。总体而言，我国丰富的审计师数据和审计师劳动力市场环境提供了合适的研究情境，以检验审计师强制轮换制度对负面信息隐藏行为的影响。

实证分析的主要发现如下：

（1）股价崩盘风险在审计师强制轮换的当年会更低，而在审计师强制轮换后的第一年较高。该结果说明：在强制轮换的当年，离任审计师不会限制管理层的机会主义行为，客户可以累积更多的负面信息，所以股价崩盘风险较低；相反，在强制轮换之后，新上任的审计师在了解了审计师轮换前累积的负面信息后，开始抑制管理层的部分机会主义行为，因此在继任审计师上任后，更多的负面信息流向市场，从而增加了股价崩盘风险。

（2）对于复核审计师而言，其负面信息隐藏行为比执行审计师更明显，这表明前者在做出负面信息累积决策方面比后者更强。

（3）当离任审计师具有较强的专业能力时（即一次性通过注册会计师考试的全部科目（如 2009 年一次性通过第一阶段考试），大学主修会计专业，是事务所合伙人而不仅仅是签字审计师，审计经验更丰富），以及离任审计师与客户之间的人际关系网络（即离任审计师与客户的 CEO 或董事长没有校友关系）或离任审计师与继任审计师之间的人际关系（继任审计师与离任审计师没有校友关系或者以前未在同一审计团队共事）更弱时，在审计师强制轮换的当年，上市公司会有较少的负面信息隐藏行为。

本章的贡献体现在：

（1）通过使用股价崩盘风险来衡量负面信息隐藏程度，拓展了有关强制轮换制度经济后果的文献。

（2）区分了复核审计师与执行审计师的影响。与执行审计师的变更相比，复核审计师的变更对负面信息隐藏的影响更大。本章的结果不同于 Lennox et al.（2014）关于复核审计师与执行审计师的研究。我们的发现与以下论述相一致：因为复核审计师不参与日常审计业务，他们更多承担与客户建立良好关系的责任，这导致他们比执行审计师更容易承受客户要求隐藏负面信息的压力。

（3）补充了 Lennox et al.（2014）和 Chen et al.（2016）的结果，他们发现审计师的个人特征在公司审计质量中起重要作用。Lennox et al.（2014）关注复核审计师与执行审计师的差异，而 Chen et al.（2016）研究了我国公司的审计意见购买行为。我们还在强制轮换研究中扩展了审计师的个人特征这一侧面，从而补充了 Gul et al.（2013）的研究。我们发现，即将离任的审计师的专业能力以及其与客户、继任审计师的人际关系网络会影响审计师强制轮换中负面信息的累积程度。在离任和继任审计师的关系方面，本文的研究结果与 Pittman et al.（2022）的研究发现不同。Pittman et al.（2022）指出，信息传递激励（两个审计师之间传递信息）比资源保留激励（保留客户）的作用更强，所以有关联的审计师轮换后的审计质量更高；相反，本章研究发现，由于留住客户的动机比信息传递激励的效果更强，离任和继任审计师之间的人际关系不利于监督上市公司，从而损害了审计质量。总而言之，审计师的个人特征十分重要。

（4）由于审计师的个人信息通常不可获得，以往文献（Litt et

al.，2014；Reid and Carcello，2017）更多关注审计事务所的强制轮换而不是审计师的强制轮换。凭借丰富的审计师个人数据，本章能够将审计师强制轮换与负面信息隐藏联系起来，为审计师轮换的影响提供更为直接的证据。相关结果也为披露审计师信息的国家/地区强制轮换的后续研究提供了参考。例如，在获得 SEC 批准后，美国上市公司会计监督委员会通过了新规则，要求审计事务所在 2017 年 1 月 31 日或之后发布的审计报告中披露审计师姓名。因此，可以在后续使用美国数据进行类似的研究，检查在不同的环境中审计师强制轮换的影响。

7.2　文献综述与研究假设

7.2.1　文献回顾

Cameran et al.（2015）以意大利公司为对象，采用审计后的盈余质量衡量审计质量，研究发现在审计事务所强制轮换的前一年审计质量更好，但是客户的盈余质量在强制轮换后的前三年下降。意大利的企业每三年续签审计师，同一位审计师可以重复续签两次，这意味着审计师的总任职期限是九年。Cameran et al.（2016）发现与前两个三年的雇佣期相比，雇佣期最后三年期间审计质量会提升。这一发现表明随着审计师更加临近强制轮换期，审计质量会发生改变。然而，该研究并没有考虑在审计事务所强制轮换后审计质量可能会发生什么改变。Reid and Carcello（2017）采用市场反应方法进行研究，发现市场对于审计师可能轮换的事件会有负面反应，尤其是涉及四大审计师或者长期任职审计师的轮换。Moroney et al.（2019）研究发现审计师轮换与在不同审计业务之间审计员工的分配有关，间接表明市场对审计师轮换的反应不佳，这使得人们对审计师强制轮换的积极效应产生怀疑。

就审计师强制轮换而言，Litt et al.（2014）、Sharma et al.

（2017）和 Ferguson et al.（2019）只使用美国和澳大利亚的数据研究了审计师轮换，并未直接探讨审计师强制轮换的经济后果。Litt et al.（2014）和 Sharma et al.（2017）使用新方法间接识别美国保持相同的审计事务所下的审计师轮换，发现审计师的改变会使财务报告质量变得更低。Ferguson et al.（2019）研究发现在非四大审计事务所中，审计师强制轮换下审计费用会增加。这些研究无法说明审计师的个人特征对审计质量的影响，也未对审计师强制轮换与负面信息隐藏行为的关系进行研究。

许多研究使用了中国和意大利的数据进行审计师强制轮换的研究。Chi et al.（2009）的数据证明，实施审计师强制轮换会导致轮换后的审计质量更低。Stewart et al.（2016）和 Ferguson et al.（2019）用意大利的数据证明，实施审计师强制轮换之后，审计费用有所增加。Firth et al.（2012a）研究了中国审计师强制轮换的影响，研究结果发现审计师强制轮换对审计质量有积极影响，尤其是对位于制度体系薄弱地区的企业。Firth et al.（2012b）研究发现，如果审计客户在冷静期结束之前受到了更多审计调整，在两年的冷静期后更可能聘请原先的审计师。Lennox et al.（2014）发现，审计质量在审计师强制轮换之前的最后一年会更高；通过比较执行审计师和复核审计师，发现执行审计师的质量提升更加明显。

总之，以欧洲和美国数据为研究对象的文献更多关注审计事务所强制轮换，而以亚太地区的数据为研究对象的文献则更多关注审计师强制轮换。有趣的是，这些研究并没有采用综合的指标如股价崩盘风险去衡量由于审计师强制轮换对审计质量的影响。也较少有文献研究在审计师强制轮换中审计师的个人特征如何改变审计质量。

7.2.2 假设提出

在审计师强制轮换下，即将离任的审计师和客户都清楚在不久的将来会经历一次轮换。对于这种可预计的轮换，审计师会制订相应的计划，并调整其审计行为。同时，客户也可能改变他们的机会主义行为。本章将从两方面考虑审计师强制轮换，并在下面进行解释。

1. 为什么即将离任的审计师会隐藏和累积负面信息？

根据 Lennox et al.（2014）提出的审计师声誉和诉讼风险的观点，在职审计师的所有低质量审计会被继任审计师揭露。因此，为了保证自身的声誉，降低未来审计失败的诉讼风险，即将离任的审计师会更加努力地给客户提供高质量审计，这就使得在审计师强制轮换的当年，审计质量更高。他们的研究结果为猜想提供了支持。就负面信息隐藏行为而言，Lennox et al.（2014）发现离任审计师在即将离任前，会限制管理层的机会主义行为，并揭露更多的负面信息。由于更多的负面信息已经被及时披露在市场中，在审计师强制轮换的当年，企业的股价崩盘风险会增大。

从另一个角度来看，审计师在任职期间与客户建立了亲密的人际关系或工作关系，这可能损害审计师的独立性（Carey and Simnett，2006）。美国注册会计师协会（AICPA，1978）指出，随着审计师任期的延长，一方面审计师与客户更加熟悉（认知理论），另一方面审计师更要维持客户以从中获利（激励理论）（Callen and Fang，2017），因此更可能面临审计意见购买的压力。而且，审计程序对客户而言将变得越来越常规和可预测，这将使得客户更容易向审计师隐藏负面信息，并进行错误陈述（Lennox and Wu，2018）。

除此之外，客户可以选择与同一家审计事务所的审计师合作，或者更换一个新的审计事务所。因此，为了维持当前审计事务所的客户业务，离任审计师可能面临来自更高级别的事务所管理层的压力，要求其同意客户偏激的会计方法和估计政策，从而便于负面信息的隐藏和累积。这导致审计师可能不会限制（或者较少限制）客户的机会主义行为。因此，在审计师强制轮换的当年，会有更少的负面信息流向市场，使得强制轮换当年客户公司的股价崩盘风险降低。

进一步考虑中国的审计环境背景，Su and Wu（2016）提出，竞业禁止条款的缺失、审计师的利润分成制度以及审计师强制轮换之后只有短短两年的冷静期，会使得中国审计师比美国审计师在轮换后回到同一客户的可能性更大。总之，这种环境激励了审计师在轮换前最后一个审计年度迎合客户隐藏负面信息的需求。

综上所述，审计师在强制轮换当年究竟会增加还是减少负面信息隐藏行为是一个实证问题。因此，本章从两个角度提出第一个假设：

H1：在审计师强制轮换当年，离任审计师会披露更少（更多）的负面信息，从而导致公司当年的股价崩盘风险更低（更高）。

2. 为什么继任审计师会披露负面信息？

本文从四个角度说明为什么继任审计师可能会披露客户更多的负面信息。一是客户与原审计师之间的亲密关系在新审计师进入之后发生改变，继任审计师与客户没有过往关系。基于审计失败的诉讼风险和维持审计师自身声誉的考虑，继任审计师会严格要求客户。因此，审计师强制轮换后，继任审计师会向市场释放一些负面信息，导致轮换后股价崩盘风险更高。

二是对于客户而言，继任审计师的审计程序是全新的、不熟悉的，这将使得客户隐藏负面信息变得更加困难（Laurion et al.，2017）。因此，客户公司的管理层参与隐藏负面信息的管理层机会主义变得更有挑战性。这些高管拥有更少的线索帮助他们适应继任审计师的行为。因此，本章预计在继任审计师审计之后，会有更多的负面信息流向市场。

三是在两年冷静期的背景下，继任审计师可能部署了更多资源去了解客户，以评估是否愿意留住当前客户公司（Bedard and Johnstone，2010）。因此，继任审计师有动机投入精力以更多了解新客户。因此，本章预计继任审计师能够发现客户更多的负面信息，并将其披露出来。

四是继任审计师通常会揭露离任审计师的所有错报，以获得比较好的形象。综上所述，本章的第二个研究假设如下：

H2：审计师强制轮换后，继任审计师会披露更多的负面信息，从而导致公司股价崩盘风险提高。

3. 审计师个人特征的影响

H1 和 H2 的检验并不能解释即将离任的审计师个人特征的影响。审计师在审计中有自由裁量权，是审计质量的守门人，会帮助披露客户的负面信息（若存在）。是否向公众提供此类负面信息受两个关键因素的影响：

（1）离任审计师是否有能力揭露负面信息（受其专业能力的影响）。

（2）离任审计师传播负面信息的意愿（受其与继任审计师或客户关系的影响）。

之所以关注离任审计师而不是继任审计师的个人特征，是因为前者在负面信息隐藏和累积行为中发挥了更重要的角色。因此，本章主要研究离任审计师的个人特征和人际关系对审计质量的增量影响。

当离任审计师有卓越的专业能力时（一次性通过 CPA 考试的全部科目（如 2009 年后一次性通过第一阶段考试），大学主修会计专业，是事务所合伙人而不仅仅是签字审计师，审计经验更加丰富），他们更容易发现被隐藏的负面信息。此外，能力越强的审计师预计有一个更光明的未来，会比专业能力较差的审计师更看重自己的职业生涯。因此，在审计师强制轮换前，具有卓越专业能力的离任审计师有很强的动机维持自身声誉，从而抑制客户的机会主义行为和负面信息隐藏行为。为此，本章预计拥有卓越专业能力的离任审计师更有动机去说服客户披露更多的负面信息。因此，具有卓越专业能力的审计师在强制轮换前的最后一年，公司累积的负面信息会减少，从而股价崩盘风险更高。

接下来本章从两方面考虑离任审计师的人际关系网络。首先，分析审计师与客户的人际关系网络。当离任审计师与客户之间没有特殊关系时，可以预计在审计师强制轮换中离任审计师会更加勤勉尽责。Guan et al.（2016）指出，如果审计师与客户公司的高管在同一所大学就读，审计质量就会受到影响。同样，He et al.（2017）的研究指出审计师与公司审计委员会成员之间的校友关系有损审计质量。具体而言，这些有关联的审计师更可能发表有利的审计意见，尤其是当客户陷入财务困境时。在我国的审计环境中，校友关系是使审计质量受损的典型代表。因此，本章预计，在审计师强制轮换前，与客户拥有弱（强）个人关联的离任审计师会累积更少（更多）的负面信息，当期股价崩盘风险更高（更低）。

其次，分析离任审计师与继任审计师之间的个人关系。当两个审计师的人际关系紧密时，新上任的审计师不愿揭露离任审计师的无能。换句话说，当两个审计师有某种关联时，新上任的审计师对离任审计师的监督作用会较弱。因此，在审计师强制轮换中，继任审计师与离任审计师有关联时，负面信息累积可能会更多。实证中本章使用校友关系和同事关系来确定继任审计师与离任审计师的人际关系网络。如果两个审计师既不是毕业于同一所大学，也未在同一个审计团队共事过，则认为审计师之间的人际关系薄弱。综上，本章的第三个假设如下：

H3a：当离任审计师具有卓越的专业能力时，客户在审计师强制轮换期间会减少负面信息的隐藏和累积。

H3b：当离任审计师与审计客户或继任审计师的人际关系薄弱时，客户在审计师强制轮换期间会减少负面信息的隐藏和累积。

7.3　数据和方法

7.3.1　数据

本章以我国 A 股市场 2003—2014 年的所有上市公司为样本。以

2003 年为起点是因为 2003 年是我国要求审计师强制轮换的第一年。数据中删除了金融类公司和审计师或会计信息缺失的公司。会计和财务数据以及审计师姓名均来自 CSMAR，审计师的个人特征信息（包括注册会计师全国统一考试成绩、大学专业、是不是事务所合伙人和任职年限等）来自中国注册会计师协会网站。最终样本包括 10 579 个审计师-公司-年度观察值。参考 Guan et al.(2016)，我们获取了离任审计师与客户之间的人际关系信息。由于部分 CEO 或董事长的信息缺失，审计师-客户人际关系网络样本只有 1 967 个观察值。此外，参考 Pittman et al.(2022)，基于离任审计师与继任审计师的校友关系获得了 4 809 个观察值。

7.3.2　方法

1. 审计师强制轮换前后时期

审计师可以在强制轮换年度中的任何一个月离开，因此我们将审计师第五年的轮换定义为强制轮换，而将第五年之前的轮换定义为自愿轮换。现有数据并没有指出轮换发生的具体月份，所以假设离任审计师和客户会在新的会计年度（每年的 1—12 月）刚开始时进行轮换，以实现平稳的审计过渡。因此，我们推断最常见的强制轮换时间是一年中的前几个月。我们使用当年 5 月 1 日到次年 4 月 30 日的数据计算公司的股价崩盘风险[①]。例如，如果审计师在 2011 年 4 月离开，其将对 2010 年 1 月至 2010 年 12 月的会计年度负责，这对应 2010 年 5 月至 2011 年 4 月的股价崩盘风险。离任审计师签署的最后的财务报表是 2010 年会计年度。我们使用虚拟变量 $LAST\_MDT$ 来捕获审计师强制轮换前的最后一年对负面信息隐藏的影响。当离任审计师处于强制轮换的最后一年时，$LAST\_MDt$ 取值为 1，此时 $FIRST\_MDT$ 取值为 0。

[①]　与会计年度有弹性日期的国家不同，我国规定会计年度必须从 1 月 1 日到 12 月 31 日。此外，我国公司必须在每年 4 月 30 日前公布其上一年度的财务报表。

同样，从 2011 年 4 月开始任职的审计师对 2011 年 1 月至 2011 年 12 月的会计年度负责。因此，审计师强制轮换后，继任审计师影响股价崩盘风险的区间是 2011 年 5 月至 2012 年 4 月。在审计师强制轮换的第一年，即继任审计师上任的当年，$FIRST\_MDT$ 取值为 1，$LAST\_MDT$ 取值为 0。

2. 股价崩盘风险

参考股价崩盘风险的文献（Kim et al.，2011a；Kim et al.，2011b)，采用负收益偏态系数（$Ncskew$）衡量股价崩盘风险。具体计算过程如下。

首先，使用式（7-1）进行回归：

$$r_{i,t} = \alpha + \beta_{1,i} r_{m,t-2} + \beta_{2,i} r_{m,t-1} + \beta_{3,i} r_{m,t} + \beta_{4,i} r_{m,t+1}$$
$$+ \beta_{5,i} r_{m,t+2} + \varepsilon_{i,t} \qquad (7-1)$$

式中，$r_{i,t}$ 是股票 i 在第 t 周的收益率；$r_{m,t}$ 是在第 t 周 A 股市场的加权收益率。将式（7-1）中的残差加 1 取对数处理后得到 $W_{i,t}$，即 $W_{i,t} = \ln(1 + \varepsilon_{i,t})$，这里的 $\varepsilon_{i,t}$ 是式（7-1）的残差。

其次，计算 $Ncskew$。

$$Ncskew_{i,t} = -\frac{n(n-1)^{\frac{3}{2}} \sum W_{i,t}^3}{(n-1)(n-2)\left(\sum W_{i,t}^2\right)^{\frac{3}{2}}} \qquad (7-2)$$

式中，n 是在同年公司 i 周特质收益率的观测值个数。当公司的负面信息隐藏行为较少时，公司的股价崩盘风险 $Ncskew$ 会很大。

3. 回归模型

为了检验第一个假设和其他相关的研究问题，使用以下基础回归模型：

$$Crash_{i,j,t} = \alpha_0 + \alpha_1 LAST\_MDT_{i,j,t} + \alpha_2 FIRST\_MDT_{i,j,t}$$
$$+ CONTROL + \mu_{i,j,t} \qquad (7-3)$$

式中，被解释变量 $Crash_{i,j,t}$ 是审计师 j 在第 t 年所对应客户 i 的股价崩盘风险，采用指标 $Ncskew$ 衡量；$LAST\_MDT_{i,j,t}$ 表明审计师 j 和

客户 i 在第 t 年是否属于强制轮换的当年；$FIRST\_MDT_{i,j,t}$ 表示是否为强制轮换后继任审计师上任的当年；μ 是随机误差项。

本章纳入了一系列控制变量，包括公司规模（$SIZE$）、财务杠杆（LEV）、总资产收益率（ROA）、去趋势化的股票周转率（$DTURN$）、平均每周股票收益率（RET）、每周股票收益率波动性（$SIGMA$）、管理层持股（$MSHOLD$）、市值账面比（MB）、CEO 的政治关系（PC）、操纵性应计盈余（DA）、是否为标准审计意见（$OPIN$）、审计事务所是不是中国前十大所（$BIG10$）、客户上市年限（AGE）、客户产权性质（SOE）、分析师跟踪数量（$ANALYST$）和机构投资者持股比例（$INSTRTEOWN$）。

参考 Piotroski et al.（2015），进一步控制了两个时间虚拟变量对股价崩盘风险的影响。首先，如果样本处于 2007 年和 2012 年（分别为中共十七大和中共十八大召开年份），虚拟变量 $PROMOTION1$ 取值为 1，否则为 0。其次，公司所在省份的省委书记或省长获得晋升的当年，虚拟变量 $PROMOTION2$ 取值为 1，否则为 0。此外，进一步加入两个与审计相关的特征作为控制变量。首先，如果公司中有审计委员会，虚拟变量 $AUDITCOM$ 取值为 1，否则为 0。其次，如果审计师在第 t 年强制轮换并且审计事务所也进行了轮换，虚拟变量 $FIRM$ 取值 1。本章还在式（7-3）中控制了年份和行业固定效应。具体变量定义见附录 7-1。

为了检验 H2，本部分修正了式（7-3），加入了离任审计师的专业能力或者个人关系网络的影响：

$$Crash_{i,j,t} = \beta_0 + \beta_1 LAST\_MDT_{i,j,t} + \beta_2 FIRST\_MDT_{i,j,t}$$
$$+ \beta_3 LAST\_MDT_{i,j,t} \times X_{i,j,t} + \beta_4 FIRST\_MDT_{i,j,t}$$
$$\times X_{i,j,t} + CONTROL + \varepsilon_{i,j,t} \qquad (7-4)$$

式中，$X_{i,j,t}$ 为审计师 j 的专业能力水平与客户 i 在第 t 年人际关系网络；$\varepsilon_{i,j,t}$ 为随机误差项，使用与式（7-3）相同的控制变量。

具体而言，本部分将 $ABILITY$ 定义为虚拟变量，如果审计师一次性通过 CPA 考试的全部科目（如 2009 年后一次性通过第一阶段考试）；审计师担任事务所的合伙人而不仅仅是签字审计师[①]；大学主修会计专业；审计师的审计经验更加丰富，超过样本中位数，则将其取值为 1，否则为 0。

为了获得审计师与客户的人际关系网络，本部分使用离任审计师与客户的 CEO 或董事长的校友关系（Guan et al.，2016）衡量，用虚拟变量 NETWORK1 表示，并且以式（7-4）中的交互项衡量人际关系网络的影响。具体来说，如果审计师与客户的 CEO 或董事长有校友关系，则 NETWORK1 为 1，否则为 0。为了衡量离任审计师与继任审计师的关联，我们在式（7-4）中设置了一个虚拟变量 NETWORK2。如果离任审计师与继任审计师有校友联系，或以前曾在同一审计团队工作，则 NETWORK2 为 1，否则为 0。

7.4　实证结果分析

7.4.1　样本分布和描述性统计

表 7-1 列示了按年份和审计师轮换类型分组的样本分布情况。在 10 579 个审计师-公司-年度观测值中，6 814 个样本发生了审计师轮换。在这 6 814 个轮换中，1 389 个样本还涉及审计事务所轮换。在所有轮换中，5 657 个样本是自愿轮换，1 272 个样本是强制轮换。通过表 7-1 的（3）列可以看出，总的轮换（包括审计师和审计事务所轮换）的样本数量随时间推移呈增长趋势，而（4）列显示审计事务所轮换并没有一个明显的趋势。（8）和（11）列均发现强制轮换和自愿轮换都呈增长趋势。

[①]　在我国签字审计师不一定是审计事务所的合伙人，该人可以是高级审计师。参考之前的文献，本章认为审计合伙人的专业能力更强。

表 7 - 1　审计师轮换的样本分布

年份	全部样本				审计师轮换（包括强制或自愿）			强制轮换			自愿轮换		
	样本量	没有发生审计师和事务所轮换的样本量	发生轮换的样本量（包括审计师和审计事务所的样本量）	发生审计事务所轮换的样本量	审计师轮换的样本*	复核审计师轮换	执行审计师轮换	审计师强制轮换的样本*总量	复核审计师强制轮换	执行审计师强制轮换	审计师自愿轮换的样本*总量	复核审计师自愿轮换	执行审计师自愿轮换
	(1)	(2)	(3)	(4)	(5)	(6)	(7)	(8)	(9)	(10)	(11)	(12)	(13)
2003	525	237	288	31	285	156	203	39	23	19	260	133	184
2004	570	169	401	47	399	221	296	68	40	31	349	181	265
2005	641	214	427	61	423	273	279	52	36	18	383	237	261
2006	643	192	451	94	441	310	304	75	47	32	393	263	272
2007	668	235	433	90	424	257	315	35	23	16	403	234	299
2008	743	271	472	154	434	249	304	54	26	30	391	223	274
2009	796	277	519	144	484	285	329	109	56	65	408	229	264
2010	845	310	535	52	529	291	371	104	64	50	452	227	321
2011	929	298	631	118	612	383	436	120	83	49	533	300	387
2012	1 296	405	891	214	862	545	594	239	159	104	700	386	490
2013	1 334	467	857	306	778	480	513	178	107	84	637	373	429
2014	1 589	690	899	78	899	519	608	199	128	94	748	391	514
总计	10 579	3 765	6 814	1 389	6 570	3 969	4 552	1 272	792	592	5 657	3 177	3 960

* 包括复核审计师和执行审计师轮换。

表7-2列示了样本的描述性统计结果。对于整个样本，$LAST\_MDT$ 和 $FIRST\_MDT$ 的均值分别为0.117和0.120，这表明在审计师强制轮换中，11.7%和12.0%的样本分别涉及离任审计师离职的当年和继任审计师上任的第一年。

表7-2 描述性统计结果

变量	样本量	P5	均值	中位数	P95	标准差
$Ncskew_t$	10 579	−1.361	−0.235	−0.212	0.758	0.673
$LAST\_MDT_t$	10 579	0.000	0.117	0.000	1.000	0.322
$LAST\_VLT_t$	10 579	0.000	0.414	0.000	1.000	0.493
$FIRST\_MDT_t$	10 579	0.000	0.120	0.000	1.000	0.325
$FIRST\_VLT_t$	10 579	0.000	0.501	1.000	1.000	0.500
$SIZE_t$	10 579	20.137	21.756	21.583	24.037	1.184
LEV_t	10 579	0.128	0.465	0.473	0.785	0.200
ROA_t	10 579	−0.023	0.020	0.018	0.067	0.028
$DTURN_t$	10 579	−0.719	−0.050	−0.009	0.517	0.371
RET_t	10 579	−0.269	−0.116	−0.097	−0.029	0.077
$SIGMA_t$	10 579	0.024	0.046	0.044	0.074	0.015
$MSHOLD_t$	10 579	0.000	0.076	0.000	0.514	0.166
MB_t	10 579	0.001	0.326	0.341	0.730	0.264
PC_t	10 579	0.000	0.339	0.000	1.000	0.474
DA_t	10 579	0.004	0.068	0.045	0.199	0.089
$OPIN_t$	10 579	0.000	0.032	0.000	0.000	0.176
$BIG10_t$	10 579	0.000	0.422	0.000	1.000	0.494
AGE_t	10 579	1.000	7.988	7.000	17.000	5.012
SOE_t	10 579	0.000	0.544	1.000	1.000	0.498
$PROMOTION1$	10 579	0.000	0.186	0.000	1.000	0.389

续表

变量	样本量	P5	均值	中位数	P95	标准差
$PROMOTION2$	10 579	0.000	0.259	0.000	1.000	0.438
$INSTITUEOWN_t$	10 579	0.001	0.319	0.292	0.750	0.249
$ANALYST_t$	10 579	0.000	1.239	1.099	3.178	1.136
$AUDITCOM_t$	10 579	0.000	0.791	1.000	1.000	0.406
$FIRM_t$	10 579	0.000	0.083	0.000	1.000	0.276

7.4.2　基准回归结果

H1 和 H2 的检验结果见表 7-3。(1) 列列示了审计师变更的影响。$LAST\_MDT$ 的系数为负且在 1% 的水平显著，而 $FIRST\_MDT$ 的系数为正且在 1% 的水平显著。这说明在审计师强制轮换的当年，公司股价崩盘风险更低，审计师向市场披露了公司较少的负面信息；而当继任审计师上任后，将过去的负面信息披露出来，导致股价崩盘风险更高。表 7-3 中 (2) 列列示了剔除审计事务所变更的样本后的结果，其与 (1) 列的结果类似，均具有显著的经济意义。以 (1) 列为例，$LAST\_MDT$ 和 $FIRST\_MDT$ 的系数分别是 -0.088 和 0.054，股价崩盘风险的标准差为 0.673（如表 7-2 中 $Ncskew$ 的结果），说明客户公司在审计师强制轮换之前（之后）的股价崩盘风险变化相当于标准差的 13.08%（8.02%）。

表 7-3　审计师强制轮换对股价崩盘风险的影响：全样本

$Y = Ncskew_t$	将审计事务所变更作为额外的控制变量	将审计事务所变更的样本删除
	(1)	(2)
$LAST\_MDT_t$	-0.088^{***}	-0.079^{***}
	(-4.42)	(-3.79)
$FIRST\_MDT_t$	0.054^{***}	0.056^{**}
	(2.59)	(2.50)

续表

$Y = Ncskew_t$	将审计事务所变更 作为额外的控制变量	将审计事务所变更 的样本删除
	（1）	（2）
$SIZE_t$	-0.096^{***}	-0.096^{***}
	（-11.19）	（-10.65）
LEV_t	0.133^{***}	0.124^{***}
	（3.30）	（2.90）
ROA_t	-0.306	-0.227
	（-1.10）	（-0.74）
$DTURN_t$	0.080^{***}	0.077^{***}
	（3.77）	（3.35）
RET_t	4.149^{***}	4.102^{***}
	（8.55）	（8.01）
$SIGMA_t$	14.013^{***}	13.665^{***}
	（5.41）	（4.97）
$MSHOLD_t$	0.016	0.018
	（0.30）	（0.31）
MB_t	0.125^{***}	0.122^{***}
	（3.26）	（2.95）
PC_t	-0.008	0.000
	（-0.58）	（0.03）
DA_t	0.029	0.077
	（0.36）	（0.83）
$OPIN_t$	0.116^{***}	0.123^{***}
	（3.32）	（3.18）
$BIG10_t$	-0.011	-0.014
	（-0.80）	（-0.96）

续表

$Y = Ncskew_t$	将审计事务所变更 作为额外的控制变量	将审计事务所变更 的样本删除
	（1）	（2）
AGE_t	-0.006^{***}	-0.006^{***}
	(-3.54)	(-3.31)
SOE_t	-0.035^{**}	-0.032^{*}
	(-2.03)	(-1.79)
$PROMOTION1$	-0.338^{***}	-0.325^{***}
	(-6.74)	(-6.15)
$PROMOTION2$	-0.011	-0.011
	(-0.66)	(-0.60)
$INSTITUEOWN_t$	0.175^{***}	0.184^{***}
	(4.66)	(4.55)
$ANALYST_t$	0.072^{***}	0.071^{***}
	(8.92)	(8.27)
$AUDITCOM_t$	0.011	0.013
	(0.55)	(0.60)
$FIRM_t$	0.019	
	(0.87)	
截距项	1.594^{***}	1.607^{***}
	(7.95)	(7.62)
行业固定效应	Yes	Yes
年份固定效应	Yes	Yes
样本量	10 579	9 190
调整 R^2	0.111	0.114

注：t 统计量（括号内）是基于公司层面聚类标准误计算得到的。$*$、$**$ 和 $***$ 分别表示在 10%、5% 和 1% 的水平显著。下同。

表 7-3 中的结果支持了 H1 和 H2，说明无论是否同时进行审计事务所轮换，审计师强制轮换的结果都是稳健的。控制变量系数的方向（若显著）也与预期相符。例如，$SIZE$、AGE、SOE 的系数为负，说明当客户资产规模较大、上市时间较长、产权性质为国有企业时，该公司的股价崩盘风险相对较低。相比之下，LEV、RET、$SIGMA$、$OPIN$、$INSTITUEOWN$ 和 $ANALYST$ 的系数始终为正且显著，这表明当客户的财务杠杆、股票收益率、股票波动率更高，得到的是非标准审计意见，机构投资者持股比例更大和分析师跟踪数量更多时，其股价崩盘风险更高。

7.4.3　执行审计师与复核审计师的影响

我国上市公司需要两类审计师共同签署经审计的财务报表。其中，执行审计师帮助客户管理并执行实际的审计程序，复核审计师则监督审计并确保审计质量。在审计事务所中，复核审计师的级别通常要高于执行审计师。考虑到复核审计师与执行审计师之间的区别，作为审计质量的守门员，复核审计师与执行审计师将在审计程序和负面信息累积中扮演不同的角色。根据审计师强制轮换规则，两个审计师任期满五年后都必须变动，但这不太可能同时发生。表 7-3 中的结果并没有揭示执行审计师与复核审计师的差异。因此，本部分修改式（7-4），将 $LAST\_MDT$ 和 $FIRST\_MDT$ 变量分解为执行审计师和复核审计师的影响。回归方程如下：

$$
\begin{aligned}
Crash_{i,j,t} = & \gamma_0 + \gamma_1 LAST\_MDT\_REVIEW_{i,j,t} \\
& + \gamma_2 FIRST\_MDT\_REVIEW_{i,j,t} \\
& + \gamma_3 LAST\_MDT\_ENGAGE_{i,j,t} \\
& + \gamma_4 FIRST\_MDT\_ENGAGE_{i,j,t} \\
& + CONTROL + \Phi_{i,j,t}
\end{aligned}
\tag{7-5}
$$

式中，$LAST\_MDT\_REVIEW$（$FIRST\_MDT\_REVIEW$）定义为复核审计师强制轮换当年（审计师强制轮换后）对股价崩盘风险的影响。同理，$LAST\_MDT\_ENGAGE$ 和 $FIRST\_MDT\_ENGAGE$ 定义为执行审计师强制轮换当年（审计师强制轮换后）对股价崩盘风险的影响。

式（7-5）的回归结果如表 7-4 所示。为简便起见，表中仅列示了执行审计师（$LAST\_MDT\_ENGAGE$ 和 $FIRST\_MDT\_ENGAGE$）和复核审计师（$LAST\_MDT\_REVIEW$ 和 $FIRST\_MDT\_REVIEW$）的回归系数结果。$LAST\_MDT\_REVIEW$ 和 $FIRST\_MDT\_REVIEW$ 的系数与预期相似，并且分别在 1% 和 5% 的水平显著。相比之下，执行审计师的回归系数却不显著。因此，复核审计师强制轮换的结果比执行审计师的结果更为显著。该发现与 Lennox et al.（2014）的研究结论不同，其原因可能有两个：一是复核审计师主要监控审计风险暴露（Ayers and Kaplan，1998）和评估审计质量（Epps and Messier，2007），并不从事日常审计工作，因此，对复核审计师而言，发现与股价崩盘风险相关的信息累积并不容易。二是复核审计师比执行审计师级别更高。除了审计质量外，他们更多从事与潜在客户建立人际关系的工作，以维持与以前客户的良好关系或签约新客户。因此，他们更容易受到客户的威胁和压力，从而更容易导致负面信息的隐藏和累积。鉴于复核审计师的重要性，本章后续会重点关注。

表 7-4　审计师强制轮换对股价崩盘风险的影响：
比较复核审计师与执行审计师

$Y = Ncskew_t$	(1)
$LAST\_MDT\_REVIEW_t$	-0.113^{***}
	(-4.50)
$FIRST\_MDT\_REVIEW_t$	0.058^{**}
	(2.14)
$LAST\_MDT\_ENGAGE_t$	-0.023
	(-0.87)

续表

$Y = Ncskew_t$	(1)
$FIRST\_MDT\_ENGAGE_t$	0.037
	(1.34)
控制变量	Yes
年份固定效应	Yes
行业固定效应	Yes
样本量	10 579
调整 R^2	0.112

7.4.4 审计师的专业能力与人际关系网络的影响

1. 审计师专业能力的影响

表 7-5 列示了假设 H3a 的回归结果。可以看出，在四种不同的专业能力（更好的注册会计师全国统一考试成绩 $TEST$、是事务所的合伙人而不仅仅是签字审计师 $PARTNER$、大学主修会计 $MAJOR$、拥有更多的审计经验 $EXPERIENCE$）的衡量中，结果几乎都一致，$LAST\_MDT\_REVIEW$ 的系数均为负且在 1% 的水平显著，而 $FIRST\_MDT\_REVIEW$ 的系数则为正且在 1% 或 5% 的水平显著，结果与表 7-4 的结果一致。其次，对于审计师专业能力的边际影响，我们关注交乘项 $LAST\_MDT\_REVIEW \times ABILITY$ 和 $FIRST\_MDT\_REVIEW \times ABILITY$。四列回归结果中三列 $LAST\_MDT\_REVIEW \times ABILITY$ 的系数为正且在 5% 或 10% 的水平显著，这表明具有卓越专业能力的离任审计师更少进行负面信息的隐藏，因此在强制轮换当年客户累积的负面信息较少。在所有列中，$FIRST\_MDT\_REVIEW \times ABILITY$ 的系数为负且在 1%、5% 和 10% 的水平显著，这说明由于具有卓越能力的离任审计师在离职当年较少地隐藏和累积负面信息，因此继任审计师上任后，也披露了更多的负面信息。研究结果支持假设 H3a。

表 7 - 5　审计师强制轮换对股价崩盘风险的影响：
离任复核审计师的专业能力

$Y = Ncskew_t$	注册会计师全国统一考试成绩	是否为事务所合伙人	是否为会计专业	审计经验
	(1)	(2)	(3)	(4)
$LAST\_MDT\_REVIEW_t$	-0.156^{***}	-0.374^{***}	-0.180^{***}	-0.162^{***}
	(-4.12)	(-3.38)	(-4.29)	(-4.19)
$FIRST\_MDT\_REVIEW_t$	0.129^{***}	0.407^{***}	0.175^{***}	0.120^{**}
	(2.69)	(2.74)	(3.18)	(2.41)
$LAST\_MDT\_REVIEW_t \times ABILITY_t$	0.135^{*}	0.288^{**}	0.126^{**}	0.103
	(1.72)	(2.49)	(2.17)	(1.58)
$FIRST\_MDT\_REVIEW_t \times ABILITY_t$	-0.241^{**}	-0.367^{**}	-0.195^{***}	-0.154^{*}
	(-2.47)	(-2.46)	(-2.66)	(-1.88)
$ABILITY_t$	0.006	0.013	0.010	-0.021
	(0.23)	(0.55)	(0.62)	(-1.11)
控制变量	Yes	Yes	Yes	Yes
年份固定效应	Yes	Yes	Yes	Yes
行业固定效应	Yes	Yes	Yes	Yes
样本量	5 882	6 865	6 865	6 179
调整 R^2	0.115	0.119	0.118	0.118

值得注意的是，$ABILITY$ 的系数并不显著，这表明具有卓越专业能力的审计师不会改变股价崩盘风险，其需要在审计师强制轮换的当年或者新审计师上任的第一年，才会因为其卓越的能力显示出对客户股价崩盘风险的边际影响。

2. 审计师人际关系网络的影响

表 7 - 6 列示了离任审计师与客户的人际关系网络对负面信息隐藏的影响。当以审计师-客户的校友关系定义人际关系网络时，

$LAST\_MDT\_REVIEW \times NETWORK1$ 的系数为负且在 5％的水平显著，而 $FIRST\_MDT\_REVIEW \times NETWORK1$ 的系数为正且在 5％和10％的水平显著。也就是说，如果审计师与客户公司的 CEO 或董事长有校友关系时，其会帮助累积负面信息，并降低强制轮换当年的股价崩盘风险。鉴于离任审计师累积了大量负面信息，新上任的审计师很容易发现负面信息并向市场披露，尤其是当继任审计师与客户没有关联且其为了降低声誉风险和法律风险时，因此 $FIRST\_MDT\_REVIEW \times NETWORK1$ 的系数为正。这些发现支持了本章的猜想和假设 H3b。

表 7 - 6　复核审计师强制轮换对股价崩盘风险的影响：
离任复核审计师的人际关系网络

$Y=Ncskew_t$	与公司 CEO 或董事长的校友关系	与继任审计师的共事关系	与继任审计师的校友关系
	(1)	(2)	(3)
$LAST\_MDT\_REVIEW_t$	−0.942***	−0.078**	−0.070**
	(−2.75)	(−2.58)	(−2.02)
$FIRST\_MDT\_REVIEW_t$	0.526***	0.100***	0.122**
	(3.08)	(2.89)	(2.20)
$LAST\_MDT\_REVIEW_t \times NETWORK1_t$	−0.875**		
	(−2.50)		
$FIRST\_MDT\_REVIEW_t \times NETWORK1_t$	0.586***		
	(3.26)		
$NETWORK1_t$	−0.013		
	(−0.20)		
$LAST\_MDT\_REVIEW_t \times NETWORK2_t$		−0.098**	−0.330**
		(−2.04)	(−2.43)
$FIRST\_MDT\_REVIEW_t \times NETWORK2_t$		−0.119**	−0.234*
		(−2.16)	(−1.72)

续表

$Y = Ncskew_t$	与公司 CEO 或董事长的校友关系	与继任审计师的共事关系	与继任审计师的校友关系
	(1)	(2)	(3)
$NETWORK2_t$		0.015	-0.003
		(0.78)	(-0.16)
控制变量	Yes	Yes	Yes
年份固定效应	Yes	Yes	Yes
行业固定效应	Yes	Yes	Yes
样本量	1 967	10 579	4 809
调整 R^2	0.122	0.112	0.121

对于表 7-6 的（2）和（3）列，$LAST\_MDT\_REVIEW \times NETWORK2$ 的系数为负且在 5% 的水平显著，这表明当离任审计师与继任审计师存在关联时，公司会累积更多的负面信息。此外，当继任审计师与离任审计师（$FIRST\_MDT\_REVIEW \times NETWORK2$）有较强的人际关系时，负面信息累积在继任审计师上任后仍然会持续，因此（2）和（3）列中 $FIRST\_MDT\_REVIEW \times NETWORK2$ 的系数为负。回归结果支持假设 H3b。

7.4.5　稳健性检验：两年冷静期后审计师回到原公司

与美国不同，我国的审计师可以在两年冷静期结束后重新回到原公司。为了研究审计师强制轮换后回到原公司对公司股价崩盘风险的影响，我们设置了一组虚拟变量，如果离任复核审计师在强制轮换的冷静期结束后重新回到原公司，说明继任审计师是临时审计师。如果离任审计师在第 3 年轮换回来，则定义 $LAST\_MDT\_REVIEW1$（$FIRST\_MDT\_REVIEW1$、$SEC\_MDT\_REVIEW1$ 和 $TRD\_MDT\_REVIEW1$）为强制轮换的当年（新审计师上任的第 1 年、第 2 年、第 3 年）。同理，如果离任审计师没有在第 3 年回到原公司（即继任审计师并非临时审计师），则定义 $LAST\_MDT\_RE-VIEW2$（$FIRST\_MDT\_REVIEW2$、$SEC\_MDT\_REVIEW2$ 和 $TRD\_MDT\_REVIEW2$）为强制轮换的最后一年（强制轮换的第 1 年、第 2 年、第 3 年）。检验结果列示在表 7-7 中。

表 7-7　稳健性检验：考虑复核审计师两年后是否会轮换至原客户

$Y=Ncskew_t$	(1)	(2)	(3)
$LAST\_MDT\_REVIEW1_t$	−0.174***		−0.174***
	(−2.70)		(−2.70)
$FIRST\_MDT\_REVIEW1_t$	−0.110**		−0.108**
	(−2.06)		(−2.02)
$SEC\_MDT\_REVIEW1_t$	−0.044		−0.044
	(−0.88)		(−0.87)
$TRD\_MDT\_REVIEW1_t$	0.003		0.005
	(0.06)		(0.13)
$LAST\_MDT\_REVIEW2_t$		−0.088**	−0.095***
		(−2.57)	(−2.80)
$FIRST\_MDT\_REVIEW2_t$		0.106***	0.100***
		(3.78)	(3.55)
$SEC\_MDT\_REVIEW2_t$		0.040	0.034
		(1.42)	(1.23)
$TRD\_MDT\_REVIEW2_t$		−0.025	−0.030
		(−0.80)	(−0.96)
控制变量	Yes	Yes	Yes
年份固定效应	Yes	Yes	Yes
行业固定效应	Yes	Yes	Yes
样本量	9 324	9 324	9 324
调整 R^2	0.116	0.117	0.119

在（1）和（3）列中 $LAST\_MDT\_REVIEW1$ 和 $FIRST\_$

*MDT_REVIEW*1 的系数为负且分别在 1% 和 5% 的水平显著，这表明当继任审计师得知离任审计师在两年冷静期结束后重新回到原公司时，会披露较少的负面信息，因此股价崩盘风险较低；相反，在（2）和（3）列中 *FIRST_MDT_REVIEW*2 的系数为正并且在 1% 的水平显著，说明继任审计师得知离任审计师不会回来时，会披露更多关于客户的负面信息。

表 7-7 中的结果说明了两点。一是当继任审计师明白自己只是一个临时审计师，离任审计师未来会轮换回来时，审计时不会进行充分的尽职调查，这导致发现的负面信息较少，客户的股价崩盘风险较低。二是当继任审计师意识到离任审计师未来不会回来，且自己将一直负责该公司的年报审计工作时，会更加谨慎，并在考虑声誉和诉讼风险的情况下在审计中进行充分的尽职调查，因此，在其他条件相同的情况下，更多客户的负面信息会被披露，股价崩盘风险与 *FIRST_MDT_REVIEW*2 正相关。

7.4.6　其他稳健性检验

本章还进行了以下稳健性检验：

（1）进行倾向得分匹配，以检查在审计师强制轮换前后的客户特征差异，以减少内生性问题。

（2）使用复核或执行审计师与其原客户的平均任期（*TEN-URE*）作为工具变量，以计算审计师自愿（强制）轮换退出当前客户的可能性。

（3）使用替代窗口（下一年的 1 月 1 日至 4 月 30 日）计算股价崩盘风险，还使用当年年度财务报告发布月份到下一年财务报告发布前一个月的这段时间来计算股价崩盘风险。这两种方法都减少了时间差异以及财务报告披露与股价崩盘风险计算之间的不匹配程度。

（4）研究了审计师自愿轮换（五年期限之前的审计师轮换），发现审计师自愿轮换对审计质量无不利影响。

（5）使用 *Crash* 和 *Duvol* 来衡量股价崩盘风险。*Crash* 定义如下：当一家公司在某个年份中有一个或多个崩盘周时，*Crash* 取值为1，否则为0。崩盘周是指公司的周收益率低于该公司整个财务年度平均周收益率 3.09 个标准差的周。

（6）使用安慰剂检验进行稳健性测试。具体来说，对于第 t 年的每个审计师强制轮换，假设强制轮换事件发生在（第 $t+2$ 年，第 $t+3$ 年）或（第 $t+3$ 年，第 $t+4$ 年），以模拟审计师强制轮换的影响。预计 *LAST_MDT_REVIEW* 和 *FIRST_MDT_REVIEW* 的系数并不显著，因为在第 $t+2$ 年、第 $t+3$ 年和第 $t+4$ 年，强制轮换并未发生。未进行报告的研究结果与本章的核心研究结果并不存在显著区别。

（7）除了股价崩盘风险外，其他指标也可以衡量负面信息的隐藏。具体来说，使用财务重述、非标准审计意见和会计稳健性作为负面信息隐藏行为的衡量，未报告的结果与表 7-3 中的基准结果一致。

7.5　本章小结

大量文献开始研究会计和金融执业人员的工作环境（Benson et al.，2014，2015；Linnenluecke et al.，2017a，2017b；de Villiers and Hsiao，2018）。本章以我国公司为样本，分析了审计师强制轮换对客户负面信息隐藏行为的影响。研究发现：

（1）在离任审计师任期的最后一年会有更多的负面信息隐藏和累积，从而导致客户的股价崩盘风险较低。

（2）在继任审计师上任的第一年，会有更多的负面信息披露出来，从而增加客户的股价崩盘风险。

（3）当离任审计师的专业能力较强，与客户或继任审计师的人际关系网络较弱时，上市公司的负面信息隐藏行为较少。

（4）在采用了倾向得分匹配法、工具变量估计、采用不同时间窗口计算股价崩盘风险、考虑审计师冷静期结束后重新转回公司、安慰剂检验、考虑审计师自愿轮换的影响、控制公司固定效应、利用其他负面信息隐藏的衡量指标等一系列稳健性测试后，结果仍然稳健。

附录 7–1　变量定义

变量	变量定义
$Ncskew_t$	从第 t 年 5 月至第 $t+1$ 年 4 月期间，公司特定的每周超额回报率的负收益偏态系数。 $$Ncskew_{i,t} = -\frac{n(n-1)^{\frac{3}{2}}\sum W_{i,t}^3}{(n-1)(n-2)(\sum W_{i,t}^2)^{\frac{3}{2}}}$$ $$W_{i,t} = \ln(1+\varepsilon_{i,t})$$ 其中，$\varepsilon_{i,t}$ 是下式的残差： $$r_{i,t} = \alpha + \beta_{1,i}r_{m,t-2} + \beta_{2,i}r_{m,t-1} + \beta_{3,i}r_{m,t} + \beta_{4,i}r_{m,t+1} + \beta_{5,i}r_{m,t+2} + \varepsilon_{i,t}$$ $r_{i,t}$ 是股票 i 在第 t 周的收益率；$r_{m,t}$ 是在第 t 周 A 股市场的加权收益率
$LAST\_MDT_t$	如果审计师计划在第 $t+1$ 年年底强制轮换而在第 t 年为任期的最后一年，则该变量取值为 1，否则为 0
$FIRST\_MDT_t$	如果审计师因在第 t 年年底强制轮换而继任审计师处于第 t 年任期的第一年，则该变量取值为 1，否则为 0
$LAST\_VLT_t$	如果审计师因自愿轮换在第 t 年为任期的最后一年，则该变量取值为 1，否则为 0
$FIRST\_VLT_t$	如果审计师因在第 t 年年底自愿轮换而处于 t 年任期的第一年，则该变量取值为 1，否则为 0
$SIZE_t$	第 t 年末总资产账面价值取对数
LEV_t	总负债除以总资产

续表

变量	变量定义
ROA_t	净利润总额除以总资产总额
$DTURN_t$	本年度的每月平均股票成交量减去上一年度的每月平均股票成交量，其中每月股票成交量为每月交易量除以当月已发行的股票总数
RET_t	本年度公司周特质平均收益率乘 100
$SIGMA_t$	本年度公司周特质收益率的标准差
$MSHOLD_t$	管理层的持股比例
MB_t	权益的市场价值与账面价值之比
PC_t	如果客户公司的 CEO 曾任或现任政府部门工作人员、人大代表或政协委员，则该变量取值为 1，否则为 0
$OPIN_t$	如果客户公司获得了非标准审计意见，则该变量取值为 1，否则为 0
$BIG10_t$	如果客户公司当年是由十大审计事务所审计的，则该变量取值为 1，否则为 0。 十大审计事务所每年由中国注册会计师协会（CICPA）评定
AGE_t	客户公司的上市年限
SOE_t	如果客户公司的最终控制人为政府，则该变量取值为 1，否则为 0
$PROMOTION1$	参考 Piotroski et al.（2015），如果样本位于 2007 年或 2012 年，即中国共产党全国代表大会召开的年份，则该变量取值为 1，否则为 0
$PROMOTION2$	参考 Piotroski et al.（2015），如果公司所在省份的省委书记或省长当年得到晋升，则该变量取值为 1，否则为 0
$INSTITUEOWN_t$	机构投资者的持股比例
$ANALYST_t$	取值为 ln（1+N），其中 N 为跟踪该公司的分析师的数量

续表

变量	变量定义
$AUDITCOM_t$	如果该公司设立了审计委员会，则该变量取值为 1，否则为 0
$FIRM_t$	如果该公司的审计师在第 t 年强制离任，且在第 $t-1$ 至第 t 年该公司也更换了审计事务所，则该变量取值为 1，否则为 0
$ABILITY_t$	如果离任的复核审计师能力较强，则该变量取值为 1，否则为 0。审计师的能力由 $TEST$、$PARTNER$、$MAJOR$ 和 $EXPERIENCE$ 四个变量来衡量，如果这四个变量中的任意一个为 1，则 $ABILITY$ 取值为 1，否则为 0
$TEST_t$	如果离任的复核审计师一次性通过了注册会计师全国统一考试的全部 6 个科目（2009 年以前为 5 个），则该变量取值为 1，否则为 0
$PARTNER_t$	如果离任的复核审计师是审计事务所的合伙人，则该变量取值为 1，否则为 0
$MAJOR_t$	如果离任的复核审计师大学期间为会计专业，则该变量取值为 1，否则为 0
$EXPERIENCE_t$	如果离任复核审计师的从业年限大于行业中位数，则该变量取值为 1，否则为 0
$NETWORK1_t$	如果离任的复核审计师与客户公司的 CEO 或董事长是校友，则该变量取值为 1，否则为 0
$NETWORK2_t$	如果离任的复核审计师与继任审计师是大学校友或曾几事，则该变量取值为 1，否则为 0

第8章 资本市场对外开放 与股价崩盘风险 *

8.1 引 言

资本市场对外开放是一国金融发展的重要内容之一。2014 年 11 月,沪港股票市场交易互联互通机制(沪港通)正式实施,意味着我国资本市场对外开放向前迈出了一大步,这一重要的制度变化引起了实务界和学术界的广泛关注。对于资本市场对外开放究竟是加剧了股市波动还是促进了股市稳定,学术界众说纷纭,争议较大(Stiglitz,2000;Mitton,2006;Gupta and Yuan,2009;Schuppli and Bohl,2010;Kolasa et al.,2010)。

* 本章内容具体可参见:李沁洋,许年行. 资本市场对外开放与股价崩盘风险:来自沪港通的证据 [J]. 管理科学学报,2019 (8):108 - 126.

为此，本章将实施沪港通这一资本市场对外开放政策作为准自然实验，研究其能否有效降低我国上市公司股价崩盘风险，即股价暴涨暴跌现象。公司股价暴跌不仅会对投资者财富造成极大损害，还会动摇投资者对资本市场的信心，不利于资本市场稳定健康发展。因此，究竟哪些因素会导致股价崩盘风险、哪些因素能抑制股价崩盘风险，已经成为金融学和财务学研究中亟须解答的重要问题（Hutton et al.，2009；许年行等，2013；Xu et al.，2014；曹丰等，2015；权小锋等，2015；Kim et al.，2016；Kim and Zhang，2016；宋献中等，2017；叶康涛等，2018）。

对于个股层面股价崩盘风险的形成机理，财务学界已对其展开了一系列讨论。Jin and Myers（2006）在委托代理理论框架下，对个股股价崩盘风险的形成原因进行了较为系统的概括，形成了信息隐藏假说。该假说认为，管理层对公司内部负面信息的隐藏是导致股价崩盘风险的根源，当负面信息无法继续隐藏而被释放时，会对股价造成巨大冲击，导致股价大幅下跌。之后，大量文献从公司内外部特征等角度探究了股价崩盘风险的影响因素。我国作为一个经济转轨国家，资本市场建设是一个从无到有、逐步摸索、迂回曲折的制度创新过程（游家兴等，2007），资本市场的制度变迁必然会对上市公司产生重大影响。我国近年来的一系列制度变化，如融资融券制度（褚剑和方军雄，2016b）、退市新规（林乐和郑登津，2016）、交易所年报问询函制度（张俊生等，2018）等，都在一定程度上影响了公司的股价崩盘风险。但是，对于实施沪港通这一资本市场对外开放制度的变化是否会影响公司的股价崩盘风险，目前研究还较为缺乏。

基于此，本章将实施沪港通这一事件作为我国资本市场对外开放的准自然实验，考察资本市场对外开放对公司股价崩盘风险的影响及作用路径。本章以上交所上市公司为考察对象，以 2009—2016 年为考察期间，构建倾向得分匹配‐双重差分（propensity score matching-difference in differences，PSM-DID）模型进行检验。实证结果显示，相比于非沪股通标的公司，沪港通政策的实施显著降低了沪股通标的公司的股价崩盘风险。而且，沪港通对沪股通标的公司股价崩盘风险的负效应主要存在于对外开放程度较低地区的上市公司中。沪港通政策降低沪股通标的公司股价崩盘风险的路径在于：沪港通政策提升了沪股通标的公司的信息透明度，降低了噪声交易者对沪股通标的公司的参与程度。进一步研究表明，沪港通对港股通标的公司股价崩盘风险没有显著影响。这说明沪港通政策有效改善了我国资本市场的信息环境，降低了我国沪股通标的公司的股价崩盘风险。

本章的主要贡献在于：

（1）丰富了股价崩盘风险的相关文献。相关学者主要研究了财务报告透明度（Kolasa et al.，2010）、机构投资者行为（许年行等，2013；曹丰等，2015）、高管超额薪酬（Xu et al.，2014）、CEO过度自信（Kim et al.，2016）、会计稳健性（Kim and Zhang，2016）、社会责任披露（权小锋等，2015；宋献中等，2017）、政治不确定性（Piotroski et al.，2015）等因素对股价崩盘风险的影响。与以往研究不同，本章揭示了在资本市场对外开放进程中的重大制度变化，即沪港通交易制度对股价崩盘风险的影响，从宏观因素和制度变迁层面拓展了股价崩盘风险的研究。

（2）从股价崩盘风险的视角考察了我国实施沪港通这一宏观经济政策的微观市场效应，为理论界和实务界理解沪港通政策实施的经济后果提供了新的视角，也为我国资本市场进一步对外开放提供了理论支撑。由于沪港通实施时间不长，相关的实证研究较少，仅有的几篇实证研究主要关注沪港通的宣告效应（严佳佳等，2015）、A＋H交叉上市的公司股票价格差异（闫红蕾和赵胜民，2016）、两市行业间的双向波动溢出程度（徐晓光等，2017）、沪港通与股票市场稳定性（刘海飞等，2018）等问题，较少从股价崩盘风险的视角展开分析。虽然郭阳生等（2018）进行了相关研究，但并未考虑不同地区对外开放程度的影响，也未对比分析沪港通政策对香港与内地上市公司股价崩盘风险影响的区别。不同于以往文献,本章以股价崩盘风险为切入点,分析了沪港通政策对我国香港和内地资本市场带来的影响,拓宽了沪港通政策效果的研究视角。

(3)为资本市场对外开放如何影响资本市场稳定性的相关研究提供了新证据。现有文献主要通过横截面或时间序列数据研究资本市场对外开放对金融市场稳定性的影响(Stiglitz,2000;Mitton,2006;Gupta and Yuan,2009;Bacchetta,1992;James and Karoglou,2010;Umutlu et al.,2010),但是资本市场对外开放与金融市场稳定性之间可能互为因果,存在一定的内生性问题。本章通过沪港通这一准自然实验构建双重差分模型,有效解决了资本市场对外开放与资本市场稳定性研究的内生性问题。

8.2 制度背景与假说提出

8.2.1 关于沪港通政策

中国证券监督管理委员会(以下简称中国证监会)和香港证券及期货事务监察委员会(以下简称香港证监会)于2014年4月10日联合发布公告,批准上海证券交易所(以下简称上交所)和香港联合交易所(以下简称联交所)两市投资者通过当地证券公司(或经纪商)买卖对方交易所上市的规定范围内的股票①。经过半年时间的筹划,沪港通于2014年11月17日正式实施。沪港通包括沪股通和港股通两部分。沪港通正式开通时首批标的股有836只,其中沪股通568只,来源于上证180指数、上证380指数的成分股以及在上交所上市的A+H股公司股;港股通268只,来源于联交所恒生综合大型股指数、恒生综合中型股指数的成分股以及同时在联交

---

① 详情可见:http://www.sse.com.cn/services/hkexsc/intro/。

所和上交所上市的 A＋H 股公司股。[1]

截至 2016 年年末，沪股通标的股票分别在 2014 年 12 月、2015 年 6 月、2015 年 12 月、2016 年 6 月、2016 年 12 月经历了 5 次大规模调整，数次小规模调整，数量增加到 574 只；港股通标的股票也经历了 5 次大规模调整，10 余次小规模调整，数量增加到了 316 只；沪港通标的股票总数增长至 890 只。表 8-1 列示了沪股通标的股票的历次调整情况。沪港通政策的出台为研究资本市场对外开放对股价崩盘风险的影响提供了一个十分有利的自然实验环境：一是一国的资本市场对外开放通常是一个渐进的过程，很难找到一个确切的时点表明一国的资本市场之后是开放的。在沪港通政策实施以前，我国资本市场中并不存在两地股市交易互联互通的机制，国外投资者只能通过 QFII 间接持有我国上市公司的股票，这同样是一个渐进的变化过程。沪港通政策的实施可以更方便、直观地观测交易制度在某一时点的改变，并作为外生冲击对股价崩盘风险的影响。二是我国上交所和联交所市场中同时存在沪港通（包括沪股通和港股通）和非沪港通两类股票，这为本研究提供了天然的实验组和对照组，有利于构建双重差分模型，从而有效处理资本市场对外开放与股价崩盘风险之间的内生性问题。

表 8-1　沪港通标的股票的历次调整情况（截至 2016 年年末）[2]

生效日期	沪股通				港股通			
	加入	剔除	净变动	总股数	加入	剔除	净变动	总股数
2014-11-17	568		568	568	268		268	268
2014-12-01	28	-27	1	569	5		5	273
2015-03 至 2015-06	36	-36	0	569	21	-8	13	286
2015-07 至 2015-12	34	-34	0	569	18	-8	10	296

---

[1]　后文中的沪港通指沪港通政策。沪股通标的的股票指可供香港投资者自由交易的上交所上市公司股票；港股通标的的股票指可供内地投资者自由交易的联交所上市公司股票。

[2]　数据来自联交所、上交所官网。

续表

生效日期	沪股通				港股通			
	加入	剔除	净变动	总股数	加入	剔除	净变动	总股数
2016 - 03 至 2016 - 06	31	-33	-2	567	25	-4	21	317
2016 - 07 至 2016 - 09	1		1	568	16	-21	-5	312
2016 - 10 至 2016 - 12	36	-30	6	574	5	-1	4	316
总数	734	-160	574	574	358	-42	316	316

8.2.2 文献回顾与假说提出

Jin and Myers（2006）在委托代理理论框架下，对个股股价崩盘风险的形成原因进行了较为系统的概括，形成了信息隐藏假说。该假说认为，管理层对公司内部负面信息的隐藏是导致股价崩盘风险的根源，当负面信息无法继续隐藏而被释放时，会对股价造成巨大冲击，导致股价大幅下跌。之后，一部分文献对公司内外部特征如何影响管理层隐藏坏消息进而影响股价崩盘风险展开了研究，比如财务报告透明度（Hutton et al.，2009）、CEO 过度自信（Kim et al.，2016）、会计稳健性（Kim and Zhang，2016）、高管超额薪酬（Xu et al.，2014）、企业社会责任（宋献中等，2017；Kim et al.，2014）、公司避税行为（Kim et al.，2011a）、审计师与客户公司之间的关系（Callen and Fang，2017）、股指成分股调整（叶康涛等，2018）等对股价崩盘风险的影响。

关于资本市场对外开放对股市稳定性的研究存在较大争议。部分学者发现，资本市场对外开放有利于降低投资、交易等风险、稳定股市。Gupta and Yuan（2009）研究发现，外资进入为当地公司提供了更多的融资方式，与内资共同承担了原有的股市投资风险。Schuppli and Bohl（2010）和 Kolasa et al.（2010）发现，外国机构投资者的进入对中国股市会产生稳定作用，市场的正反馈交易效应在国外投资者进入后便消失了。Bae and Goyal（2010）考察了韩国资本市场对外开放与信息环境以及公司治理之间的关系，发现资本市场对外开放可以改善信息环境，减少盈余管理和市场操纵，提升公司治理水平，降低交易风险。Kolasa et al.（2010）通过对波兰的研究发现，在全球经济危机中，国外投资者持股给当地股市提供了一个更大的恢复弹性。James and Karoglou（2010）通过对印度尼西亚的数据进行研究发现，政府允许外资进入该国股市后，股市的波动性显著降低。

也有学者认为，发展中国家的资本市场对外开放后，随着外资进入，影响资本市场的因素会更加不确定，因此会加剧股市的波动。Bacchetta（1992）认为，由于新兴市场的信息不完全性，发达市场的资金流入新兴市场，容易导致新兴市场国家股价过度调整，风险跨市场传染，加剧股市波动。Stiglit（2000）指出，发展中国家过早引进外资会暴露当地股市面临外部风险的脆弱特质，因此资本市场对外开放会导致发展中国家金融市场不稳定，资本市场出现较大波动。Noy and Vu（2007）认为，如果金融市场开放过程中缺乏有效监管，将产生金融中介带来的过度风险和金融危机。Umutlu et al.（2010）研究发现，资本市场对外开放后，国外投资者的逐利性和投机性会加剧当地股市的波动性，还会对国际金融风险的传导有放大作用。由此可见，资本市场对外开放对发展中国家资本市场的稳定性而言，可能是一把双刃剑。股价崩盘风险是一国资本市场稳定性的重要体现，而沪港通作为近年来中国资本市场对外开放的重大制度创新，可能会从以下方面影响股价崩盘风险。

一方面，从管理层视角来看，已有研究认为股价崩盘风险来源于管理层刻意隐藏风险。境外的成熟投资者会更倾向于投资内部治理水平高且信息透明度高的公司，特别是当他们与境内投资者相比处于信息劣势地位时（Kho et al.，2009；Gul et al.，2010；Bradshaw et al.，2004）。在上交所和联交所建立互联互通机制之后，沪股通标的公司为了吸引更多精明的境外投资者，培育良好的投资者关系，会主动改善公司的信息披露质量。上市公司可以将提升信息披露质量作为一种信号，并传递给缺乏时间和精力挑选合适投资标的公司的境外投资者（Chung et al.，2017）。根据 Wind 数据库统计，自沪港通开通以来，截至 2018 年 6 月 30 日通过沪港通北上流入 A 股的资金已经达到 2 810.62 亿元。特别是在市场低迷时期，沪港通北上资金是公司获得增量资金的一个非常重要的来源。与此同时，A 股市场中仍然有很大部分沪港通余额尚未使用。当内地资本市场允许香港投资者直接进入后，上市公司有动机主动提升信息质量，降低未来的融资成本（Chan et al.，2008；Easley and O'Hara，2004）。因此，为了吸引香港投资者，沪股通标的公司会主动提升其信息披露质量，这会使管理层隐藏坏消息的难度增加，降低股价崩盘风险。

另一方面，从投资者视角来看，沪港通开通之后，香港投资者可以直接进入内地资本市场。与境内投资者相比，大部分境外投资者有更丰富的证券投资经验、更强大的信息处理能力以及更高超的证券分析技术（Deng et al.，2018；Bena et al.，2017），可以通过积极主动的行为发现普通投资者不容易发现的公司负面信息，从而有效防止经理人隐藏公司负面信息，降低股价崩盘风险。进一步，随着市场投资者结构的变化，香港的成熟投资理念也会对内地资本市场产生潜移默化的影响，内地投资者重投机、轻投资的理念会有所转变，市场中的噪声交易者比例降低，噪声交易者参与程度也会随之下降，对于降低公司股价崩盘风险也大有裨益。

综上所述，沪股通标的公司在沪港通开通之后，有动机提升信息披露质量，以增加管理层隐藏坏消息的难度；引入更为成熟的香港投资者有利于改善上市公司信息环境及投资者结构，降低噪声交易者参与程度，从而降低股价崩盘风险。基于上述分析，本章提出假说一：

H1：与非沪股通标的公司相比，沪股通标的公司的股价崩盘风险在沪港通开通后显著下降。

自改革开放以来，我国整体对外开放水平不断提升。但我国地域辽阔，地区之间的对外开放水平仍存在差异，且呈现出不断扩大的趋势（李光勤等，2017）。地区对外开放包括贸易开放和金融开放，两者都会对地区的经济和金融发展产生巨大影响（Noy and Vu，2007）。在对外开放程度较高的地区，境外资本可以通过外商直接投资（foreign direct investment，FDI）进入当地市场，对当地公司进行投资并成为其股东（郭阳生等，2018），进而改善当地公司的投资者结构。进一步地，境外投资者在成为当地公司股东之后，其专业化的投资能力在一定程度上有助于提升公司的信息披露质量。然而，在对外开放程度较低的地区，境外资本受到的管制较多，且外商直接投资环境相对较为落后，使得境外投资者直接进入当地市场或成为当地公司股东并参与公司经营决策的难度较大。因此，对外开放程度较低地区的公司，其股东大多为国内投资者。

上述分析表明，在沪港通开通之前，境外资本在不同地区的投资体量及参与程度存在一定程度的差异。在对外开放程度较高的地区，虽然沪港通交易机制能够为当地公司带来一定的增量投资者，但由于在开通之前已有大量境外投资者参与当地公司的经营决策，因此增量投资者对股价崩盘风险的边际影响较小。与此相反，在对外开放程度较低的地区，沪港通放宽了资本管制对境外投资者进入当地市场或公司的限制，使得境外投资者能够更多地投资这些地区的公司，投资渠道更为通畅，相关权利也能得到更好的保障（严佳佳等，2015）。因此，相比对外开放程度较高的地区，沪港通对开放程度较低地区的公司的投资者结构及其信息披露质量的影响更大，进而对这些地区沪股通标的公司的股价崩盘风险产生的边际影响也更为显著。基于上述分析，本章提出假说二：

H2：对外开放程度较低的地区，沪股通标的公司的股价崩盘风险在沪港通开通后下降更为明显。

8.3　研究设计

8.3.1　样本选择与数据来源

本文选取 2009—2016 年上交所上市公司作为全部初始样本[①]，根据研究需要，按如下标准对样本进行筛选：

（1）剔除 2014 年的所有样本[②]。

（2）剔除首次纳入沪股通但随后又被移除的标的样本[③]。

（3）剔除 2014 年 11 月 17 日（即首次）以后才纳入沪股通的标的样本[④]。

（4）剔除上市公司财务数据缺失的样本。

（5）采用 PSM 法，对沪股通标的公司与非沪股通标的公司进行一比一配对，构造实验组和控制组。通过以上处理，最后得到 5 665 个公司-年度观测值。为减少数据极端值对研究结果的影响，对连续变量在 1% 和 99% 百分位上进行了缩尾处理。

与沪港通相关的数据均通过上交所、联交所官网手工整理，内地上市公司财务数据来源于 CSMAR 数据库，香港上市公司财务数据来自 Wind 数据库。

8.3.2　变量定义

1. 因变量：股价崩盘风险

借鉴已有研究（许年行等，2013；Xu et al.，2014；Kim et al.，

[①]　沪港通仅针对在上交所上市的一部分公司。

[②]　由于沪港通由我国证监会在 2014 年 4 月 10 日正式批复开展互联互通机制试点，沪股通和港股通标的公司的股票于 2014 年 11 月 17 日正式开始交易，因此 2014 年既包含沪港通开通时期，又包含非沪港通开通时期，为了保证干净的样本期间，本文剔除 2014 年的样本。

[③]　由于沪股通标的公司发生了多次变化，本文将发生变化的标的公司样本剔除，以排除这部分样本的干扰。

[④]　沪港通仅针对在上交所上市的一部分公司。

2016；Kim and Zhang，2016），本文采用以下两个股价崩盘风险指标作为回归分析的因变量，具体方法如下：

首先，使用式（8-1）剥离市场因素对个股收益率的影响。

$$r_{i,t} = \alpha + \beta_{1,i} r_{m,t-2} + \beta_{2,i} r_{m,t-1} + \beta_{3,i} r_{m,t} + \beta_{4,i} r_{m,t+1}$$
$$+ \beta_{5,i} r_{m,t+2} + \varepsilon_{i,t} \tag{8-1}$$

式中，$r_{i,t}$ 为公司 i 的股票在第 t 周的收益率；$r_{m,t}$ 为市场在第 t 周的加权平均收益率；$\varepsilon_{i,t}$ 为残差项，表示个股收益率中不能被市场解释的部分，$\varepsilon_{i,t}$ 的绝对值越大，说明公司 j 的股票收益率与市场收益率背离的程度越大。

然后，使用式（8-2）计算第一个衡量指标，即负收益偏态系数（$Ncskew_{i,t}$），其中，n 为股票 i 在第 t 年中交易的周数。

$$Ncskew_{i,t} = -\frac{n(n-1)^{\frac{3}{2}} \sum W_{i,t}^3}{(n-1)(n-2)\left(\sum W_{i,t}^2\right)^{\frac{3}{2}}} \tag{8-2}$$

$Ncskew_{i,t}$ 越大，说明股票收益率向下偏离的程度越大，股价崩盘风险越高。

最后，使用式（8-3）计算第二个衡量指标，即收益率上下波动比率（$Duvol_{i,t}$）。其中，$W_{i,t} = \ln(1+\varepsilon_{i,t})$，表示股票 i 在第 t 周的公司特质收益率；$n_u(n_d)$ 为股票 i 的周收益率高于（低于）当年收益率均值的周数。

$$Duvol_{i,t} = \ln \frac{(n_u-1)\sum_{down} W_{i,t}^2}{(n_d-1)\sum_{up} W_{i,t}^2} \tag{8-3}$$

$Duvol_{i,t}$ 越大，说明股票收益率左偏的程度越大，股价崩盘风险越高。

2. 自变量：沪港通相关变量

本章设置了两个自变量 $Connect\_SH_{i,t}$ 与 $Post_{i,t}$。$Connect\_SH_{i,t}$ 是衡量一个公司股票是否为沪股通标的的虚拟变量，若某公司是沪股通标的，则 $Connect\_SH_{i,t}$ 取值为 1，否则为 0。[①] $Post_{i,t}$ 也是一个虚拟变量，表示公司开通沪港通的时间点。若在沪港通开通之后的年度，即 2014 年之后，$Post_{i,t}$ 取值为 1；若在沪港通开通之前的年度，即 2014 年之前，$Post_{i,t}$ 取值为 0。

3. 控制变量

借鉴以往文献（Hutton et al.，2009；许年行等，2013；Xu et al.，2014；Kim et al.，2016；Kim and Zhang，2016），本章控制了影响股价崩盘风险的其他因素。其中包括本期的负收益偏态系数（$Ncskew_{i,t}$）、收益率上下波动比率（$Duvol_{i,t}$）、月平均超额换手率（$Dturnover_{i,t}$）、周特质收益率的均值（$Ret_{i,t}$）、周特质收益率的标准差（$Sd_{i,t}$）、公司规模（$Size_{i,t}$）、资产负债率（$Lev_{i,t}$）、总资产报酬率（$ROA_{i,t}$）、第一大股东持股比例（$Tophold_{i,t}$）、公司的所有权性质（$State_{i,t}$）、公司的审计质量（$Bigfour_{i,t}$）。此外，还控制了年份固定效应（$Year_{i,t}$）和行业固定效应（$Industry_{i,t}$）。具体定义见附录 8-1。

8.3.3　计量模型

为了检验假说 H1，构建 PSM-DID 模型如下：

$$
\begin{aligned}
Ncskew_{i,t+1}(Duvol_{i,t+1}) = & \alpha_0 + \alpha_1 Connect_{i,t} + \alpha_2 Post_{i,t} \\
& + \alpha_3 Connect_{i,t} \times Post_{i,t} \\
& + \sum \alpha_i ControlVariables + \varepsilon_{i,t}
\end{aligned}
$$

$$(8-4)$$

式（8-4）估计了沪港通政策对股价崩盘风险的影响。如果实证结果支持假说 H1，则 $Connect_{i,t} \times Post_{i,t}$ 的系数 α_3 应显著为负。式（8-4）的 t 值估计采用经公司层面聚类调整的标准误。

[①]　港股通变量用 $Connect\_HK$ 表示。

8.4　实证结果

8.4.1　描述性统计

表 8-2 给出了主要变量的描述性统计。从 A 栏可以看出，公司下一期股价崩盘风险指标，即 $Ncskew_{i,t+1}$ 和 $Duvol_{i,t+1}$ 的均值分别为 -0.282 和 -0.215，中位数分别为 -0.298 和 -0.216。沪股通哑变量（$Connect\_SH_{i,t}$）的均值为 0.442，说明在上交所上市的公司中，约 44.2% 是沪股通标的。对于控制变量，公司当期的 $Ncskew_{i,t}$ 和 $Duvol_{i,t}$ 的均值分别为 -0.354 和 -0.310；$Dturnover_{i,t}$ 的均值为 -0.014，$Ret_{i,t}$ 的均值为 0.005；$Sd_{i,t}$ 的均值为 0.065；$Size_{i,t}$ 的均值为 22.490；$Lev_{i,t}$ 的均值是 0.542；$ROA_{i,t}$ 的均值是 0.034；$Tophold_{i,t}$ 的均值为 0.367；$State_{i,t}$ 的均值为 0.658；$Bigfour_{i,t}$ 的均值为 0.120。所有样本变量的分布均在正常范围内。从 B 栏可以看出，无论是对于实验组还是控制组，公司下一期的股价崩盘风险（$Ncskew_{i,t+1}$ 和 $Duvol_{i,t+1}$）都有所降低，但是股价崩盘风险指标（$Ncskew_{i,t+1}$ 和 $Duvol_{i,t+1}$）的双重差分分别为 -0.162 和 -0.137，并且在 5% 和 10% 的水平显著，表示相对于控制组，实验组的股价崩盘风险在沪港通开通后下降幅度更大，初步说明沪港通开通显著降低了沪股通标的公司的股价崩盘风险。

表 8-2　描述性统计

A栏：全样本						
变量	样本量	均值	中位数	方差	P25	P75
$Ncskew_{i,t+1}$	5 665	-0.282	-0.298	1.035	-0.942	0.392
$Duvol_{i,t+1}$	5 665	-0.215	-0.216	0.678	-0.661	0.235
$Connect\_SH_{i,t}$	5 665	0.442	0.000	0.497	0.000	1.000
$Post_{i,t}$	5 665	0.225	0.000	0.418	0.000	0.000

续表

变量	样本量	均值	中位数	方差	P25	P75
$Ncskew_{i,t}$	5 665	−0.354	−0.328	0.986	−0.976	0.316
$Duvol_{i,t}$	5 665	−0.310	−0.290	0.684	−0.710	0.135
$Dturnover_{i,t}$	5 665	−0.014	−0.010	0.062	−0.042	0.012
$Ret_{i,t}$	5 665	0.005	0.003	0.011	−0.002	0.012
$Sd_{i,t}$	5 665	0.065	0.060	0.024	0.048	0.077
$Size_{i,t}$	5 665	22.490	22.260	1.622	21.430	23.360
$Lev_{i,t}$	5 665	0.542	0.544	0.212	0.391	0.693
$ROA_{i,t}$	5 665	0.034	0.029	0.061	0.010	0.060
$Tophold_{i,t}$	5 665	0.367	0.350	0.160	0.239	0.492
$State_{i,t}$	5 665	0.658	1.000	0.475	0.000	1.000
$Bigfour_{i,t}$	5 665	0.120	0.000	0.325	0.000	0.000

B栏：实验组和控制组的差异比较						
变量	实验组（均值）		控制组（均值）		双重差分	p 值
	开通前	开通后	开通前	开通后		
$Ncskew_{i,t+1}$	−0.404	−0.364	−0.366	−0.165	−0.162**	0.01
$Duvol_{i,t+1}$	−0.336	−0.440	−0.278	−0.244	−0.137***	0.002
$Dturnover_{i,t}$	−0.015	−0.004	−0.019	0.003	−0.010***	0.008
$Ret_{i,t}$	0.004	0.007	0.004	0.011	−0.004***	0.000
$Sd_{i,t}$	0.056	0.083	0.060	0.094	−0.006***	0.000
$Size_{i,t}$	23.070	23.730	21.750	22.500	−0.095	0.308
$Lev_{i,t}$	0.536	0.531	0.554	0.525	0.024*	0.077
$ROA_{i,t}$	0.057	0.041	0.019	0.017	−0.013***	0.001
$Tophold_{i,t}$	0.389	0.385	0.353	0.349	−0.033	0.975
$State_{i,t}$	0.681	0.678	0.656	0.585	0.069	0.236
$Bigfour_{i,t}$	0.183	0.225	0.048	0.112	−0.022	0.281

8.4.2 实证结果分析

1. 基本回归结果分析

首先采用式（8-4）来检验假说 H1。表 8-3 给出了沪港通实施对股价崩盘风险影响的回归结果（A 栏）以及倾向得分匹配的平衡性检验结果（B 栏）。

表 8-3　沪港通与股价崩盘风险

A 栏：PSM-DID 回归结果				
变量	$Ncskew_{i,t+1}$		$Duvol_{i,t+1}$	
	(1)	(2)	(3)	(4)
$Connect\_SH_{i,t}$	−0.005	0.023	−0.039**	−0.003
	(−0.194)	(0.792)	(−2.007)	(−0.150)
$Post_{i,t}$	−0.216***	0.250***	−0.110***	0.157***
	(−4.528)	(4.336)	(−2.781)	(3.994)
$Connect\_SH_{i,t} \times Post_{i,t}$	−0.167**	−0.154**	−0.139***	−0.150***
	(−2.498)	(−2.331)	(−2.685)	(−3.175)
$Ncskew_{i,t}$		0.029*		
		(1.897)		
$Duvol_{i,t}$				0.021
				(1.252)
$Dturnover_{i,t}$		0.024***		0.014***
		(9.205)		(6.833)
$Ret_{i,t}$		15.393***		8.343***
		(6.821)		(5.047)
$Sd_{i,t}$		−10.500***		−8.165***
		(−11.210)		(−11.900)
$Size_{i,t}$		−0.039***		−0.042***
		(−3.069)		(−4.517)
$Lev_{i,t}$		−0.018		−0.050
		(−0.241)		(−0.864)

续表

变量	$Ncskew_{i,t+1}$		$Duvol_{i,t+1}$	
	(1)	(2)	(3)	(4)
$ROA_{i,t}$		-0.722^{***}		-0.570^{***}
		(-2.682)		(-2.834)
$Tophold_{i,t}$		-0.001		-0.001
		(-1.084)		(-1.289)
$State_{i,t}$		-0.036		-0.036^{*}
		(-1.317)		(-1.810)
$Bigfour_{i,t}$		-0.018		0.004
		(-0.372)		(0.116)
截距项	-0.048	1.228^{***}	-0.170^{***}	1.229^{***}
	(-0.649)	(4.352)	(-3.234)	(5.917)
年份固定效应	Yes	Yes	Yes	Yes
行业固定效应	Yes	Yes	Yes	Yes
样本量	5 665	5 665	5 665	5 665
R^2	0.138	0.175	0.072	0.115

B栏：平衡性检验结果

变量	实验组（均值）		控制组（均值）	
	开通前	开通后	开通前	开通后
$Ncskew_{i,t+1}$	-0.404	-0.364	-0.366	-0.165
$Duvol_{i,t+1}$	-0.336	-0.440	-0.278	-0.244
$Dturnover_{i,t}$	-1.546	-0.427	-1.851	0.299
$Size_{i,t}$	23.070	23.730	21.750	22.500
$Lev_{i,t}$	0.536	0.531	0.554	0.525
$ROA_{i,t}$	0.057	0.041	0.019	0.017
$Tophold_{i,t}$	38.850	38.470	35.270	34.930
$State_{i,t}$	0.681	0.678	0.656	0.585
$Bigfour_{i,t}$	0.183	0.225	0.048	0.112

注：括号内的数值为经公司层面聚类调整后的 t 值。

在表 8-3 的 A 栏中，（1）和（3）列未加入其他控制变量，$Connect\_SH_{i,t} \times Post_{i,t}$ 的系数分别为 -0.167 和 -0.139，且分别在 5% 和 1% 的水平显著，这说明如果不考虑其他因素的影响，沪港通政策的实施降低了沪股通标的公司的股价崩盘风险。（2）和（4）列显示了加入控制变量的回归结果。从（2）列可以看出，当被解释变量股价崩盘风险的衡量指标为 $Ncskew_{i,t+1}$ 时，$Connect\_SH_{i,t} \times Post_{i,t}$ 的回归系数为 -0.154，在 5% 的水平显著，这说明相对于非沪股通标的公司，沪股通标的公司的股价崩盘风险在沪港通开通之后显著降低；（4）列中的被解释变量替换为 $Duvol_{i,t+1}$ 时，$Connect\_SH_{i,t} \times Post_{i,t}$ 的回归系数仍然在 1% 的水平显著为负，与（2）列的实证结果方向保持一致。由此可见，与非沪股通标的公司相比，沪港通政策降低了沪股通标的公司的股价崩盘风险，实证结果支持假说 H1。

从 A 栏可以看出，控制变量 $Ret_{i,t}$、$Durnover_{i,t}$ 与股价崩盘风险显著正相关，$Size_{i,t}$、$ROA_{i,t}$、$Sd_{i,t}$ 这三个变量的回归系数显著为负，说明公司规模越大、总资产报酬率越高，股价崩盘风险越小，这与已有文献的研究结论一致（许年行等，2013；Xu et al.，2014；Kim et al.，2016；Kim and Zhang，2016）。

从 B 栏可以看出，选取 $Durnover_{i,t}$、$Size_{i,t}$、$Lev_{i,t}$、$ROA_{i,t}$、$Tophold_{i,t}$、$State_{i,t}$、$Bigfour_{i,t}$ 这些变量进行配对，并且实验组和控制组之间各个变量差异的 t 值均未超过 1.65，说明配对后的样本公司特征不存在较大差异。

2. 对外开放程度的影响

前面指出，沪港通政策的实施确实有助于降低沪股通标的公司的股价崩盘风险。那么，本文预期这一效应在对外开放程度较低地区的公司中将更为显著。为此，我们采用如下两种方法来度量地区对外开放程度：采用国家发改委国际合作中心发布的《中国区域对外开放指数研究报告》以及樊纲等（2011）编制的中国市场化指数，分别按照中国区域对外开放指数和市场化指数高低对样本进行分组：

如果公司所在地的对外开放指数或市场化指数小于或等于样本中位数，则该公司的对外开放程度较低；反之，如果公司所在地的对外开放指数或市场化指数大于样本中位数，则该公司的对外开放水平较高。

分组检验的结果如表 8-4 所示，A 栏的（1）和（2）列报告了对外开放指数较低地区的回归结果。其中，$Connect\_SH_{i,t} \times Post_{i,t}$ 与 $Ncskew_{i,t+1}$ 和 $Duvol_{i,t+1}$ 的回归系数在 5% 的水平均显著为负，说明公司所在地区的对外开放程度较低，沪港通政策对于降低沪股通标的公司的股价崩盘风险比较有效。（3）和（4）列报告了对外开放指数较高地区的回归结果。其中，$Connect\_SH_{i,t} \times Post_{i,t}$ 与 $Ncskew_{i,t+1}$ 和 $Duvol_{i,t+1}$ 的回归系数都不显著，说明公司所在地区的对外开放程度较高，沪港通政策对于降低沪股通标的公司的股价崩盘风险不明显。B 栏的（1）和（2）列报告了市场化指数较低地区的回归结果。其中，$Connect\_SH_{i,t} \times Post_{i,t}$ 与 $Ncskew_{i,t+1}$、$Duvol_{i,t+1}$ 的回归系数均在 5% 的水平显著为负，说明公司所在地区的对外开放程度较低，沪港通政策对于降低沪股通标的公司的股价崩盘风险比较有效。（3）和（4）列报告了市场化指数较高地区的回归结果。其中，$Connect\_SH_{i,t} \times Post_{i,t}$ 与 $Ncskew_{i,t+1}$ 和 $Duvol_{i,t+1}$ 的回归系数都不显著，说明公司所在地区的对外开放程度较高，沪港通政策对于降低沪股通标的公司的股价崩盘风险不明显。由此可见，沪港通政策对公司股价崩盘风险的影响在对外开放程度较低的地区较为明显，这进一步说明资本市场的对外开放确实有助于降低股价崩盘风险。

表 8-4 对外开放程度的影响

A栏：对外开放指数				
变量	（1）	（2）	（3）	（4）
	对外开放指数较低		对外开放指数较高	
	$Ncskew_{i,t+1}$	$Duvol_{i,t+1}$	$Ncskew_{i,t+1}$	$Duvol_{i,t+1}$
$Connect\_SH_{i,t}$	0.025	0.001	0.009	-0.018
	(0.597)	(0.038)	(0.198)	(-0.580)

续表

变量	(1)	(2)	(3)	(4)
	对外开放指数较低		对外开放指数较高	
	$Ncskew_{i,t+1}$	$Duvol_{i,t+1}$	$Ncskew_{i,t+1}$	$Duvol_{i,t+1}$
$Post_{i,t}$	0.254***	0.134**	0.228**	−0.006
	(2.751)	(2.233)	(2.569)	(−0.108)
$Connect\_SH_{i,t} \times Post_{i,t}$	−0.235**	−0.216***	−0.035	−0.010
	(−2.542)	(−3.297)	(−0.353)	(−0.140)
截距项	0.824**	1.327***	1.415***	1.236***
	(2.141)	(4.980)	(3.239)	(3.696)
控制变量	Yes	Yes	Yes	Yes
年份固定效应	Yes	Yes	Yes	Yes
行业固定效应	Yes	Yes	Yes	Yes
样本量	3 026	3 026	2 639	2 639
R^2	0.176	0.118	0.194	0.143
B栏：市场化指数				
变量	市场化指数较低		市场化指数较高	
	$Ncskew_{i,t+1}$	$Duvol_{i,t+1}$	$Ncskew_{i,t+1}$	$Duvol_{i,t+1}$
$Connect\_SH_{i,t}$	0.025	−0.001	0.002	−0.016
	(0.695)	(−0.040)	(0.039)	(−0.431)
$Post_{i,t}$	−0.175***	−0.059	0.025	0.081
	(−2.719)	(−1.145)	(0.261)	(1.135)
$Connect\_SH_{i,t} \times Post_{i,t}$	−0.167**	−0.150**	−0.043	−0.027
	(−2.144)	(−2.400)	(−0.348)	(−0.305)
截距项	0.265	0.398*	0.126	0.058
	(0.880)	(1.788)	(0.208)	(0.142)
控制变量	Yes	Yes	Yes	Yes
年份固定效应	Yes	Yes	Yes	Yes
行业固定效应	Yes	Yes	Yes	Yes
样本量	4 121	4 121	1 544	1 544
R^2	0.156	0.085	0.171	0.124

8.4.3 影响路径分析

前面的实证结果表明沪港通政策实施以后，沪股通标的公司的股价崩盘风险有所降低，但是背后的影响路径是什么？是否如本章推断，在沪港通政策下，资本市场进一步开放，公司主动或被动地提高了信息披露质量？投资者结构的变化是否降低了公司噪声交易者参与程度？为了进一步挖掘沪港通对股价崩盘风险的影响路径，下面分别从公司的信息透明度、噪声交易者参与程度两个维度进行考察。

1. 信息透明度

信息透明度是影响公司股价崩盘风险的一个重要因素（Hutton et al.，2009）。在信息透明度较低的公司中，外部投资者难以知晓公司的真实经营情况，股价与公司实际经营情况相背离的程度越大，股价虚高的现象也会更加严重（叶康涛等，2015）。沪股通标的公司为了吸引香港投资者，可能会主动改善公司信息披露的质量，提升公司信息透明度，从而影响公司的股价崩盘风险。因此，我们提出的第一条影响途径是：沪港通—信息透明度—股价崩盘风险。为了检验这一传导路径，设置式（8-5）进行检验：

$$Opaque_{i,t} = \gamma_0 + \gamma_1 Connect_{i,t} + \gamma_2 Post_{i,t} + \gamma_3 Connect_{i,t}$$
$$\times Post_{i,t} + \sum \gamma_i Control_{i,t} + \mu \qquad (8-5)$$

式中，$Opaque_{i,t}$ 表示公司信息透明度，借鉴 Hutton et al.（2009）的研究，用操纵性应计盈余来衡量，并采用两种方法计量操纵性应计盈余：第一种 $Opaque1_{i,t}$ 是修正的 Jones 模型（Dechow et al.，1995），第二种 $Opaque2_{i,t}$ 是 DD 模型（Dechow and Dichev，2002），操纵性应计盈余的值越小，说明公司的信息透明度越高。对于控制变量，借鉴孙健等（2016）和 Fang et al.（2016），选取以下指标：公司规模（$Size_{i,t}$）、资产负债率（$Lev_{i,t}$）、公司的盈利能力（$ROA_{i,t}$）、第一大股东持股比例（$Tophold_{i,t}$）、公司市账比

（$MB_{i,t}$）、公司的所有权性质（$State_{i,t}$）、公司的审计质量（$Big\text{-}four_{i,t}$），并加入年度固定效应（$Year$）和行业固定效应（$Industry$）。我们推断 $Connect\_SH_{i,t} \times Post_{i,t}$ 的系数 γ_3 显著为负，即沪港通的开通提高了沪股通标的公司的信息透明度。

表 8-5 的（1）和（2）列报告了沪港通对沪股通标的公司信息透明度的影响。其中，对于被解释变量 $Opaque1_{i,t}$ 和 $Opaque2_{i,t}$ 而言，交互项 $Connect\_SH_{i,t} \times Post_{i,t}$ 的系数 γ_3 分别为 -0.013 和 -0.010，且分别在 10% 和 1% 的水平显著。这说明与非沪股通标的公司相比，沪股通标的公司在沪港通开通后，公司信息透明度在一定程度上得到了提升。由此可见，沪港通政策可以从信息透明度这一中间路径传导至公司的股价崩盘风险，与预期一致。

表 8-5　影响路径检验

A栏：沪港通对信息透明度和噪声交易者参与程度的影响			
	（1）	（2）	（3）
变量	信息透明度		噪声交易者参与程度
	$Opaque1_{i,t}$	$Opaque2_{i,t}$	$Noisetr_{i,t}$
$Connect\_SH_{i,t}$	0.001	0.008***	0.011
	(0.288)	(3.337)	(0.973)
$Post_{i,t}$	−0.001	0.000	0.286***
	(−0.265)	(0.088)	(23.926)
$Connect\_SH_{i,t} \times Post_{i,t}$	−0.013*	−0.010***	−0.121***
	(−1.956)	(−2.695)	(−6.951)
截距项	−0.175***	−0.136***	1.289***
	(−4.697)	(−5.074)	(12.893)
控制变量	Yes	Yes	Yes
年份固定效应	Yes	Yes	Yes

续表

变量	(1)	(2)	(3)
	信息透明度		噪声交易者参与程度
	$Opaque1_{i,t}$	$Opaque2_{i,t}$	$Noisetr_{i,t}$
行业固定效应	Yes	Yes	Yes
样本量	4 594	4 603	5 312
R^2	0.044	0.245	0.150
B栏：信息透明度和噪声交易者参与程度对股价崩盘风险的影响			
变量	$Ncskew_{i,t+1}$		
	(1)	(2)	(3)
$Opaque1_{i,t}$	0.094**		
	(1.967)		
$Opaque2_{i,t}$		0.285**	
		(1.981)	
$Noisetr_{i,t}$			0.473***
			(6.792)
截距项	0.562*	0.386	−0.955***
	(1.944)	(1.293)	(−3.197)
控制变量	Yes	Yes	Yes
年份固定效应	Yes	Yes	Yes
行业固定效应	Yes	Yes	Yes
样本量	4 886	4 599	5 314
R^2	0.156	0.164	0.085

2. 噪声交易者参与程度

根据现有研究，噪声交易者往往对信息产生过度反应或反应不足，引起股价短期动量效应或反转效应，导致资产价格过度波动（才静涵和夏乐，2011）。沪港通作为我国资本市场对外开放的一大举措，为我国资本市场引入了更广泛的成熟投资者。因此，沪港通政策实施后，我国资本市场的投资者结构可能进一步得到改善，市场中的噪声交易者比例降低，噪声交易者参与程度也会随之下降，进而降低股价崩盘风险。因此，我们提出的第二条影响途径是：沪港通—噪声交易者参与程度—股价崩盘风险。

参考顾琪和王策（2017）的研究，采用方差比率检验（variance ratio test）来考察噪声交易者的参与程度，并选取公司规模（$Size_{i,t}$）、资产负债率（$Lev_{i,t}$）、机构投资者持股比例（$Institution_{i,t}$）、公司的盈利能力（$ROA_{i,t}$）、第一大股东持股比例（$Tophold_{i,t}$）、公司的所有权性质（$State_{i,t}$）、公司的审计质量（$Bigfour_{i,t}$）作为控制变量，加入年度固定效应（$Year$）和行业固定效应（$Industry$）。

方差比率 $VR_{i,t}(q)$ 是证券 i 共 q 期收益率方差与单期收益率方差的比值，用来考察证券价格的随机游走性（见式（8-6））。在随机游走的原假设下，方差比率期望为 1，市场的噪声交易比例越高，方差比率偏离 1 的程度越大。

$$VR_{i,t}(q) = \frac{Var[r_{i,t}(q)]}{qVar(r_{i,t})} \tag{8-6}$$

式中，多期收益率 $r_t(k) = r_t + r_{t-1} + \cdots + r_{t-k+1}$。

然后，构造式（8-7）得到噪声交易者参与程度指标（$Noisetr_{i,t}$），该指标为方差比率 $VR_{i,t}(q)$ 偏离 1 的程度，$Noisetr_{i,t}$ 的值越高，说明噪声交易者的参与程度越高。

$$Noisetr_{i,t} = |VR_{i,t}(q) - 1| \tag{8-7}$$

再设置式（8-8）来检验第二个影响路径：

$$Noisetr_{i,t} = \delta_0 + \delta_1 Connect_i + \delta_2 Post_{i,t} + \delta_3 Connect_i \\ \times Post_{i,t} + \sum \delta_i Control_{i,t} + \tau \tag{8-8}$$

表8-5的（3）列报告了沪港通对沪股通标的公司噪声交易者参与程度的影响。其中，$Connect\_SH_{i,t} \times Post_{i,t}$ 的系数为 -0.121，且

在 1% 的水平显著，说明与非沪股通标的公司相比，沪股通标的公司在沪港通开通后的噪声交易者参与程度有所下降。由此可见，沪港通政策可以从噪声交易者参与程度这一中间路径传导至公司股价崩盘风险，与预期一致。

8.4.4　进一步分析：对香港市场的影响

沪港通政策为内地资本市场引入了发达成熟市场的投资者，改善了公司的信息环境，降低了公司的股价崩盘风险。然而，由于沪港通允许香港和上海两地的投资者通过当地证券公司直接买卖规定范围内对方交易所上市的股票，沪港通除了为我国内地资本市场引入新的投资者，同样为香港资本市场引入了新的投资者。那么问题随之产生：沪港通政策是否会影响港股通标的公司的股价崩盘风险？

为了回答上述问题，我们进一步选取在联交所上市的所有公司在 2009—2014 年的数据进行研究，同样采用 PSM 方法为港股通标的公司一比一匹配控制组公司，并构造 DID 模型，检验沪港通政策对香港资本市场公司股价崩盘风险的影响。通过与上交所相同的筛选方法，得到了联交所共 1 784 个公司-年度样本。

表 8-6 列示了沪港通对香港市场股价崩盘风险的影响。从（1）～（4）列可见，无论股价崩盘风险的度量指标是采用 $Ncskew_{i,t+1}$ 还是 $Duvol_{i,t+1}$，$Connect\_HK_{i,t} \times Post_{i,t}$ 的回归系数都为负，但是均不显著。这说明与非港股通标的公司相比，沪港通政策并没有显著影响港股通标的公司的股价崩盘风险。这可能是由于内地资本市场成立时间较晚，与香港资本市场相比，属于新兴市场。香港资本市场在沪港通开通之前对外开放程度已经较高，其投资者来自全球各地，而且内地投资者缺乏一定的证券投资经验以及强大的信息处理能力，甚至其中还有很大一部分噪声交易者。因此，沪港通政策并没有显著影响港股通标的公司的股价崩盘风险。

表 8-6　沪港通与股价崩盘风险——香港市场

变量	$Ncskew_{i,t+1}$		$Duvol_{i,t+1}$	
	(1)	(2)	(3)	(4)
$Connect\_HK_{i,t}$	−0.033	−0.209	0.052	−0.005
	(−0.136)	(−0.977)	(0.781)	(−0.076)
$Post_{i,t}$	0.566	0.028	0.074	0.006
	(1.146)	(0.099)	(0.294)	(0.026)
$Connect\_HK_i * Post_{i,t}$	−0.730	−0.358	−0.088	−0.062
	(−1.408)	(−1.164)	(−0.344)	(−0.283)
截距项	−4.235***	−6.834***	−0.404**	−1.440***
	(−16.829)	(−4.960)	(−2.312)	(−2.860)
控制变量	No	Yes	No	Yes
年份固定效应	Yes	Yes	Yes	Yes
行业固定效应	Yes	Yes	Yes	Yes
样本量	1 784	1 784	1 784	1 784
R^2	0.057	0.126	0.023	0.072

8.5　稳健性检验

8.5.1　安慰剂检验

我们假设在任何时候，沪股通标的公司的股价崩盘风险都会出现相同的变化趋势。如果该假设被证伪，说明沪股通标的公司的股价崩盘风险降低确实是因为沪港通政策的实施。为此，本文将沪港通开通时间点向前推移至 2012 年或 2013 年，以观察在其他时间段内沪股通标的公司和非沪股通标的公司的股价崩盘风险是否呈现同样的变化趋势。实证结果如表 8-7 所示。从（1）～（4）列可以看出，$Connect\_SH_{i,t} \times Post_{i,t}$ 的回归系数均不显著，即如果沪港通政策于 2012 年或 2013 年实施，沪股通标的公司的股价崩盘风险并没有发生显著变化。由此可见，股价崩盘风险的降低确实是由于沪港通政策的实施。

表 8 - 7　安慰剂检验

变量	2012 年		2013 年	
	$Ncskew_{i,t+1}$	$Duvol_{i,t+1}$	$Ncskew_{i,t+1}$	$Duvol_{i,t+1}$
	(1)	(2)	(3)	(4)
$Connect\_SH_{i,t}$	−0.079**	−0.082***	−0.022	−0.027
	(−2.084)	(−3.219)	(−0.521)	(−0.933)
$Post_{i,t}$	0.875***	0.179***	0.744***	0.274***
	(11.600)	(3.698)	(9.458)	(5.493)
$Connect\_SH_{i,t} \times Post_{i,t}$	0.093	−0.059	−0.009	−0.064
	(0.954)	(−0.925)	(−0.127)	(−1.309)
截距项	−0.903**	−0.131	0.806**	1.224***
	(−2.424)	(−0.492)	(2.082)	(4.406)
控制变量	Yes	Yes	Yes	Yes
年份固定效应	Yes	Yes	Yes	Yes
行业固定效应	Yes	Yes	Yes	Yes
样本量	4 414	4 403	4 441	4 432
R^2	0.164	0.085	0.179	0.142

8.5.2　敏感性分析：更换样本时间

为了保证结论不受选取年份的影响，本文重新选择样本年份：2010—2016 年，2011—2016 年，2012—2016 年。结果如表 8 - 8 所示：无论选择哪个时间段，$Connect\_SH_{i,t} \times Post_{i,t}$ 的回归系数依然显著为负，支持了前面的结论，即沪港通政策的实施显著降低了沪股通标的公司的股价崩盘风险。

表 8 - 8 敏感性分析-更换样本时间

变量	2010—2016年		2011—2016年		2012—2016年	
	$Ncskew_{i,t+1}$	$Duvol_{i,t+1}$	$Ncskew_{i,t+1}$	$Duvol_{i,t+1}$	$Ncskew_{i,t+1}$	$Duvol_{i,t+1}$
$Connect\_SH_{i,t}$	0.052	0.018	0.051	0.017	0.043	0.021
	(1.495)	(0.717)	(1.220)	(0.555)	(0.798)	(0.535)
$Post_{i,t}$	−0.094	−0.269***	−0.303***	−0.284***	−0.108*	−0.276***
	(−1.543)	(−6.594)	(−4.935)	(−6.704)	(−1.677)	(−6.501)
$Connect\_CH \times Post_{i,t}$	−0.195**	−0.170***	−0.162*	−0.133**	−0.162*	−0.133**
	(−2.402)	(−2.922)	(−1.949)	(−2.253)	(−1.833)	(−2.134)
截距项	0.975***	1.138***	1.518***	1.555***	1.329***	1.683***
	(2.987)	(4.738)	(3.963)	(5.660)	(2.802)	(5.036)
控制变量	Yes	Yes	Yes	Yes	Yes	Yes
年份固定效应	Yes	Yes	Yes	Yes	Yes	Yes
行业固定效应	Yes	Yes	Yes	Yes	Yes	Yes
样本量	4 476	4 476	3 633	3 633	2 768	2 768
R^2	0.135	0.102	0.089	0.112	0.093	0.126

8.5.3　控制公司固定效应

为了减少遗漏变量所带来的影响，本文进一步采用固定效应模型进行检验。检验结果如表 8-9 中（1）和（2）列所示，在控制了公司固定效应后，$Connect\_SH_{i,t} \times Post_{i,t}$ 的回归系数仍然在 1% 的水平显著为负，与前面结论一致。

表 8-9　公司固定效应检验以及替换股价崩盘风险指标检验

变量	(1)	(2)	(3)
	$Ncskew_{i,t+1}$	$Duvol_{i,t+1}$	$Fraction_{i,t+1}$
$Connect\_SH_{i,t}$			0.000
			(0.352)
$Post_{i,t}$	-0.128^{**}	-0.289^{***}	0.002^{**}
	(-2.419)	(-7.756)	(2.213)
$Connect\_SH_{i,t} * Post_{i,t}$	-0.202^{***}	-0.162^{***}	-0.003^{**}
	(-2.955)	(-3.354)	(-2.145)
控制变量	Yes	Yes	Yes
截距项	1.227	0.832	0.027^{***}
	(1.518)	(1.452)	(6.014)
公司固定效应	Yes	Yes	No
年份固定效应	Yes	Yes	Yes
行业固定效应	Yes	Yes	Yes
样本量	5 312	5 312	5 691
R^2	0.310	0.275	0.044

注：$Connect\_SH_{i,t}$ 与公司固定效应产生了多重共线性，因此该变量被模型自动剔除。

8.5.4　更换股价崩盘风险的衡量指标

除了使用 $Ncskew_{i,t+1}$ 和 $Duvol_{i,t+1}$ 两个指标衡量股价崩盘风险，本文还借鉴 Piotroski et al.（2015）的研究，用相对暴跌频率（$Fraction_{i,t}$）作为股价崩盘风险的另一个替代衡量指标。其含义为公司在一年内股价大幅下跌的周数占全年总周数的比例。具体计算公式如下：

$$Fraction_{i,t} = \frac{n_{i,t}}{N_{i,t}} \qquad\qquad (8-9)$$

式中，$n_{i,t}$ 为公司 i 在 t 年内大幅下跌的周数；$N_{i,t}$ 为公司 i 在 t 年内的总周数。如果公司 i 在 t 年内某周的超额收益率低于 t 年周超额收益率的均值减去 1.96 倍超额收益率的标准差，则定义为大幅下跌。

该指标对股价崩盘风险的回归结果如表 8-9 的（3）列所示。$Connect\_SH_{i,t} \times Post_{i,t}$ 的系数依然显著为负，支持前面的结论。

8.5.5 对比分析 2015 年年底调入和调出的样本

为了进一步解决内生性问题，这里用单变量检验对比分析 2015 年年底调入和调出的样本公司在同一年前后股价崩盘风险的变化，对比分析结果如表 8-10 所示。对于在 2015 年年底调入的样本，2016 年的 $Ncskew_{i,t+1}$ 与 2015 年相比降低了 0.536（小数点四舍五入后的结果），并且差值的 t 检验在 1% 的水平显著；2016 年的 $Duvol_{i,t+1}$ 与 2015 年相比降低了 0.278，说明样本公司调入沪港通后，公司的股价崩盘风险降低。而对于在 2015 年年底调出的样本，2016 年的 $Ncskew_{i,t+1}$ 与 2015 年相比增加了 0.172，2016 年的 $Duvol_{i,t+1}$ 与 2015 年相比增加了 0.055，虽然 t 值不是非常显著，但可以说明样本公司在被剔除后，公司股价崩盘风险有一定上升。因此，通过对比可以发现，这两类样本在同一时点的股价崩盘风险变化差异较大，说明沪港通政策确实对公司股价崩盘风险产生了显著影响。

表 8-10　2015 年年底调入和调出样本的股价崩盘风险差异

	2015 年年底调入样本		2015 年年底调出样本	
	$Ncskew_{i,t+1}$	$Duvol_{i,t+1}$	$Ncskew_{i,t+1}$	$Duvol_{i,t+1}$
2015 年	−0.149	0.064	−0.679	−0.465
2016 年	−0.684	−0.214	−0.507	−0.410
2016—2015 年	−0.536***	−0.278*	0.172	0.055
t 值	−2.840	−1.676	0.625	0.254

8.6　本章小结

　　沪港通作为中国资本市场对外开放的又一重大创新措施，是近年来实务界和学术界关注的一个热点问题。本章基于我国沪港通开通的自然实验，以沪港通标的公司为切入点，采用我国上交所上市公司 2009—2016 年的样本数据，构建倾向得分匹配-双重差分模型，考察资本市场对外开放对公司股价崩盘风险的影响及作用路径。研究发现：

　　（1）与非沪股通标的公司相比，沪港通政策的实施显著降低了沪股通标的公司的股价崩盘风险。

　　（2）这种负效应主要存在于对外开放程度较低地区的上市公司中。

　　（3）沪港通政策降低股价崩盘风险的路径在于：沪港通政策提升了沪股通标的公司的信息透明度，降低了噪声交易者参与程度。进一步研究表明，沪港通对港股通标的公司股价崩盘风险没有显著影响。沪港通政策有效改善了我国资本市场的信息环境，从而降低了我国资本市场的股价崩盘风险。

　　本章的研究具有重要的理论与现实意义：

　　（1）在理论上，本章研究了资本市场对外开放是否影响及如何影响股价崩盘风险的内在机制，从宏观层面拓展了股价崩盘风险影响因素的研究。

　　（2）在我国金融市场不断开放完善之际，深港通、债券通、沪伦通已经登上资本市场舞台，本章的研究对于监管部门如何更加有序推进资本市场的对外开放提供了重要的决策建议和参考价值。

　　（3）政府部门应当大力发展资本市场对外开放项目，进一步加快我国资本市场对外开放步伐，缩小我国资本市场与发达资本市场的差距，推动境内资本市场与国际接轨，促使我国资本市场更加健康快速发展。

附录 8 - 1　变量定义

变量	定义
$Ncskew_{i,t+1}$	股票下一期的负收益偏态系数。股价崩盘风险的度量指标之一，采用式（8-2）计算得出
$Duvol_{i,t+1}$	股票下一期收益率上下波动比率。股价崩盘风险的度量指标之一，采用式（8-3）计算得出
$Connect\_SH_{i,t}$	沪股通哑变量。若公司股票为沪股通标的股票，则 $Connect\_SH$ 取值为 1，否则为 0
$Connect\_HK_{i,t}$	港股通哑变量。若公司股票为港股通标的股票，则 $Connect\_HK$ 取值为 0
$Post_{i,t}$	时间哑变量。若在沪港通实施之后的年度，则取值为 1，否则为 0
$Ncskew_{i,t}$	股票本期的负收益偏态系数，采用式（8-2）计算得出
$Duvol_{i,t}$	股票本期收益率上下波动比率，采用式（8-3）计算得出
$Dturnover_{i,t}$	公司股票年度月平均超额换手率
$Ret_{i,t}$	公司股票周特质收益率的均值
$Sd_{i,t}$	公司股票周特质收益率的标准差
$Lev_{i,t}$	资产负债率，等于负债除以总资产
$Size_{i,t}$	公司总资产的自然对数
$ROA_{i,t}$	总资产报酬率，等于公司净利润与期末总资产之比
$Tophold_{i,t}$	第一大股东持股比例，等于公司第一大股东持股数与公司总股数之比
$State_{i,t}$	公司的所有权性质哑变量。如果公司是国有企业，则取值为 1，否则为 0
$Bigfour_{i,t}$	公司的审计质量哑变量。如果公司由四大会计师事务所审计，则取值为 1，否则为 0
$Year$	年度虚拟变量
$Industry$	行业虚拟变量

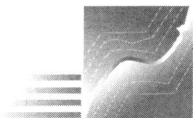

第 9 章 主要结论、贡献与未来研究方向

9.1 主要研究结论

本书借鉴国内外经典文献，结合我国的制度背景和资本市场环境，从公司内部特征、资本市场中介、资本市场机构投资者、资本市场对外开放四个维度出发，深入分析和检验我国资本市场的股价崩盘风险问题。

第一，考察了公司内部特征（超额在职消费、过度投资）对上市公司股价崩盘风险的影响。主要研究结论为：

（1）高管超额在职消费与公司股价崩盘风险呈正相关关系。在使用两阶段最小二乘估计对内生性问题进行缓解后，这一结果仍然成立。

（2）财务粉饰（如盈余管理）放大了超额在职消费对股价崩盘风险的影响，而会计稳健性和强有力的外部监督（聘请四大会计师事务所进行审计、更高的机构持股比例、在香港交叉上市以及更好的制度环境）可以减轻超额在职消费对股价崩盘风险的影响。

（3）超额在职消费对股价崩盘风险的影响将至少持续两年，并且这种影响在高管临近退休的公司中更为显著。

（4）企业过度投资与股价崩盘风险显著正相关，并且股东与经理人的代理成本越高，两者的正向关系越强。同时，企业过度投资对股价崩盘风险具有长期、持续的影响，当预测窗口期延长为两年或三年时，二者的正向关系依旧显著。

（5）无论CEO是否过度自信，企业过度投资与股价崩盘风险的关系均显著为正。在考虑CEO代理成本及过度自信的交叉影响后，发现过度投资与股价崩盘风险的关系主要受代理成本影响，这表明与CEO过度自信相比，委托代理理论具有更强的解释力。

（6）企业过度投资与股价暴涨之间并无显著关系，这种不对称的预测能力进一步验证了管理层在过度投资中隐藏坏消息的机会主义行为导致股价高估，从而加剧了股价崩盘风险。

第二，考察了市场中介（分析师、审计师）对上市公司股价崩盘风险的影响。主要研究结论为：

（1）分析师乐观偏差与上市公司未来股价崩盘风险之间显著正相关，跟踪公司的分析师中具有乐观偏差的分析师比例越高，其股价未来崩盘的风险越高，且此关系在"牛市"期间更为显著。

（2）机构投资者持股比例越高，机构投资者数量越多，公司存在再融资行为，以及来自前五大佣金收入券商的分析师比例越高，分析师乐观偏差与股价崩盘风险之间的正向关系更显著。由此可见，分析师乐观偏差是影响上市公司股价崩盘风险的一个重要因素，并且分析师面临的利益冲突会加强两者之间的正向关系。

（3）在审计师任期的最后一年会隐藏和累积更多的负面信息，导致客户的股价崩盘风险较低；在继任审计师上任的第一年，会有更多的负面信息披露出来，从而增加客户的股价崩盘风险。

（4）相对于执行审计师，上述结论在复核审计师的强制轮换中更加明显。

（5）当离任审计师的专业能力较强，与客户或继任审计师的人际关系网络较弱时，上市公司的负面信息隐藏行为较少。

第三，考察了机构投资者对上市公司股价崩盘风险的影响。主要研究结论为：

（1）机构投资者的羊群行为与公司未来股价崩盘风险显著正相关。在区分羊群行为的不同方向后发现，上述关系在"卖方"羊群行为的样本中更加明显。

（2）QFII 的存在并不能减弱机构投资者羊群行为与股价崩盘风险之间的正向关系。

（3）机构投资者的羊群行为同样提高了上市公司股价同步性，并且 QFII 的存在会加强机构投资者羊群行为与股价同步性之间的正向关系。

（4）公司信息环境的改善将降低机构投资者羊群行为与股价崩盘风险之间的正向关系，而战略投资者的存在则会强化两者之间的正向关系。这说明机构投资者更多的是扮演"崩盘加速器"，而不是"市场稳定器"。

第四，考察了资本市场对外开放对上市公司股价崩盘风险的影响及作用路径。主要研究结论为：

（1）与非沪股通标的公司相比，沪港通政策的实施显著降低了沪股通标的公司的股价崩盘风险。

（2）这种负效应主要存在于对外开放程度较低地区的上市公司中。

（3）沪港通政策降低股价崩盘风险的路径在于：沪港通政策提升了沪股通标的公司的信息透明度，降低了噪声交易者参与程度。进一步研究表明，沪港通对港股通标的公司股价崩盘风险没有显著影响。这说明沪港通政策有效改善了我国资本市场的信息环境，降低了我国资本市场的股价崩盘风险。

9.2 主要贡献

本书的主要贡献体现在:

第一,在研究框架上,本书构建"公司内部—市场中介—资本市场"这一由内到外的研究框架,为股价崩盘风险的相关研究提供了新的分析思路。

第二,在研究视角上,本书分别从宏观、中观、微观三个视角分析,并且对比不同公司在时间序列、跨行业以及跨地区维度上的差异,深入剖析了我国上市公司股价崩盘风险的特征和趋势。并且,从公司基本特征、内部治理、外部治理、信息环境、高管特征和地区特征等角度对上市公司股价崩盘风险的影响因素进行全面分析和检验,这不仅有助于理解和掌握我国上市公司股价崩盘风险的现状、特征、规律和变化趋势,还为后续开展相关的实证研究提供了重要的参考。

第三,在企业内部特征与股价崩盘风险方面,主要贡献包括:

(1)找到了影响股价崩盘风险的新因素——超额在职消费,从而丰富了股价崩盘风险影响因素的相关文献,也补充了高管薪酬负面激励的相关研究。

(2)从股价崩盘风险角度拓展了在职消费领域的文献,说明受到在职消费负面影响的不只有公司会计业绩和股票收益。

(3)现有研究主要从理论模型上分析了经理人投资净现值为负的项目对未来资产价格暴跌的影响,而本书为这些理论提供了直接的经验证据支持。

(4)对过度投资影响股价崩盘风险的作用机理进行了区分和检验,发现代理理论而非 CEO 过度自信是其主要影响路径,这对于如何降低公司过度投资导致的股价崩盘风险具有重要启示。

第四,在市场中介对股价崩盘风险影响的研究上,主要贡献包括：

（1）与以往大量集中分析师乐观偏差影响因素的研究不同，我们考察了分析师乐观偏差的经济后果，并且首次发现了其中一种重要的负面经济后果，即提高股价崩盘风险，从而深化了分析师预测偏差的相关研究。

（2）与以往文献侧重从公司内部特征角度（特别是会计特征）来分析股价崩盘风险的影响因素不同，我们从公司外部的分析师乐观偏差角度来分析并证实其对股价崩盘风险具有显著的正向影响，从而为股价崩盘风险的研究开启了一个新的研究视角。

（3）发现分析师面临的利益冲突会增强分析师乐观偏差的倾向，进而加剧股价崩盘风险，说明利益冲突会给资本市场带来负面影响，从而为有关分析师利益冲突的理论和研究提供了来自转型经济国家的新证据。

（4）使用股价崩盘风险来衡量负面信息隐藏的程度，从而拓展了有关强制轮换制度的经济后果的文献。

（5）通过收集审计师的个人数据，将审计师强制轮换与负面信息隐藏联系起来，为审计师轮换的影响提供更为直接的证据，也为披露审计师信息的国家/地区研究强制轮换的相关内容提供了指导。

第五，在资本市场行为对股价崩盘风险影响的研究上，主要贡献包括：

（1）不同于以往大量文献集中分析机构投资者是否存在羊群行为和羊群行为对股票收益率或波动性影响的研究，本书从企业微观层面考察机构投资者羊群行为对上市公司股价崩盘风险的影响，从而为有关机构投资者是否可以稳定股市的争议提供更为直接的经验证据，也拓展了股价崩盘风险的相关研究。

（2）尝试从股价崩盘风险和股价同步性这两种度量私有信息纳入股价程度的指标来区分两类羊群行为，研究结论支持"真羊群行为"的预测，从而为如何区分这两类羊群行为的有关研究提供可借鉴的分析思路。

（3）揭示了在资本市场对外开放进程中的制度效果，即沪港通政策对股价崩盘风险的影响，从宏观因素和制度变迁层面拓展了股价崩盘风险的研究。

（4）从股价崩盘风险的视角考察我国沪港通这一宏观经济政策的微观市场效应，为理论界和实务界理解沪港通政策实施的经济后果提供了新的视角，也为我国资本市场进一步对外开放提供了理论支撑。

9.3 总结与展望

9.3.1 研究启示

本书的研究结论，对公司、投资者、市场中介和外部市场开放有如下启示：

第一，加强公司内部治理对降低股价崩盘风险具有重要意义。本书从高管超额在职消费和公司过度投资的角度研究了公司行为如何影响股价崩盘风险，结论具有启示意义。一方面，公司需要加强内部管理，完善内部治理结构，关注高管超额在职消费问题。另一方面，监管部门应重视公司的投资行为，规范和引导公司制定合理的投资决策，避免出现投资过热现象。上述发现说明上市公司应该完善公司内部治理结构及外部监督机制，这将减少经理人在投资决策过程中的信息操纵等自利行为，进而降低由于负面信息累积所形成的股价崩盘风险，做到切实保障投资者利益，并促进我国资本市场健康、稳定地发展。

第二，我国机构投资者需要培养长期投资的价值理念。在我国，机构投资者更多扮演"崩盘加速器"而非"市场稳定器"的作用，机构投资者的羊群行为会加剧股价崩盘风险。因此，相关监管部门应当进一步加强对机构投资者的引导，约束其短期内的盲目跟风所带来的投机行为，规避其对市场稳定的破坏作用。同时，政府部门应当进一步规范 QFII 的投资行为，加强制度建设，完善信息环境，进而提高市场的定价效率，避免股价发生暴跌现象，保护中小投资者的利益。

第三，应当审慎对待资本市场的中介机构，引导并规范市场中介行为，发挥市场中介的信息和监管作用。对于证券分析师，应加强对分析师利益冲突问题的监管及相关信息的披露，提高分析师客观谨慎、勤勉尽职的职业素养，鼓励分析师及时、充分地向外部投资者提供有关上市公司真实客观的信息，尤其是负面信息。对于审计师，在审计师强制轮换的制度背景下，应当提高审计师的专业能力与独立性，发挥审计师的外部监督作用。

第四，当下正值我国金融市场不断开放完善之际，政府部门应当不断优化资本市场的开放制度，缩小我国资本市场与发达国家资本市场的差距，促使我国资本市场更加健康快速发展。

9.3.2　未来研究展望

未来的研究可从以下几个方面展开：

第一，完善现有股价崩盘风险形成机理的理论模型，可以从三个方面继续展开深入研究：

（1）从股价崩盘现象形成的理论分析来看，学术界已经从有效市场理论、行为金融理论、公司财务理论等多个角度进行了解释，但如何统筹各角度下的股价崩盘形成机制模型仍然是学术界面临的一个较大的挑战。未来研究可以基于跨学科视角，强化对既有成果的综合和精粹。

（2）从股价崩盘风险的首要驱动因素来看，大多数研究是基于管理层隐藏坏消息模型展开的，鲜有文献能够提供管理层是否真的隐藏了以及如何隐藏坏消息的经验证据。未来的学术研究应该结合资本市场的证据对隐藏坏消息模型进行完善，进一步研究管理层在哪些情境下会隐藏坏消息、隐藏什么类型的坏消息、如何隐藏以及坏消息累积至爆发所需的时间，构建更具实践指导意义的股价崩盘理论模型。

（3）从股价崩盘风险的制度环境因素来看，非正式制度同样能对公司的股价崩盘风险产生重要影响。目前已经有文献考察了社会资本、地理环境、媒体报道等因素与股价崩盘风险的关系。然而我国源远流长的历史铸就了多样化的非正式制度环境，其与不断优化的正式制度交相辉映。深入探究正式制度和非正式制度对股价崩盘风险的交互影响，有助于研究减少管理层隐藏坏消息行为的有效机制。

第二，进一步探索股价崩盘风险的度量指标，可以从三个方面展开：

（1）考虑我国股市的独特背景。我国股市有日内涨跌停限制，这是否会对股价崩盘风险的度量产生影响？此外，作为一个新兴市场，我国股市在历史上经历了多次资本市场制度的较大变迁，如股权分置改革、引入融资融券及熔断制度等，未来的研究可以继续探讨如何构建更加适合我国情境的股价崩盘风险指标。

（2）当前研究对于股价崩盘事件的识别依赖于临界值的设定，而这具有一定的自主裁量性（3.09、3.5、4 个标准差）。因此，讨论采用哪种标准作为股价崩盘的临界值更为恰当，也是该领域未来的一个研究重点。

（3）以往研究大多采取后验指标（*Ncskew*、*Duvol*、*Crash* 等），即根据历史的股价数据估计当期的股价崩盘风险，无法体现投资者对未来股价的预期。虽然部分文献基于期权隐含波动率构造了即时的股价崩盘风险度量指标，但由于我国缺乏场内交易的个股期权市场以及 Black-Scholes 期权定价模型存在适用性等，该指标难以直接应用于我国市场。因此，未来可以进一步挖掘、优化此类面向未来股价崩盘风险的相关指标，实现对股价崩盘风险更为精准的度量。

第三，当前研究主要集中于探究股价崩盘风险的影响因素，未来可以进一步丰富股价崩盘风险经济后果的相关研究，可以从四个方面展开研究：

（1）进一步研究股价崩盘如何影响公司财务决策。近年来，资本市场对上市公司的反馈效应越来越受到研究者的关注。那么，当公司遭遇股价崩盘事件时，公司的管理层是否会基于此更新对未来的预期并最终改变公司的财务决策？

（2）进一步研究股价崩盘风险如何影响外部投资者行为。外部投资者在进行投资决策时，需要在投资项目的风险与收益之间进行权衡。那么，投资者在投资过程中是否会充分考虑股价崩盘风险？此外，不同类型的投资者是否对这类风险有不同的偏好？

（3）进一步研究股价崩盘风险如何影响分析师的预测或评级。证券分析师作为资本市场中受过专业培训的信息中介，其分析与判断能够对资本市场产生重要的经济影响。那么，当公司股价崩盘风险出现变化时，分析师能否对此实现精确识别并及时做出反应？

（4）进一步研究如何减少股价崩盘风险研究中的内生性问题。当前文献对股价崩盘风险的度量主要依靠公司的历史股价数据，其中必然包含了大量公司基本面的相关信息，故股价崩盘风险由诸多潜在因素内生决定。因此，寻找干扰更少的研究场景来减少股价崩盘风险研究中所面临的内生性问题，也是未来一个极其重要的研究方向。

参考文献

［1］才静涵，夏乐.卖空制度、流动性与信息不对称问题研究：香港市场的个案［J］.管理科学学报，2011（2）：71-85.

［2］曹丰，鲁冰，李争光，徐凯.机构投资者降低了股价崩盘风险吗？［J］.会计研究，2015（11）：55-61.

［3］曹海敏，孟元.企业慈善捐赠是伪善吗：基于股价崩盘风险视角的研究［J］.会计研究，2019（4）：89-96.

［4］曹胜，朱红军.王婆贩瓜：券商自营业务与分析师乐观性［J］.管理世界，2011（7）：20-30.

［5］曾爱民，林雯，魏志华，张纯.CEO过度自信、权力配置与股价崩盘风险［J］.经济理论与经济管理，2017（8）：75-90.

［6］陈蓉，吴宇翔.流动性与崩盘风险：基于中国A股市场的研究［J］.管理科学，2019（5）：129-138.

［7］ 程仲鸣，夏新平，余明桂. 政府干预，金字塔结构与地方国有上市公司投资［J］. 管理世界，2008（9）：37－47.

［8］ 褚剑，方军雄. 公司股价崩盘风险影响审计费用吗?［J］. 外国经济与管理，2017（9）：83－97.

［9］ 褚剑，方军雄. 客户集中度与股价崩盘风险：火上浇油还是扬汤止沸［J］. 经济理论与经济管理，2016a（7）：44－57.

［10］ 褚剑，方军雄. 中国式融资融券制度安排与股价崩盘风险的恶化［J］. 经济研究，2016b（5）：143－158.

［11］ 褚剑，秦璇，方军雄. 中国式融资融券制度安排与分析师盈利预测乐观偏差［J］. 管理世界，2019（1）：151－166.

［12］ 崔学刚，邓衢，邝文俊. 卖空交易、市场行情与股价崩盘风险［J］. 会计研究，2019（6）：43－50.

［13］ 杜兴强，曾泉，杜颖洁. 政治联系，过度投资与公司价值［J］. 金融研究，2011，54（8）：93－110.

［14］ 樊纲，王小鲁，朱恒鹏. 各地区市场化相对进程2011年报告［M］. 经济科学出版社：北京，2011.

［15］ 顾琪，王策. 融资融券制度与市场定价效率：基于卖空摩擦的视角［J］. 统计研究，2017（1）：80－90.

［16］ 郭阳生，沈烈，汪平平. 沪港通降低了股价崩盘风险吗：基于双重差分模型的实证研究［J］. 山西财经大学学报，2018（6）：30－44.

［17］ 黄政，吴国萍. 内部控制质量与股价崩盘风险：影响效果及路径检验［J］. 审计研究，2017（4）：48－55.

［18］ 江轩宇，陈玥，于上尧. 股价暴跌风险与企业创新［J］. 南开管理评论，2020（3）：200－211.

［19］ 江轩宇，许年行. 企业过度投资与股价崩盘风险［J］. 金融研究，2015（8）：141－158.

［20］ 江轩宇，伊志宏. 审计行业专长与股价崩盘风险［J］. 中国会计评论，2013（2）：133－150.

[21] 江轩宇. 税收征管，税收激进与股价崩盘风险 [J]. 南开管理评论, 2013 (5): 152 - 160.

[22] 姜付秀，蔡欣妮，朱冰. 多个大股东与股价崩盘风险 [J]. 会计研究, 2018 (1): 68 - 74.

[23] 姜付秀，张敏，陆正飞，陈才东. 管理者过度自信，企业扩张与财务困境 [J]. 经济研究, 2009 (1): 131 - 143.

[24] 孔东民，王江元. 机构投资者信息竞争与股价崩盘风险 [J]. 南开管理评论, 2016 (5): 127 - 138.

[25] 李栋栋. 公司债务期限结构与股价崩盘风险：基于中国 A 股上市公司的实证证据 [J]. 经济理论与经济管理, 2016 (11): 37 - 52.

[26] 李光勤，曹建华，邵帅. 语言多样性与中国对外开放的地区差异 [J]. 世界经济, 2017 (3): 144 - 168.

[27] 李培功，肖珉. CEO 任期与企业资本投资 [J]. 金融研究, 2012 (2): 127 - 141.

[28] 李万福，林斌，杨德明，孙烨. 内控信息披露，企业过度投资与财务危机：来自中国上市公司的经验证据 [J]. 中国会计与财务研究, 2010 (4): 76 - 141.

[29] 李小荣，刘行. CEO vs CFO：性别与股价崩盘风险 [J]. 世界经济, 2012 (12): 102 - 129.

[30] 李小荣，田粟源，王田力. 同行公司股价崩盘风险影响公司投资行为吗？[J]. 投资研究, 2017 (12): 97 - 118.

[31] 李云鹤. 公司过度投资源于管理者代理还是过度自信 [J]. 世界经济, 2014 (12): 95 - 117.

[32] 李增泉，叶青，贺卉. 企业关联，信息透明度与股价特征 [J]. 会计研究, 2011 (1): 44 - 51.

[33] 梁权熙，曾海舰. 独立董事制度改革、独立董事的独立性与股价崩盘风险 [J]. 管理世界, 2016 (3): 144 - 159.

[34] 梁上坤，徐灿宇，王瑞华. 董事会断裂带与公司股价崩盘风险 [J]. 中国工业经济, 2020 (3): 155 - 173.

［35］ 林乐，郑登津. 退市监管与股价崩盘风险［J］. 中国工业经济，2016（12）：58-74.

［36］ 刘宝华，罗宏，周微，杨行. 社会信任与股价崩盘风险［J］. 财贸经济，2016（9）：53-66.

［37］ 刘成彦，胡枫，王皓. QFII 也存在羊群行为吗？［J］. 金融研究，2007（10）：111-122.

［38］ 刘海飞，柏巍，李冬昕，许金涛. 沪港通交易制度能提升中国股票市场稳定性吗？：基于复杂网络视角［J］. 管理科学学报，2018（1）：97-110.

［39］ 罗进辉，杜兴强. 媒体报道、制度环境与股价崩盘风险［J］. 会计研究，2014（9）：53-59.

［40］ 孟庆斌，杨俊华，鲁冰. 管理层讨论与分析披露的信息含量与股价崩盘风险：基于文本向量化方法的研究［J］. 中国工业经济，2017（12）：132-150.

［41］ 潘越，戴亦一，林超群. 信息不透明、分析师关注与个股暴跌风险［J］. 金融研究，2011（9）：138-151.

［42］ 潘越，戴亦一，刘思超. 我国承销商利用分析师报告托市了吗？［J］. 经济研究，2011（3）：131-144.

［43］ 彭旋，王雄元. 客户股价崩盘风险对供应商具有传染效应吗？［J］. 财经研究，2018（2）：141-153.

［44］ 彭俞超，倪骁然，沈吉. 企业"脱实向虚"与金融市场稳定：基于股价崩盘风险的视角［J］. 经济研究，2018（10）：50-66.

［45］ 秦璇，方军雄，于传荣. 股价崩盘与 CEO 变更［J］. 财务研究，2019（2）：45-59.

［46］ 权小锋，吴世农，尹洪英. 企业社会责任与股价崩盘风险："价值利器"或"自利工具"？［J］. 经济研究，2015（11）：49-64.

［47］ 沈维涛，朱冠东. QFII 超额收益率与中小投资者保护：基于信息披露的视角［C］. 第五届中国管理学年会：会计与财务分会场论文集，2010.

[48] 史亚雅，杨德明. 商业模式创新会引发股价崩盘风险吗 [J]. 财贸经济，2020 (6)：80－94.

[49] 舒家先，易苗苗. 业绩预告、大股东减持与股价崩盘风险研究 [J]. 经济理论与经济管理，2019 (11)：68－81.

[50] 宋军，吴冲锋. 基于分散度的金融市场的羊群行为研究 [J]. 经济研究，2001 (11)：21－27.

[51] 宋乐，张然. 上市公司高管证券背景影响分析师预测吗？ [J]. 金融研究，2010 (6)：112－123.

[52] 宋献中，胡珺，李四海. 社会责任信息披露与股价崩盘风险：基于信息效应与声誉保险效应的路径分析 [J]. 金融研究，2017 (4)：161－175.

[53] 苏冬蔚，林大庞. 股权激励、盈余管理与公司治理 [J]. 经济研究，2010 (11)：88－100.

[54] 孙健，王百强，曹丰，刘向强. 公司战略影响盈余管理吗？ [J]. 管理世界，2016 (3)：160－169.

[55] 孙培源，施东晖. 基于 CAPM 的中国股市羊群行为研究：兼与宋军、吴冲锋先生商榷 [J]. 经济研究，2002 (2)：64－70.

[56] 唐雪松，郑宇新，彭情. 高送转与股价崩盘风险：抑制还是加重 [J]. 经济理论与经济管理，2019 (9)：59－74.

[57] 唐雪松，周晓苏，马如静. 政府干预、GDP 增长与地方国企过度投资 [J]. 金融研究，2010 (8)：33－48.

[58] 万东灿. 审计收费与股价崩盘风险 [J]. 审计研究，2015 (6)：85－93.

[59] 王爱群，李静波，萧朝兴，陈柔君. 股价崩盘风险与分析师关注："趋之若鹜"还是"退避三舍" [J]. 上海财经大学学报，2019 (5)：65－84.

[60] 王化成，曹丰，高升好，李争光. 投资者保护与股价崩盘风险 [J]. 财贸经济，2014 (10)：73－82.

[61] 王化成，曹丰，叶康涛. 监督还是掏空：大股东持股比例

与股价崩盘风险 [J]. 管理世界，2015 (2)：45 – 57.

[62] 王晶晶，刘沛. 私募股权投资、制度环境与股价崩盘风险 [J]. 管理评论，2020 (2)：63 – 75.

[63] 王小鲁，樊纲，胡李鹏. 中国分省企业经营环境指数 2020 年报告 [M]. 北京：社会科学文献出版社，2020.

[64] 王宜峰，王淑慧，刘雨婷. 股价崩盘风险、融资约束与企业投资 [J]. 投资研究，2018 (10)：103 – 121.

[65] 吴晓晖，郭晓冬，乔政. 机构投资者抱团与股价崩盘风险 [J]. 中国工业经济，2019 (2)：117 – 135.

[66] 吴战篪，李晓龙. 内部人抛售、信息环境与股价崩盘 [J]. 会计研究，2015 (6)：48 – 55.

[67] 夏常源，贾凡胜. 控股股东股权质押与股价崩盘："实际伤害" 还是 "情绪宣泄"[J]. 南开管理评论，2019 (5)：165 – 177.

[68] 谢德仁，郑登津，崔宸瑜. 控股股东股权质押是潜在的 "地雷" 吗：基于股价崩盘风险视角的研究 [J]. 管理世界，2016 (5)：128 – 140＋188.

[69] 徐细雄，李万利，陈西婵. 儒家文化与股价崩盘风险 [J]. 会计研究，2020 (4)：143 – 150.

[70] 徐晓光，廖文欣，郑尊信. 沪港通背景下行业间波动溢出效应及形成机理 [J]. 数量经济技术经济研究，2017 (3)：112 – 127.

[71] 许弘林. QFII 在我国证券市场的实践与影响研究 [D]. 复旦大学，2007.

[72] 许年行，江轩宇，伊志宏，徐信忠. 分析师利益冲突、乐观偏差与股价崩盘风险 [J]. 经济研究，2012 (7)：127 – 140.

[73] 许年行，于上尧，伊志宏. 机构投资者羊群行为与股价崩盘风险 [J]. 管理世界，2013 (7)：31 – 43.

[74] 许言，邓玉婷，陈钦源，许年行. 高管任期与公司坏消息的隐藏 [J]. 金融研究，2017 (12)：174 – 190.

[75] 闫红蕾，赵胜民. 沪港通能否促进 A 股与香港股票市场一

体化 [J]. 中国管理科学, 2016 (11)：1-10.

[76] 严佳佳, 郭玮, 黄文彬. 沪港通公告效应比较研究 [J]. 经济学动态, 2015 (12)：69-77.

[77] 杨德明, 赵璨. 媒体监督、媒体治理与高管薪酬 [J]. 经济研究, 2012 (6)：116-126.

[78] 耀友福, 胡宁, 周兰. 审计师变更、事务所转制与股价崩盘风险 [J]. 审计研究, 2017 (3)：97-104.

[79] 叶康涛, 曹丰, 王化成. 内部控制信息披露能够降低股价崩盘风险吗? [J]. 金融研究, 2015 (2)：192-206.

[80] 叶康涛, 刘芳, 李帆. 股指成份股调整与股价崩盘风险：基于一项准自然实验的证据 [J]. 金融研究, 2018 (3)：172-189.

[81] 易志高, 李心丹, 潘子成, 茅宁. 公司高管减持同伴效应与股价崩盘风险研究 [J]. 经济研究, 2019 (11)：54-70.

[82] 游家兴, 邱世远, 刘淳. 证券分析师预测"变脸"行为研究 [Z], 厦门大学管理学院工作论文, 2011.

[83] 游家兴, 张俊生, 江伟. 制度建设、公司特质信息与股价波动的同步性：基于 R2 研究的视角 [J]. 经济学（季刊）, 2007 (1)：189-206.

[84] 于传荣, 方军雄, 杨棉之. 上市公司高管因股价崩盘风险受到惩罚了吗? [J]. 经济管理, 2017 (12)：136-156.

[85] 俞红海, 徐龙炳, 陈百助. 终极控股股东控制权与自由现金流过度投资 [J]. 经济研究, 2010 (8)：103-114.

[86] 喻灵. 股价崩盘风险与权益资本成本：来自中国上市公司的经验证据 [J]. 会计研究, 2017 (10)：78-85＋97.

[87] 原红旗, 黄倩茹. 承销商分析师与非承销商分析师预测评级比较研究 [J]. 中国会计评论, 2007 (3)：285-304.

[88] 詹雷, 王瑶瑶. 管理层激励, 过度投资与企业价值 [J]. 南开管理评论, 2013 (3)：36-46.

[89] 张宏亮, 王靖宇. 公司层面的投资者保护能降低股价崩盘

风险吗？[J]. 会计研究，2018（10）：80-87.

[90] 张俊生，汤晓建，李广众. 预防性监管能够抑制股价崩盘风险吗？：基于交易所年报问询函的研究 [J]. 管理科学学报，2018（10）：112-126.

[91] 张敏，吴联生，王亚平. 国有股权，公司业绩与投资行为 [J]. 金融研究，2010（12）：115-130.

[92] 张瑞君，徐鑫. 母子公司统一审计与股价崩盘风险 [J]. 会计研究，2017（9）：76-82+97.

[93] 赵璨，陈仕华，曹伟. "互联网＋"信息披露：实质性陈述还是策略性炒作：基于股价崩盘风险的证据 [J]. 中国工业经济，2020（3）：174-192.

[94] 赵放，孙哲，聂兴凯. 审计委员会中会计独董的同城特征与股价崩盘风险 [J]. 审计研究，2017（5）：104-112.

[95] 赵静，黄敬昌，刘峰. 高铁开通与股价崩盘风险 [J]. 管理世界，2018（1）：157-168+192.

[96] 郑志刚，孙娟娟，Rui Oliver. 任人唯亲的董事会文化和经理人超额薪酬问题 [J]. 经济研究，2012（12）：111-124.

[97] 邹萍. 股价崩盘风险与资本结构动态调整：来自我国上市公司的经验证据 [J]. 投资研究，2013（12）：119-135.

[98] Adithipyangkul P, Alon I, Zhang T. Executive perks: compensation and corporate performance in China [J]. Asia Pacific Journal of Management, 2011, 28 (2): 401-425.

[99] Aman H. An analysis of the impact of media coverage on stock price crashes and jumps: evidence from Japan [J]. Pacific Basin Finance Journal, 2013, 24: 22-38.

[100] American Institute of Certified Public Accountants (AICPA). Commission on auditors' responsibilities: report, conclusions, and recommendations [R], 1978.

[101] An H, Zhang T. Stock price synchronicity, crash risk,

and institutional investors [J]. Journal of Corporate Finance, 2013, 21: 1 - 15.

[102] An Z, Chen C, Naiker V, Wang J. Does media coverage deter firms from withholding bad news? evidence from stock price crash risk [J]. Journal of Corporate Finance, 2020, 64: 101664.

[103] An Z, Li D, Yu J. Firm crash risk, information environment, and speed of leverage adjustment [J]. Journal of Corporate Finance, 2015, 31: 132 - 151.

[104] Andreou P C, Antoniou C, Horton J, Christodoulos L. Corporate governance and firm-specific stock price crashes [J]. European Financial Management, 2016, 22 (5): 916 - 956.

[105] Andreou P C, Louca C, Petrou A P. CEO age and stock price crash risk [J]. Review of Finance, 2017, 21 (3): 1287 - 1325.

[106] Avery C, Zemsky P. Multidimensional uncertainty and herd behavior in financial markets [J]. The American Economic Review, 1998, 88 (4): 724 - 748.

[107] Ayers S, Kaplan S E. Potential differences between engagement and risk review partners and their effect on client acceptance judgments [J]. Accounting Horizons, 1998, 12 (2): 139 - 153.

[108] Bacchetta P. Liberalization of capital movements and of the domestic financial system [J]. Economica, 1992, 59 (236): 465 - 474.

[109] Bae K, Goyal V K. Equity market liberalization and corporate governance [J]. Journal of Corporate Finance, 2010, 16 (5): 609 - 621.

[110] Bai C E, Liu Q, Lu J, Song M, Zhang J. Corporate governance and market valuation in China [J]. Journal of Comparative Economics, 2004, 32 (4): 599 - 616.

[111] Balachandrana B, Duong H N, Luong H, Nguyen L. Does takeover activity affect stock price crash risk? evidence from

international M&A laws [J]. Journal of Corporate Finance, 2020, 64: 101697.

[112] Bates S D. Post-'87 crash fears in the S&P 500 futures option market [J]. Journal of Econometrics, 2000, 94 (1-2): 181-238.

[113] Becchetti L, Hasan I, Santoro M, Anandarajan A. Analysts'forecasts: why are they biased? [J]. Journal of Corporate Accounting & Finance, 2007, 18 (3): 75-81.

[114] Becht M, Bolton P, Roell A. Corporate governance and control [J]. Handbook of the Economics of Finance, 2003, 1: 1-109.

[115] Bedard J C, Johnstone K M. Audit partner tenure and audit planning and pricing [J]. Auditing: A Journal of Practice & Theory, 2010 (2): 45-70.

[116] Bekaert G, Wu G. Asymmetric volatility and risk in equity markets [Z]. Working paper of Stanford University, 1997.

[117] Bena J, Ferreira M A, Matos P, Pires P. Are foreign investors locusts? the long-term effects of foreign institutional ownership [J]. Journal of Financial Economics, 2017, 126 (1): 122-146.

[118] Benmelech E, Kandel E, Veronesi P. Stock-based compensation and CEO (dis) incentives [J]. The Quarterly Journal of Economics, 2010 (4): 1769-1820.

[119] Ben-Nasr H, Bouslimi L, Zhong R. Do innovations hoard bad news? evidence from stock price crash risk [Z]. Working paper of King Saud University, 2017.

[120] Ben-Nasr H, Ghouma H. Employee welfare and stock price crash risk [J]. Journal of Corporate Finance, 2018, 48: 700-725.

[121] Benson K, Clarkson P M, Smith T, Tutticci I. A review of accounting research in the Asia Pacific region [J]. Australian Journal of Management, 2015 (1): 36-88.

[122] Benson K, Faff R, Smith T. Fifty years of finance research in the Asia Pacific Basin [J]. Accounting & Finance, 2014 (2): 335 - 363.

[123] Bikhchandani S, Sharma S. Herd behavior in financial markets [J]. IMF Staff papers, 2000 (3): 279 - 310.

[124] Blanchard O J, Watson M W. Bubbles, rational expectations, and financial markets [Z]. Working paper of Harvard University, 1982.

[125] Bleck A, Liu X. Market transparency and the accounting regime [J]. Journal of Accounting Research, 2007 (2): 229 - 256.

[126] Boubaker S, Mansali H, Rjiba H. Large controlling shareholders and stock price synchronicity [J]. Journal of Banking & Finance, 2014, 40: 80 - 96.

[127] Bradshaw M T, Bushee B J, Miller G S. Accounting choice, home bias, and U. S. investment in non-U. S. firms [J]. Journal of Accounting Research, 2004 (5): 795 - 841.

[128] Bris A, Goetzmann W N, Zhu N. Efficiency and the bear: short sales and markets around the world [J]. The Journal of Finance, 2007 (3): 1029 - 1079.

[129] Brown N C, Wei K D, Wermers R. Analyst recommendations, mutual fund herding, and overreaction in stock prices [J]. Management Science, 2014 (1): 1 - 20.

[130] Cai H, Fang H, Xu L C. Eat, drink, firms, government: an investigation of corruption from entertainment and travel costs of Chinese firms [J]. The Journal of Law and Economics, 2011 (1): 55 - 78.

[131] Callen J L, Fang X. Crash risk and the auditor-client relationship [J]. Contemporary Accounting Research, 2017 (3): 1715 - 1750.

[132] Callen J L, Fang X. Institutional investor stability and

crash risk: monitoring versus short-termism? [J]. Journal of Banking & Finance, 2013 (8): 3047 - 3063.

[133] Callen J L, Fang X. Religion and stock price crash risk [J]. Journal of Financial and Quantitative Analysis, 2015a (1 - 2): 169 - 195.

[134] Callen J L, Fang X. Short interest and stock price crash risk [J]. Journal of Banking & Finance, 2015b, 60: 181 - 194.

[135] Cameran M, Francis J R, Marra A, Pettinicchio A. Are there adverse consequences of mandatory auditor rotation? evidence from the Italian experience [J]. Auditing: A Journal of Practice & Theory, 2015 (1): 1 - 24.

[136] Cameran M, Prencipe A, Trombetta M. Mandatory audit firm rotation and audit quality [J]. European Accounting Review, 2016 (1): 35 - 58.

[137] Campbell J Y, Hentschel L. No news is good news: an asymmetric model of changing volatility in stock returns [J]. Journal of Financial Economics, 1992, 31 (3): 281 - 318.

[138] Cao F, Sun J, Yuan R. Board directors with foreign experience and stock price crash risk: evidence from China [J]. Journal of Business Finance & Accounting, 2019 (9 - 10): 1144 - 1170.

[139] Cao P, Qin L, Zhu H. Local corruption and stock price crash risk: evidence from China [J]. International Review of Economics & Finance, 2019, 63: 240 - 252.

[140] Carey P, Simnett R. Audit partner tenure and audit quality [J]. The Accounting Review, 2006 (3): 653 - 676.

[141] Chan K C, Jiang X Y, Xu N H, Yi Z H. Do star analysts know more firm-specific information? evidence from China [Z]. Working paper of Renmin University of China, 2012.

[142] Chan K, Hameed A. Stock price synchronicity and analyst coverage in emerging markets [J]. Journal of Financial Econom-

ics，2006，80（1）：115 - 147.

［143］ Chan K，Jiang X，Wu S，Xu N. Analyst anti-herding and future stock price crash risk：evidence from China ［Z］. Working paper of Renmin University of China，2012.

［144］ Chan K，Menkveld A J，Yang Z. Information asymmetry and asset prices：evidence from the China foreign share discount ［J］. The Journal of Finance，2008（1）：159 - 196.

［145］ Chang C. Herding and the role of foreign institutions in emerging equity markets ［ J ］. Pacific-Basin Finance Journal，2010（2）：175 - 185.

［146］ Chang E C，Cheng J W，Yu Y. Short sales constraints and price discovery：evidence from the Hong Kong market ［J］. The Journal of Finance，2007（5）：2097 - 2121.

［147］ Chang X，Chen Y，Zolotoy L. Stock liquidity and stock price crash risk ［J］. Journal of Financial and Quantitative Analysis，2017（4）：1605 - 1637.

［148］ Chen C L，Kim J B，Yao L. Earnings smoothing：does it exacerbate or constrain stock price crash risk? ［J］. Journal of Corporate Finance，2017，42：36 - 54.

［149］ Chen D，Li O Z，Liang S. Do managers perform for perks? ［Z］ Working paper of Nanjing University，2010.

［150］ Chen F，Peng S，Xue S，Yang Z，Ye F. Do audit clients successfully engage in opinion shopping? partner-level evidence ［J］. Journal of Accounting Research，2016（1）：79 - 112.

［151］ Chen J，Hong H，Stein J C. Breadth of ownership and stock returns ［J］. Journal of Financial Economics，2002，66（2 - 3）：171 - 205.

［152］ Chen J，Hong H，Stein J C. Forecasting crashes：trading volume，past returns，and conditional skewness in stock prices [J]. Journal of Financial Economics, 2001, 61 (3): 345 - 381.

[153] Chen J, Tong J Y, Wang W, Zhang F. The economic consequences of labor unionization: evidence from stock price crash risk [J]. Journal of Business Ethics, 2019, 157: 775 - 796.

[154] Chen Y, Yuan X, You. H, Zhang Y. Does crackdown on corruption reduce stock price crash risk? Evidence from China [J]. Journal of Corporate Finance, 2018, 51: 125 - 141.

[155] Cheng C A, Li S, Zhang E X. Operating cash flow opacity and stock price crash risk [J]. Journal of Accounting and Public Policy, 2020 (3): 106717.

[156] Chi W, Huang H, Liao Y, Xie H. Mandatory audit partner rotation, audit quality, and market perception: Evidence from Taiwan [J]. Contemporary Accounting Research, 2009 (2): 359 - 391.

[157] Chiang T C, Li J, Tan L. Empirical investigation of herding behavior in Chinese stock markets: Evidence from quantile regression analysis [J]. Global Finance Journal, 2010 (1): 111 - 124.

[158] Choe H, Kho B C, Stulz R M. Do foreign investors destabilize stock markets? The Korean experience in 1997 [J]. Journal of Financial Economics, 1999, 54 (2): 227 - 264.

[159] Chowdhury H, Faff R, Hoang K. Using abnormal analyst coverage to unlock new evidence on stock price crash risk [J]. Accounting and Finance, 2021, 61: 1557 - 1588.

[160] Christie A A. The stochastic behavior of common stock variance: value, leverage and interest rate effects [J]. Journal of Financial Economics, 1982, 10 (4): 407 - 432.

[161] Chu J, Fang J, Kim J B, Zhou Y. Stock price crash risk and auditor-client contracting [J]. China Journal of Accounting Studies, 2019 (2): 184 - 213.

[162] Chung C Y, Kim H, Ryu D. Foreign investor trading and information asymmetry: Evidence from a leading emerging market [J]. Applied Economics Letters, 2017 (8): 540 – 544.

[163] Clarke J, Ornthanalai C, Tang Y. Informational herding: Evidence from daily institutional trades [Z]. Working Paper of Georgia Institute of Technology and Peking University, 2011.

[164] Clement M B, Tse S Y. Financial analyst characteristics and herding behavior in forecasting [J]. The Journal of Finance, 2005 (1): 307 – 341.

[165] Coffee Jr J C. Racing towards the top: The impact of cross-listings and stock market competition on international corporate governance [J]. Columbia Law Review, 2002, 102: 1757 – 1831.

[166] Coffee Jr J C. The future as history: The prospects for global convergence in corporate governance and its implications [J]. Northwestern University Law Review, 1998, 93: 641 – 707.

[167] Constantinides G M, Harris M, Stulz R M. Handbook of the economics of finance [M]. Amsterdam: Elsevier, 2003.

[168] Cutler D M, Poterba J M, Summers L H. What moves stock prices? [J]. Journal of Portfolio Management, 1989 (3): 4 – 12.

[169] Dang V A, Lee E, Liu Y, Zeng C. Corporate debt maturity and stock price crash risk [J]. European Financial Management, 2018 (3): 451 – 484.

[170] De Villiers C, Hsiao P C K. A review of accounting research in Australasia [J]. Accounting and Finance, 2018 (4): 993 – 1026.

[171] Dechow P M, Dichev I D. The quality of accruals and earnings: The role of accrual estimation errors [J]. The Accounting Review, 2002 (s – 1), 35 – 59.

[172] Dechow P M, Sloan R G, Sweeney A P. Detecting earnings management [J]. The Accounting Review, 1995 (2): 193 – 225.

[173] Dechow P M, Hutton A P, Sloan R G. The relation between analysts' forecasts of long term growth and stock price performance following equity offerings [J]. Contemporary Accounting Research, 2000 (1): 1 - 32.

[174] DeFond M L, Hung M, Li S, Li Y. Does mandatory IFRS adoption affect crash risk? [J]. The Accounting Review, 2015 (1): 265 - 299.

[175] DeFond M, Zhang J. A review of archival auditing research [J]. Journal of Accounting and Economics, 2014 (2 - 3): 275 - 326.

[176] Deng B, Li Z, Li Y. Foreign institutional ownership and liquidity commonality around the world [J]. Journal of Corporate Finance, 2018, 51: 20 - 49.

[177] Deng X, Gao L, Kim J B. Short-sale constraints and stock price crash risk: Causal evidence from a natural experiment [J]. Journal of Corporate Finance, 2020, 60: 101498.

[178] Deng X, Hung S, Qiao Z. Mutual fund herding and stock price crashes [J]. Journal of Banking and Finance, 2018, 94: 166 - 184.

[179] Desai M A, Dharmapala D. Corporate tax avoidance and firm value [J]. The Review of Economics and Statistics, 2009 (3): 537 - 546.

[180] Devenow A, Welch I. Rational herding in financial economics [J]. European Economic Review, 1996 (3 - 5): 603 - 615.

[181] Dimson E. Risk measurement when shares are subject to infrequent trading [J]. Journal of Financial Economics, 1979 (2): 197 - 226.

[182] Dornbusch R, Park Y C. Financial integration in a second-best world: Are we still sure about our classical prejudices [J].

Financial Opening: Policy Lessons for Korea, 1995.

[183] Easley D, O'Hara M. Information and the cost of capital [J]. The Journal of Finance, 2004 (4): 1553 - 1583.

[184] Easterwood J C, Nutt S R. Inefficiency in analysts' earnings forecasts: Systematic misreaction or systematic optimism? [J]. The Journal of Finance, 1999 (5): 1777 - 1797.

[185] Epps K K, Messier Jr W F. Engagement quality reviews: A comparison of audit firm practices [J]. Auditing: A Journal of Practice and Theory, 2007 (2): 167 - 181.

[186] Ertugrul M, Lei J, Qiu J, Wan C. Annual report readability, tone ambiguity, and the cost of borrowing [J]. Journal of Financial and Quantitative Analysis, 2017 (2): 811 - 836.

[187] Fama E F. Efficient capital markets: A review of theory and empirical work [J]. The Journal of Finance, 1970 (2): 383 - 417.

[188] Eun C S, Huang W. Asset pricing in China's domestic stock markets: Is there a logic? [J]. Pacific-Basin Finance Journal, 2007 (5): 452 - 480.

[189] Fabozzi F J, Francis J C. Stability tests for alphas and betas over bull and bear market conditions [J]. The Journal of Finance, 1977 (4): 1093 - 1099.

[190] Fama E F. Agency problems and the theory of the firm [J]. Journal of Political Economy, 1980 (2): 288 - 307.

[191] Fama E F. Efficientcapital markets: a review of theory and empirical work [J]. The Journal of Finance, 1970 (2): 383 - 417.

[192] Fan J P, Rui O M, Zhao M. Public governance and corporate finance: evidence from corruption cases [J]. Journal of Comparative Economics, 2008 (3): 343 - 364.

[193] Fang V W, Huang A H, Karpoff J M. Short selling and earnings management: a controlled experiment [J]. The Journal of

Finance，2016（3）：1251－1294.

[194] Ferguson A，Lam P，Ma N. Further evidence on mandatory partner rotation and audit pricing：a supply-side perspective [J]. Accounting & Finance，2019（2）：1055－1100.

[195] Firth M，Lin C，Liu P，Xuan Y H. The client is king：do mutual fund relationships bias analyst recommendations？[Z]. Working paper of Lingnan University，2011.

[196] Firth M，Rui O M，Wu X. How do various forms of auditor rotation affect audit quality？evidence from China [J]. The International Journal of Accounting，2012a（1）：109－138.

[197] Firth M，Rui O M，Wu X. Rotate back or not after mandatory audit partner rotation？[J]. Journal of Accounting and Public Policy，2012b（4）：356－373.

[198] Francis J，Philbrick D. Analysts' decisions as products of a multi-task environment [J]. Journal of Accounting Research，1993（2）：216－230.

[199] French K R，Roll R. Stock return variance：the arrival of information and the reaction of traders？[J]. Journal of Financial Economics，1986，17（1）：5－26.

[200] French K R，Schwert G W，Stambaugh R F. Expected stock returns and volatility [J]. Journal of Financial Economics，1987，19（1）：3－29.

[201] Froot K A，Scharfstein D S，Stein J C. Herd on the street：informational inefficiencies in a market with short-term speculation [J]. The Journal of Finance，1992（4）：1461－1484.

[202] Fu X，Zhang Z. CFO cultural background and stock price crash risk [J]. Journal of International Financial Markets，Institutions & Money，2019，62：74－93.

[203] Gao S，Cao F，Liu X. Seeing is not necessarily the truth：do

institutional investors' corporate site visits reduce hosting firms' stock price crash risk? [J]. International Review of Economics & Finance, 2017, 52: 165 - 187.

[204] Ghadhab I. Does cross-listing in the US mitigate stock crash risk? international evidence [J]. International Review of Financial Analysis, 2019, 63: 186 - 197.

[205] Gibbons R, Murphy K J. Optimal incentive contracts in the presence of career concerns: theory and evidence [J]. Journal of Political Economy, 1992 (3): 468 - 505.

[206] Guan Y, Su L, Wu D, Yang Z. Do school ties between auditors and client executives influence audit quality? [J]. Journal of Accounting & Economics, 2016 (2 - 3): 506 - 525.

[207] Gul F A, Cheng L T, Leung T Y. Perks and the informativeness of stock prices in the Chinese market [J]. Journal of Corporate Finance, 2011 (5): 1410 - 1429.

[208] Gul F A, Kim J B, Qiu A A. Ownership concentration, foreign shareholding, audit quality, and stock price synchronicity: evidence from China [J]. Journal of Financial Economics, 2010, 95 (3): 425 - 442.

[209] Gul F A, Wu D, Yang Z. Do individual auditors affect audit quality? evidence from archival data [J]. The Accounting Review, 2013 (6): 1993 - 2023.

[210] Gupta N, Yuan K. On the growth effect of stock market liberalizations [J]. The Review of Financial Studies, 2009 (11): 4715 - 4752.

[211] Hackenbrack K E, Jenkins N T, Pevzner M. Relevant but delayed information in negotiated audit fees [J]. Auditing: A Journal of Practice and Theory, 2014 (4): 95 - 117.

[212] Hambrick D C, Mason P A. Upper echelons: the organ-

ization as a reflection of its top managers [J]. Academy of Management Review, 1984 (2): 193 - 206.

[213] Hartzell J C, Starks L T. Institutional investors and executive compensation [J]. The Journal of Finance, 2003 (6): 2351 - 2374.

[214] He G. The effect of CEO inside debt holdings on financial reporting quality [J]. Review of Accounting Studies, 2015 (1): 501 - 536.

[215] He X, Pittman J A, Rui O M, Wu D. Do social ties between external auditors and audit committee members affect audit quality? [J]. The Accounting Review, 2017 (5): 61 - 87.

[216] Hirshleifer D, Teoh S H. Herd behaviour and cascading in capital markets: a review and synthesis [J]. European Financial Management, 2003 (1): 25 - 66.

[217] Hong H, Kubik J D. Analyzing the analysts: career concerns and biased earnings forecasts [J]. The Journal of Finance, 2003 (1): 313 - 351.

[218] Hong H, Stein J C. Differences of opinion, short-sales constraints, and market crashes [J]. The Review of Financial Studies, 2003 (2): 487 - 525.

[219] Hribar P, McInnis J. Investor sentiment and analysts' earnings forecast errors [J]. Management Science, 2012 (2): 293 - 307.

[220] Hu J, Kim J B, Zhang W. Insider trading, disclosure incentives, and stock price crashes: international evidence [Z]. Working paper of Xiamen University, 2013.

[221] Hu J, Li S, Taboada A G, Zhang F. Corporate board reforms around the world and stock price crash risk [J]. Journal of Corporate Finance, 2020, 62: 101557.

[222] Hu J, Li X, Duncan K, Xu J. Corporate relationship

spending and stock price crash risk: evidence from China's anti-corruption campaign [J]. Journal of Banking & Finance, 2020, 113: 105758.

[223] Hung S, Qiao Z. Shadows in the sun: crash risk behind earnings transparency [J]. Journal of Banking & Finance, 2017, 83: 1 – 18.

[224] Hutton A P, Marcus A J, Tehranian H. Opaque financial reports, R2, and crash risk [J]. Journal of Financial Economics, 2009, 94 (1): 67 – 86.

[225] Irvine P J. Analysts' forecasts and brokerage-firm trading [J]. The Accounting Review, 2004 (1): 125 – 149.

[226] Jackson R A. Trade generation, reputation, and sell-side analysts [J]. The Journal of Finance, 2005 (2): 673 – 717.

[227] James G A, Karoglou M. Financial liberalization and stock market volatility: the case of Indonesia [J]. Applied Financial Economics, 2010 (6): 477 – 486

[228] Jebran K, Chen S, Ye Y, Wang C. Confucianism and stock price crash risk: evidence from China [J]. The North American Journal of Economics and Finance, 2019, 50: 100995.

[229] Jegadeesh N, Kim W. Do analysts herd? An analysis of recommendations and market reactions [J]. The Review of Financial Studies, 2010 (2): 901 – 937.

[230] Jensen M C, Meckling W H. Theory of the firm: managerial behavior, agency costs and ownership structure [J]. Journal of Financial Economics, 1976 (4): 305 – 360.

[231] Jensen M C. Agency costs of free cash flow, corporate finance, and takeovers [J]. American Economic Review, 1986 (2): 323 – 329.

[232] Jia N. Corporate innovation strategy and stock price

crash risk [J]. Journal of Corporate Finance, 2018, 53: 155 - 173.

[233] Jin L, Myers S C. R2 around the world: New theory and new tests [J]. Journal of Financial Economics, 2006, 79 (2): 257 - 292.

[234] Kelly M. Correlation: Stock answer [J]. Risk, 1994 (8): 40 - 43.

[235] Khan M, Watts R L. Estimation and empirical proper-ties of a firm-year measure of accounting conservatism [J]. Journal of Accounting & Economics, 2009 (2 - 3): 132 - 150.

[236] Kho B C, Stulz R M, Warnock F E. Financial globaliza-tion, governance, and the evolution of the home bias [J]. Journal of Accounting Research, 2009 (2): 597 - 635.

[237] Kim C, Wang K, Zhang L. Readability of 10-K reports and stock price crash risk [J]. Contemporary Accounting Research, 2019a (2): 1184 - 1216.

[238] Kim J B, Li Y H, Zhang L. CFOs versus CEOs: Equity in-centives and crashes [J]. Journal of Financial Economics, 2011b, 101 (3): 713 - 730.

[239] Kim J B, Li Y H, Zhang L. Corporate tax avoidance and stock price crash risk: Firm-level analysis [J]. Journal of Financial Economics, 2011a, 100 (3) : 639 - 662.

[240] Kim J B, Wang Z, Zhang L. CEO overconfidence and stock price crash risk [J]. Contemporary Accounting Research, 2016 (4): 1720 - 1749.

[241] Kim J B, Yeung I, Zhou J. Stock price crash risk and in-ternal control weakness: presence vs. disclosure effect [J]. Ac-counting & Finance, 2019b (2): 1197 - 1233.

[242] Kim J B, Zhang L. Accounting conservatism and stock price crash risk: Firm-level evidence [J]. Contemporary Accounting Research, 2016 (1): 412 - 441.

[243] Kim J B, Zhang L. Does accounting conservatism reduce stock price crash risk? Firm-level evidence [Z]. Working paper of City University of Hong Kong, 2010.

[244] Kim J B, Zhang L. Financial reporting opacity and expected crash risk: Evidence from implied volatility smirks [J]. Contemporary Accounting Research, 2014 (3): 851 – 875.

[245] Kim W, Wei S J. Foreign portfolio investors before and during a crisis [J]. Journal of International Economics, 2002 (1): 77 – 96.

[246] Kim Y, Li H, Li S. Corporate social responsibility and stock price crash risk [J]. Journal of Banking & Finance, 2014, 43: 1 – 13.

[247] Klein A. Firm performance and board committee structure [J]. The Journal of Law and Economics, 1998 (1): 275 – 304.

[248] Kolasa M, Rubaszek M, Taglioni D. Firms in the great global recession: The role of foreign ownership and financial dependence [J]. Emerging Markets Review, 2010 (4): 341 – 357.

[249] Kothari S P, Leone A J, Wasley C E. Performance matched discretionary accrual measures [J]. Journal of Accounting & Economics, 2005 (1): 163 – 197.

[250] Kothari S P, Shu S, Wysocki P D. Do managers withhold bad news? [J]. Journal of Accounting Research, 2009 (1): 241 – 276.

[251] Kraus A, Stoll H R. Parallel trading by institutional investors [J]. Journal of Financial and Quantitative Analysis, 1972 (5): 2107 – 2138.

[252] Kubick T R, Lockhart G B. Industry tournament incentives and stock price crash risk [J]. Fincnaicical Management, 2021, 50 (2): 345 – 369.

[253] Kubick T R, Lockhart G B. Proximity to the SEC and stock

price crash risk [J]. Financial Management, 2016 (2): 341 - 367.

[254] Lakonishok J, Shleifer A, Vishny R W. The impact of institutional trading on stock prices [J]. Journal of Financial Economics, 1992, 31 (1): 23 - 43.

[255] Laurion H, Lawrence A, Ryans J P. US audit partner rotations [J]. The Accounting Review, 2017 (3): 209 - 237.

[256] Lee S M, Jiraporn P, Song H. Customer concentration and stock price crash risk [J]. Journal of Business Research, 2020, 110: 327 - 346.

[257] Lee W, Wang L. Do political connections affect stock price crash risk? Firm-level evidence from China [J]. Review of Quantitative Finance and Accounting, 2017, 48: 643 - 676.

[258] Lennox C S, Wu X, Zhang T. Does mandatory rotation of audit partners improve audit quality? [J]. The Accounting Review, 2014 (5): 1775 - 1803.

[259] Lennox C S, Wu X. A review of the archival literature on audit partners [J]. Accounting Horizons, 2018 (2): 1 - 35.

[260] Li W, Rhee G, Wang S S. Differences in herding: individual vs. institutional investors [Z]. Working paper of Hong Kong Polytechnic University, 2009.

[261] Li W, Wang S S. Do institutional trades stabilize the retail investor dominated market? [Z]. Working paper of Hong Kong Polytechnic University, 2008.

[262] Li X, Chan K C. Communist party control and stock price crash risk: evidence from China [J]. Economics Letters, 2016, 141: 5 - 7.

[263] Li X, Wang S S, Wang X. Trust and stock price crash risk: Evidence from China [J]. Journal of Banking & Finance, 2017, 76: 74 - 91.

[264] Li Y, Zeng Y. The impact of top executive gender on asset prices: Evidence from stock price crash risk [J]. Journal of Corporate Finance, 2019, 58: 528 - 550.

[265] Lin H W, McNichols M F. Underwriting relationships, analysts' earnings forecasts & investment recommendations [J]. Journal of Accounting and Economics, 1998 (1): 101 - 127.

[266] Lin N. Social capital: a theory of social structure and action [M]. Cambridge: Cambridge University Press, 2002.

[267] Lindahl-Stevens M. Redefining bull and bear markets [J]. Financial Analysts Journal, 1980 (6): 76 - 77.

[268] Linnenluecke M K, Birt J, Chen X, Ling X, Smith T. Accounting research in Abacus, A&F, AAR, and AJM from 2008 - 2015: a review and research agenda [J]. Abacus, 2017a (2): 159 - 179.

[269] Linnenluecke M K, Chen X, Ling X, Smith T, Zhu Y. Research in finance: a review of influential publications and a research agenda [J]. Pacific-Basin Finance Journal, 2017b, 43: 188 - 199.

[270] Litt B, Sharma D S, Simpson T, Tanyi P N. Audit partner rotation and financial report quality [J]. Auditing: A Journal of Practice & Theory, 2014 (3): 59 - 86.

[271] Ljungqvist A, Malloy C, Marston F. Rewriting history [J]. The Journal of Finance, 2009 (4): 1935 - 1960.

[272] Ljungqvist A, Marston F, Starks L T, Wei K D, Yan H. Conflicts of interest in sell-side research and the moderating role of institutional investors [J]. Journal of Financial Economics, 2007 (2): 420 - 456.

[273] Luo J H, Gong M, Lin Y, Fang Q. Political connections and stock price crash risk: Evidence from China [J]. Economics Letters, 2016, 147: 90 - 92.

[274] Luo W, Zhang Y, Zhu N. Bank ownership and executive

perquisites: New evidence from an emerging market [J]. Journal of Corporate Finance, 2011, 17 (2): 352 - 370.

[275] Malmendier U, Tate G. CEO overconfidence and corporate investment [J]. The Journal of Finance, 2005 (6): 2661 - 2700.

[276] Mamun M A, Balachandran B, Duong H N. Powerful CEOs and stock pricecrash risk [J]. Journal of Corporate Finance, 2020, 62: 101582.

[277] Marino A M, Zábojník J. Work-related perks, agency problems, and optimal incentive contracts [J]. The RAND Journal of Economics, 2008 (2): 565 - 585.

[278] Mehran H, Stulz R M. The economics of conflicts of interest in financial institutions [J]. Journal of Financial Economics, 2007 (2): 267 - 296.

[279] Miller E M. Risk, uncertainty and divergence of opinion [J]. The Journal of Finance, 1977 (4): 1151 - 1168.

[280] Mitton T. Stock market liberalization and operating performance at the firm level [J]. Journal of Financial Economics, 2006 (3): 625 - 647.

[281] Mola S, Guidolin M. Affiliated mutual funds and analyst optimism [J]. Journal of Financial Economics, 2009 (1): 108 - 137.

[282] Morck R, Yeung B, Yu W. The information content of stock markets: Why do emerging markets have synchronous stock price movements? [J]. Journal of Financial Economics, 2000 (1 - 2): 215 - 260.

[283] Moroney R, Knechel W R, Dowling C. The effect of inspections, rotations, and client preferences on staffing decisions [J]. Accounting & Finance, 2019 (4): 2645 - 2677.

[284] Nelson M, Tan H T. Judgment and decision making research in auditing: a task, person, and interpersonal interaction per-

spective [J]. Auditing: A Journal of Practice & Theory, 2005, 24: 41 - 71.

[285] Noy I, Vu T B. Capital account liberalization and foreign direct investment [J]. The North American Journal of Economics and Finance, 2007 (2): 175 - 194.

[286] O'Brien P C, McNichols M F, Lin H. Analyst impartiality and investment banking relationships [J]. Journal of Accounting Research, 2005 (4): 623 - 650.

[287] Pagan A R, Sossounov K A. A simple framework for analysing bull and bear markets [J]. Journal of Applied Econometrics, 2003 (1): 23 - 46.

[288] Pan J. The jump-risk premia implicit in options: Evidence from an integrated time-series study [J]. Journal of Financial Economics, 2002 (1): 3 - 50.

[289] Petersen M A. Estimating standard errors in finance panel datasets: Comparing approaches [J]. Review of Financial Studies, 2009 (1): 435 - 480.

[290] Pindyck R S. Risk, inflation, and the stock market [J]. American Economic Review, 1984 (3): 335 - 351.

[291] Piotroski J D, Roulstone D T. The influence of analysts, institutional investors, and insiders on the incorporation of market, industry, and firm-specific information into stock prices [J]. The Accounting Review, 2004 (4): 1119 - 1151.

[292] Piotroski J D, Wong T J, Zhang T. Political incentives to suppress negative information: Evidence from Chinese listed firms [J]. Journal of Accounting Research, 2015 (2): 405 - 459.

[293] Piotroski J D, Wong T J. Institutions and information environment of Chinese listed firms [M]. Chicago: University of Chicago Press, 2012.

[294] Piotroski J D, Wong T J. Institutions and information environment of Chinese listed firms [Z]. Stanford University working paper, 2010.

[295] Pittman J, Wang L, Wu D. Network analysis of audit partner rotation [J]. Contemporary Accounting Research, 2022 (2): 1085 - 1119.

[296] Rajan R G, Wulf J. Are perks purely managerial excess? [J]. Journal of Financial Economics, 2006 (1): 1 - 33.

[297] Reid L C, Carcello J V. Investor reaction to the prospect of mandatory audit firm rotation [J]. The Accounting Review, 2017 (1): 181 - 211.

[298] Richardson S. Over-investment of free cash flow [J]. Review of Accounting Studies, 2006 (2 - 3): 159 - 189.

[299] Roberts M R, Whited T M. Endogeneity in empirical corporate finance [J]. Handbook of the Economics of Finance, 2013, 2: 493 - 572.

[300] Robin A J, Zhang H. Do Industry-specialist auditors influence stock price crash risk? [J]. Auditing: A Journal of Practice & Theory, 2015 (3): 47 - 79.

[301] Roll R. R2 [J]. The Journal of Finance, 1988 (3): 541 - 566.

[302] Roll R. The hubris hypothesis of corporate takeovers [J]. The Journal of Business, 1986 (2): 197 - 216.

[303] Romer D. Rational asset-price movements without news [J]. The American Economic Review, 1993 (5): 1112 - 1130.

[304] Scharfstein D S, Stein J C. Herd behavior and investment [J]. The American Economic Review, 1990 (3): 465 - 479.

[305] Schuppli M, Bohl M T. Do foreign institutional investors destabilize China's A-share markets? [J]. Journal of International Financial Markets, Institutions & Money, 2010 (1): 36 - 50.

[306] Schwert G W. Why does stock market volatility change over time? [J]. The Journal of Finance, 1989 (5): 1115 - 1153.

[307] Sharma D S, Tanyi P N, Litt B A. Costs of mandatory periodic audit partner rotation: evidence form audit fees and audit timeliness [J]. Auditing: A Journal of Practice & Theory, 2017 (1): 129 - 149.

[308] Stewart J, Kent P, Routledge J. The association between audit partner rotation and audit fees: empirical evidence from the Australian market [J]. Auditing: A Journal of Practice & Theory, 2016 (1): 181 - 197.

[309] Stickel S E. Reputation and performance among security analysts [J]. The Journal of Finance, 1992 (5): 1811 - 1836.

[310] Stiglitz J E. Capital market liberalization, economic growth, and instability [J]. World Development, 2000 (6): 1075 - 1086.

[311] Su X, Wu X. Client following former audit partners and audit quality: evidence from unforced audit firm changes in China [J]. The International Journal of Accounting, 2016 (1): 1 - 22.

[312] Tan L, Chiang T C, Mason J R, Nelling E. Herding behavior in Chinese stock markets: an examination of A and B shares [J]. Pacific-Basin Finance Journal, 2008 (1 - 2): 61 - 77.

[313] Taylor S E, Gollwitzer P M. Effects of mindset on positive illusions [J]. Journal of Personality and Social Psychology, 1995 (2): 213 - 226.

[314] Tepalagul N, Lin L. Auditor independence and audit quality: a literature review [J]. Journal of Accounting, Auditing & Finance, 2015 (1): 101 - 121.

[315] Trueman B. Analyst forecasts and herding behavior [J]. The Review of Financial Studies, 1994 (1): 97 - 124.

[316] Umutlu M, Akdeniz L, Altay-Salih A. The degree of fi-

nancial liberalization and aggregated stock-return volatility in emerging markets [J]. Journal of Banking & Finance, 2010 (3): 509 - 521.

[317] Walter C E, Howie F J T. Privatizing China: inside China's stock markets [M]. Singapore: John Wiley and Sons, 2006.

[318] Weisbach M S. Outside directors and CEO turnover [J]. Journal of Financial Economics, 1988, 20: 431 - 460.

[319] Wermers R. Mutual fund herding and the impact on stock prices [J]. The Journal of Finance, 1999 (2): 581 - 622.

[320] Womack K L. Do brokerage analysts' recommendations have investment value? [J]. The Journal of Finance, 1996 (1): 137 - 167.

[321] Wu K, Lai S. Intangible intensity and stock price crash risk [J]. Journal of Corporate Finance, 2020, 64: 101682.

[322] Xu L, Rao Y, Chen Y, Wang J. Internal coalition and stock price crash risk [J]. Journal of Corporate Finance, 2020, 64: 101640.

[323] Xu N, Chan K C, Jiang X, Yi Z. Do star analysts know more firm-specific information? evidence from China [J]. Journal of Banking & Finance, 2013a (1): 89 - 102.

[324] Xu N, Jiang X, Chan K C, Wu S. Analyst herding and stock price crash risk: evidence from China [J]. Journal of International Financial Management & Accounting, 2017 (3): 308 - 348.

[325] Xu N, Jiang X, Chan K C, Yi Z. Analyst coverage, optimism, and stock price crash risk: evidence from China [J]. Pacific-Basin Finance Journal, 2013b, 25: 217 - 239.

[326] Xu N, Li X, Yuan Q, Chan K C. Excess perks and stock price crash risk: evidence from China [J]. Journal of Corporate Finance, 2014, 25: 419 - 434.

[327] Xu N, Xu X, Yuan Q. Political connections, financing friction, and corporate investment: evidence from Chinese listed

family firms [J]. European Financial Management, 2013c (4): 675 –
702.

[328] Yang C, Chen X, Chen X. Vertical interlock and stock price
crash risk [J]. Pacific-Basin Finance Journal, 2021, 68: 101387.

[329] Yermack D. Flights of fancy: corporate jets, CEO per-
quisites, and inferior shareholder returns [J]. Journal of Financial
Economics, 2006, 80 (1): 211 – 242.

[330] Yermack D. Higher market valuations of companies with a
small board of directors [J]. Journal of Financial Economics, 1996 (2):
185 – 211.

[331] Yeung I Y, Tung R L. Achieving business success in
Confucian societies: the importance of guanxi (connections) [J].
Organizational Dynamics, 1996, 40 (2): 54 – 65.

[332] Yu J, Mai D. Political turnover and stock crash risk: evi-
dence from China [J]. Pacific-Basin Finance Journal, 2020, 61: 101324.

[333] Yuan R, Sun J, Cao F. Directors' and officers' liability
insurance and stock price crash risk [J]. Journal of Corporate Fi-
nance, 2016, 37: 173 – 192.

[334] Zhang M, Liu Y, Xie L, Ye T. Does the cutoff of "red
capital" raise a red flag? political connections and stock price crash
risk [J]. The North American Journal of Economics and Finance,
2017, 39: 89 – 109.

[335] Zhu W. Accruals and price crashes [J]. Review of Ac-
counting Studies, 2016, 21: 349 – 399.

[336] Zhu Y, Wu Z, Zhang H, Yu J. Media sentiment, institu-
tional investors and probability of stock price crash: evidence from Chinese
stock markets [J]. Accounting & Finance, 2017 (5): 1635 – 1670.

图书在版编目（CIP）数据

上市公司股价崩盘风险研究 / 许年行著. -- 北京：
中国人民大学出版社，2023.4
（财会文库）
ISBN 978-7-300-31594-2

Ⅰ.①上… Ⅱ.①许… Ⅲ.①上市公司－股票价格－
研究－中国 Ⅳ.①F279.246

中国国家版本馆 CIP 数据核字（2023）第 062165 号

财会文库
上市公司股价崩盘风险研究
许年行　著
Shangshi Gongsi Gujia Bengpan Fengxian Yanjiu

出版发行	中国人民大学出版社			
社　　址	北京中关村大街 31 号		**邮政编码**	100080
电　　话	010－62511242（总编室）		010－62511770（质管部）	
	010－82501766（邮购部）		010－62514148（门市部）	
	010－62515195（发行公司）		010－62515275（盗版举报）	
网　　址	http://www.crup.com.cn			
经　　销	新华书店			
印　　刷	唐山玺诚印务有限公司			
开　　本	720 mm×1000 mm　1/16		**版　　次**	2023 年 4 月第 1 版
印　　张	19.5 插页 2		**印　　次**	2023 年 4 月第 1 次印刷
字　　数	259 000		**定　　价**	78.00 元

版权所有　侵权必究　印装差错　负责调换